羊の人類史　目次

羊の人類史

マディ、イザベラ、エマへ

1　羊をじっとさせておく方法

キツネといっしょに埋葬された男、人間の母乳で育てられた子羊、古代の尿の秘密

われわれ人間にとって、羊とはいったいどんな存在なのだろう？　一見すると彼らは、田園で見かけるただの白い雑音《ホワイト・ノイズ》にすぎないように見える。日常生活をせわしなく過ごす人間どもを尻目に、羊たちはゆっくりと草を食んでいる。春のイースター〔復活祭〕になると、われわれは春の子羊の甘い肉を食べるが、羊を思い出すのはこのときくらいで、あとは一年中ほとんど羊のことなど忘れている。

しかし、地球上に生息している動物の中で、人間の歴史を方向づけてきたのは、実は他でもないこの羊たちなのである。〔アイスランドに羊を持ち込んだ〕ヴァイキングから〔ベツレヘムで誕生したイエス・キリストを、一目見ようと訪れる羊飼いを描く〕ルネサンス期の画家たちまで、そして、鉄器時代の供犠からオールド・イングランド〔ヤェ・オルディ・イングランド〕の童謡に登場するボー・ピープ〔羊飼いの少女〕にいたるまで、羊はつねに人間が織りなす物語の中心にいた。彼らはわれわれに羊肉や羊乳を、そして羊毛でできた衣服を与えてくれる。また彼らはわれわれの食生活を変えもした。羊のおかげでわれわれは豊かになったし、貧乏にもなった。まわりの風景を一変させたのも羊だっ

た。人間が大きな文明を築くのを手助けし、戦争に勝利をもたらしたのも羊だ。家を飾り、芸術的な宝物の創造に力を貸し、地球上の大陸を征服する開拓者や私掠船の船長に、資金を提供してくれたのも羊である。羊の背後には巨大な富が築かれたし、羊飼いの市場や羊肉の取引によって都市が形成された。だが、羊の物語を語りはじめるためには、ひとまずわれわれは畜産の夜明け——われわれの祖先が槍を手に狩りをしては、羊を捕獲していた時代——へと戻ってみなければならない。人間がいつの時点で羊を飼育しはじめたのかを知るためにも、歴史を遡ることは必要だ。

一〇〇〇万年から二〇〇〇万年前に、最古の羊たちは氷で覆われた中央アジアで進化を遂げた。最終氷河期に、このたくましい高高度の動物は外へ向かって移動をしはじめた。西方のヨーロッパへ向かったものもあれば、東方のシベリアへ向かったものもある。およそ七五万年前には、凍ったベーリング海峡を横切って、遠く北アメリカへ渡ったものさえいた。

われわれが現在家畜用として飼育している羊はすべて、西方へと向かって移動したもので、「アジア・ムフロン」という品種だ。黒い上毛（ヘアー）に覆われていて、やわらかな下毛（ウール）を持っている。今日、農場で見かける羊と違って、古代の羊には大きな角があった。角はわざわざ切る必要はなく、放っておけば毎年自然に生え変わった。ただし、古代の羊が現代の羊と共通している点が一つある。それはともに肉がとびきりおいしいことだ。先史時代に生きたわれわれの祖先が野生の羊を見つけてからというもの、われわれは一貫して精力的に羊の猟をしては、その肉を食べ続けてきた。

そしてあるとき何かが起こった。一万一〇〇〇年くらい前だろうか、狩猟採集民たちは羊を育てることに注目した。「肥沃な三日月地帯」として知られる地域――湾曲して半月形をなす広大な地帯で、エジプトから中東を横切ってペルシア湾へ達している――では、人々が穀物や豆類の耕作をはじめていた。とりわけ重要だったのは動物を生育したことだ。人類は羊を飼いはじめたのである。

なぜ羊の生育をはじめたのか、その理由はいまひとつわれわれにはわからない。おそらく羊の猟をしすぎて、羊を捕獲しすぎた結果かもしれない。あるいは以前なかなか捕獲できなかった羊が、気候の変動によって気軽に捕まえることができるようになり、飼育が可能になったのかもしれない。他にも要因として、人間の社会的な活動の仕方に変化が生じたことや人口の増加などが考えられる。あるいは羊の数が突如増えて、それが人間に羊の飼育を試みさせたのかもしれない。そのあたりはいまだに謎だが、考古学が明らかにしているのは、まったく相互につながりのない人々のグループが、ほぼ同時期に羊の飼育をはじめたことだ。

はじめて飼育が行なわれた場所の一つがトルコ中部の小さな村だった。アシクリ・ホユックは長年、考古学者たちの興味を惹きつけていた遺跡で、飼育の歴史を考える上で重要な場所とされてきた。二〇一四年、この直感が正しかったことが判明した。何百という種類の異なる動物の骨が発見されたのである。メアリー・スティナー（アリゾナ州トゥーソンにあるアリゾナ大学の動物考古学者）が率いる調査団はこの遺跡で考古学上の地層を見つけた。そこは一万五〇〇〇年から九五〇〇年前に、一〇〇〇年にわたって人間が住んでいたところで、ゴミやがらくたが満ちあふれていた。

遺跡をふるいにかけると、村人たちが食べていたものが時間の経過とともに、劇的に変化したことが明らかになった。最初の五〇〇年間は、入植地の男女や子供たちも野生の魚、野ウサギ、カメ、鹿、そしてたくさんの野生の羊を食べていた。しかし、次の五〇〇〇年になると、羊の骨の占める割合が着実に増加し、九五〇〇年前までには、ほぼすべての骨が羊のものに変化していた。

塩の痕跡を残す古代の羊たちの尿を分析すると、どれくらい早く村中に羊が行き渡ったかがわかる[1]。アシクリ・ホユックに人々が住んでいた比較的短い一〇〇〇年ほどの間に、彼らの生活は野生の羊を捕獲することから、泥でできた家々の間の狭い路地で、ほんの数頭の羊を飼うことへと変化し、やがては村はずれに作った囲いの中で、たくさんの羊を飼育することへと進化した。羊の畜産のはじまりである。

多くの場合、最初に尋ねられる質問は、羊の狩猟やその群れを集める生活から、「いつ？」の時点で飼育生活に切り替わったのかというものだ。だが、それよりさらに興味深いのは、おそらく「どのようにして？」それが可能になったのかという質問だろう。羊と人間の関係には、たとえば人間と犬に存在するような、調和のとれた美しい相互の共生関係はない。われわれは羊たちにそばにいてほしいと思っても、羊はわれわれを必要としない。しかし、何とかしてそばにとどまらせた。

一つ考えられるのは、犬が大きな役割を果たしたのではないかということだ。野生のオオカミはカリブー〔アメリカに生息するトナカイ〕を狩猟するときに、群れを追いつめて一カ所に集める。このいわば野生の牧羊犬の本能を、進取に富んだ石器時代人たちが目にして、それを自分たちのために役立てたのではないか。おそらくわれわれの先祖は、犬の助けを借りさえすれば、あまり手間をかけずに野生の羊を放牧し、管理できることに——野生の食糧資源を管理された群れに変えることに——気づいたのだろう。動物を家畜化する何年か前に、人々が「ペット」を飼いはじめていたのは事実だった。ヨルダン北部のウユン・アル・ハマムにあった一万六五〇〇年前の墓では、わざわざアカギツネ（おそらく飼いならされていたのだろう）といっしょに埋葬された男が発見されている。[2] しかし野生の犬を訓練して、野生の羊を追い集めさせることは、不可能ではないにしても、それを整然と行なわせることは難しい。『ワンマン・アンド・ヒズドッグ』（牧羊犬の訓練を取り上げたイギリスBBCテレビのシリーズ）の日々に到達するにはまだまだ道のりが遠い。どちらかといえば、この本の後半で見るように、むしろ羊の方が犬を飼いならすのに役立ったということがいえる（7章の一〇三ページを参照）。

　動物を若いうちに捕まえることができれば、それを飼いならすのはよりたやすくなる。羊がどのようにして家畜化されたのか、その方法については数多くの理論があるが、それが総じて一致しているのは次のような考え方だ。つまり、狩猟採集者が野生の子羊を見つけてキャンプへ持ち帰った。そして子供のペットにすると、それにえさを与えて飼育したというものだ。そこにはこんなシナリオが想像されるだろう。野生の雌羊が狩りで殺されて、小さな子羊があとに残された。狩猟採集者は子羊を取り上げると、キャンプに連れて帰ることにした。キャンプでは家族が子羊の世話をして、後日ミルクを与え、えさを食べさせて育てた。

　これは一見理にかなっているよう見える。だが、ここで問題となるのは子羊の乳離れの時期だ。母羊の乳ではなく、すでに草を食むようになった子羊は、身体つきも成体に近いために、これを捕獲して囲い場で飼育するには最適とはいえない。もし非常に幼い子羊を捕まえて、人間に慣れさせることができれば、はるかに飼育は楽になるだろう。そうすれば、人との強いきずなが形成されて、人間も子羊のあらゆる動きを制御できるようになるのではないか。これを行なう唯一の方法として考えられるのは、子羊を生まれた直後に母羊から切り離し、人間の母乳で育てることだ。驚くべきことだが羊の歴史は、もしかすると、生まれたばかりの子羊に授乳をする女性の歴史からはじまったのかもしれない。

それは人類学では取り立てて奇妙で忌まわしい考え方ではなく、現代でも同様なことが、ニューギニアのような地方で行なわれている。そこでは幼い子豚が家族の一員になって、子供たちといっしょに育てられていた。歴史的に見ても女性は文化の違いを越えて、幼い動物に母乳を与えることが奨励されてきた。理由はさまざまで、授乳を促進するためだったり、乳首を固めて、受胎を防ぐために行なわれたりした。その行為は単に動物のためだけではなかったのである。実際、一八世紀の作家でフェミニストの哲学者でもあったメアリー・ウルストンクラフトが、娘のメアリー・シェリー（のちに『フランケンシュタイン』を書くようになる）を出産したあとで同じことを経験している。出産後、敗血症で死にかけたときにメアリーは、医師から子犬に自分の乳を吸わせるようにと勧められ、さらに体から感染した胎盤を排出するようにと指示された（だが結局、それはうまくいかずに、その後まもなく彼女は死んだ）[3]。つい最近でも二〇〇五年にミャンマーのヤンゴン動物園で、四〇歳の女性フラ・フタイが、ベンガルトラの赤ちゃんに授乳している事実が伝えられて大きなニュースになった[4]。

しかし、ペットの子羊を飼うことと、羊肉、羊乳、羊皮、羊毛の供給源として、羊を積極的に飼育し繁殖させることとはまったく別だ。新石器時代の農夫たちはともかく、野生の羊を従順な飼育動物に変える旅をはじめた。羊は飼育されて繁殖し、人間の管理のもとで搾乳され、羊毛を刈り取られることになる。が、われわれにはそのプロセスを推測することしかできない。種を保存する動物園でしばしば見られることだが、飼育されている動物のすべてが、幸せな形で繁殖しているわけではない。チーターからシロサイまで、野生動物は自然の環境のもとで生息しているわけではないので、ストレスや配偶者の選択など、さまざまな要因によって繁殖がしばしば妨げられる。野生の羊は、人間が見ている前で交配するように——少なくとも羊のほとんどがそれをしていたにちがいない——要求され、その要求を甘んじて受けなければならず、それを拒否した羊は死に絶えた。

　しかし、羊は幸先のよいスタートを切ったというべきだろう。なぜなら——運命の巡り合わせなのか——彼らはたまたま家畜化するのに理想的な動物だったからだ。進化生物学者のジャレド・ダイヤモンドがすばらしいリストを作成している。それは六つの特徴がチェックできるリストで、みごとに「家畜化テスト」にパスする動物たちは、必ずすべてのチェックボックスをクリアすることになる。[3] 多くの動物はいくつもの特徴を持っているが、六つの特徴をすべてクリアできた動物はほとんどいない。だが、羊はすべてのボックスにチェックマークをつけていた。

　最初のチェックボックスは、動物が食べ物にあまりえり好みをしないことだ。食習慣に適応性があり、食べる量も少なくてすむこと（つまり、羊でいえば一種類の草だけではなく、さまざまな牧草を食べることができるのが望ましい）。二番目のチェックボックスは十分に早く成体に生育すること。人間がその肉を食べたり、毛や皮を利用したりする前に、それを世話するのに長い時間を要する動物は好ましくないからだ。三番目のチェックボックスは、すでに述べたように、人間の管理のもとで飼育されることに耐えられるかどうかの問題だ。そして四番目は、もともとの性格が従順であること（ただし繁殖期の羊、とりわけ雄羊は攻撃的になりがちだ）。五番目は、どんな状況でもパニック状態にならないこと。たとえば、鹿やガゼルは捕獲されたときにショックで死ぬことがよくある。そして最後のチェックボックスは、強力なリーダーを持つ社会構造が、家畜のグループには必要なことだ。これがあれば人間がパックリーダー（群れのリーダー、つまり羊飼い）となったり、あるいは群れを先導する支配力のある動物（鈴つき羊）を訓練し成長させることによって、動物のグループを管理することができる。

羊には、初期の農夫たちにとって魅力的なもう一つの特徴がある。野生の羊あるいは野生に戻った羊の中には、はっきりとした場所の感覚を持ち、自分のホームレンジ（行動圏）に強い執着を示す品種がいる。この自然な本能は何千年もの間、羊飼いの放牧法（ヘフティング）として利用され慣用化されてきた。羊には特定の場所が強く刷り込まれているので、羊飼いはフェンスや生け垣はもちろん、たえず羊たちを寄せ集める手間もいらずに羊の群れを放牧することができた。羊はホームレンジの境界や、草がとくにおいしい場所、避難所などを知るようになり、その情報はあとに続く世代に雌羊から子羊へと伝達された。自然に自分のホームレンジを知る羊の群れは、特定の寄生虫や有毒植物、それにミネラルの欠乏症などにも抵抗力を持つようになる。ビアトリクス・ポッター〔ピーターラビットの生みの親〕がお気に入りだった羊、湖水地方のハードウィック種は、おそらくこのような特徴を持つ品種の中でももっとも有名な羊だろう。

羊が本来持っていた家畜化に最適の性質以外にも、早い時期の農夫たちは、制御しやすい羊の特徴をいくつか選びはじめていたようだ。従順さのような特徴は歓迎されるが、攻撃性の高い羊はまっさきに食用にされてしまう。扱うには体が大きすぎたり角のある羊は、管理が難しいために繁殖からはずされたかもしれない。また、白い羊毛《フリース》（染めやすい）を持つ羊のような突然変異の品種は選択され、遺伝子プールの中で維持されてさかんに繁殖されたのだろう。

このプロセスがどれくらい意図的で、迅速に行なわれたのかはまったくわからない。それに現代の羊はそれぞれ、サイズ、羊毛、色、角の有無などで大きく異なっているので、こうした特徴のすべてが、必ずしも意図的に選ばれたわけではない可能性もある。われわれに推測できるのは、野生の羊が思ったよりはるかに速いスピードで、より穏やかな扱いやすい動物に変化したことだけだ。

一九五九年にソビエトの科学者たちは、野生のギンギツネを飼いならすことができるかどうか、そしてそれが飼いならされたときに、生物学上あるいは遺伝学上で、いったいどんなことが起きるのかを調べはじめた。科学者たちはまず、成体のキツネから子ギツネまで、あらゆる世代のキツネを選び、さらにその中でも、親しみやすく攻撃性の少ない少数のキツネから順に飼育することを試みた。

五〇年後、そして五〇世代ののちにこの実験が明らかにしたのは、二つの注目すべき事実だった。一つは比較的短い期間で野生動物を飼いならすことができたこと。それもトレーニングによってではなく、もっともなついておとなしい子孫を選び出すことによって可能になった。二つ目は、飼いならされたキツネが実際には、野生的な祖先と異なって「見えた」ことである。キツネの攻撃性の欠如に関連する遺伝子も身体上の特徴となって現われていた。飼いならされたキツネは、だらりとたれた耳、短い鼻、白い毛皮の斑点、尾の湾曲などの付随的なまたは偶発的な特徴を備えている。(6) いいかえれば、家畜化の副産物は多くの新しい身体上の特徴だった。

これをそのまま羊に当てはめて、これこそ現代の羊に見られるいくつかの特徴を生み出したメカニズムだ、ということは不可能ではない。しかしＤＮＡの分析によると、羊の品種間で見られるさまざまな違いは、気候変動に対する反応かもしれないともいわれている。それも、羊たちが地形や気候が異なる国々の間を移動させられたことによって生じた差異だという。体のより小さなサイズ、毛の厚さ、およびその他の特徴は、湿度や温度などの環境要因に反応して進化した可能性があり、集中的で意図的に行なわれた繁殖の結果ではなかったかもしれないというのだ。

これまでのプロセスがどのようなものであれ、現在、地球上には約一〇億頭の羊が生息している。この膨大な羊の群れの中では、大きくてふわふわとしたメリノ種から、小さくて丈夫なウェッサン種まで、少なくとも一〇〇〇の品種と雑種を数えることができる。羊は南極大陸を除くすべての大陸で生息し、アラスカの凍るほど寒い山脈から猛暑のスーダン砂漠まで、さまざまな地形に順応している。羊は肉だけではなく、羊乳、チーズ、ラノリン、羊皮、そしておそらく、中でももっとも重要な羊毛を提供してくれる。

こんな風に羊は世界中に棲みつき、多種多様な品種を生みだしてきた。どのようにして羊たちがそれをしたのか、あなたは疑問に思うだろう。考古学的上の遺跡とＤＮＡ分析の両方から、できるかぎり集めた資料をつなぎ合わせてみると、肥沃な三日月地帯から移動する羊の波がいくつも存在したことが推測される。最初の波（パイオニアだ）は飼いならされた羊であったかもしれないが、外見は野生の羊とそれほど変わりがなかった——体は小さかったが丈夫で、ほとんどが黒い上毛（ヘアー）で覆われていて角を生やしていた。約七〇〇〇年前、このような古代羊は交易、移動、異なる文化間の接触を通じて、先史時代のヨーロッパやアジア、そして北アフリカへと徐々に広がっていった。

パイオニアたちの子孫には、依然として今もアクセスのできない遠隔地にしがみついていて、そこで交配しては、新しい「改良された」品種に置換されることを拒んできたものもいる。先史時代の羊の様子を知りたければ、サルデーニャ、コルシカ、キプロスに生息するヨーロッパ・ムフロンが昔の姿ををかいま見せてくれる。北ヨーロッパのさいはて、吹きさらしの場所に棲みついたソアイ、ヘブリディーズ、オークニー、アイスランド、スカンジナビアの各品種も同じようにパイオニアの子孫である。

最初に飼いならされた羊の毛は、とても使用に耐えうるようなものではなかった。羊の毛皮は厚く粗い毛（上毛）で覆われていて、わずかに細くて短い下毛（ウール）が生えている——これは涼しい山の条件に順応するには最適だった。古代羊の毛は毎年生え変わったのだろう。初期の農夫たちは、上毛や下毛のかたまりを集めたり、「ルーイング」と呼ばれる方法で、羊から毛をむしり取ることも知っていたかもしれない。だが、それを使ってどんなことをしたのかはわからない。上毛はもろく、染めるには不向きで、ほとんどの場合、チクチクしすぎて衣服にすることもできなかった。だが、より柔らかな下毛（もしそれがあればの話だが）は十分に利用ができたかもしれない。しかし、古代羊の肉は日常つねに食されていた。そして、羊の乳はやがて有用な副産物となりはじめる。

科学者たちは最近、世界で最古のチーズの残片といわれているものを発見した。それは、クロアチアの陶器（紀元前五三〇〇年まで遡る）の破片に付着していたもので、フェタチーズ〔ギリシア産のヤギのチーズ〕に似た羊のチーズだった。(7)

紀元前五〇〇〇年頃には、西および中央アジア、北アフリカそして地中海から、イギリス、アイルランド、スカンジナビアにいたるまで、多くの人々にとって、農耕が食料生産の主要なシステムになっていた。遺伝子解析はこの時期に、羊のもう一つの波が肥沃な三日月地帯から出てきたことを示している。新しい「改良された」この羊は、下毛を念頭において開発され、現代の品種の大半を形成するのに役立った。

移動を続ける第二世代の羊群は、中東からヨーロッパ、アフリカ、そしてその他のアジアへと広がり、交配して繁殖し、向かった先々で変化を遂げた。興味深いことに、新しく改良された羊の群れが向かった先は一方向だけではなかった。たとえば、中国北部やモンゴルに住む遊牧民は独自にユニークな品種を開発している。そしてそれは、その後数千年をかけて交易ルート、戦争、それに征服などを通じて西アジアやヨーロッパに戻ってきた。たとえば、チンギス・ハンが率いる恐ろしいモンゴルの兵士たちは、生きた羊を馬に縛りつけて西へ向かって走り続けたといわれている。

興味深いことだが最終氷河期に、ロシアとアラスカを結ぶ陸橋を経由して、野生の羊が北米に侵入したのだが、先住民たちはそれを一度も家畜化しなかった。一六世紀初頭、スペインの征服者（コンキスタドール）たちがチュロ種を持ち込んだときに、アメリカははじめて家畜化された羊を目にした。

人間がどのようにして、厚くて柔らかい毛を持つ羊を作り出したのかはいまだに謎だ。ほとんどのテキスタイル史学者が同意しているのは、柔らかい毛に覆われた羊が大いなる瞬間に突如「発明」されたのではなく、一連の試みと偶発的な突然変異によってゆっくりと作り出されたということだ。(8) 農夫たちは、ある羊がとくにふわふわとした下毛（ウール）を持っていて、しかも通常よりも上毛（ヘアー）の少ないことに気づいたのかもしれない。そして、このやわらかなウールで、布地や衣類を作ることができるのではないかと思ったのかもしれない。ひとたび下毛の有用性を理解した農夫たちは、選抜育種によって品種改良のプロセスをスピードアップすることができたのだろう。

羊毛（ウール）が登場するまでに、人々は何千年もの間さまざまな素材を織っては染色してきた。この二つの技術が見られるもっとも初期の証拠は三万年も前に遡る。だが、先史時代の工芸家たちは、柔らかくてぐにゃぐにゃした羊毛ではなく、亜麻などの植物繊維を使用していたのだろう。想像してもらいたいのは、人々が羊毛の大きな可能性に突然気づいたとき、それがどれほど衝撃的だったかということだ。しかし考古学者たちにとって羊毛の歴史の解明は、誰からもうらやまれることのない難しい仕事だった――古代の糸が何世紀にもわたって生き残ることなどめったにないからだ。たしかに、これまでに発見された羊毛の残片はきわめて少ない。だがそれだけでも、われわれに解明の糸口――自信を持って語ることのできる羊毛の登場時期――を与えてくれるだけにきわめてスリリングだ。

もっとも古い残片の一つは、イランの東部、アフガニスタンとの国境近くにあったシャール・

イ・ソクタと呼ばれるほこりまみれの遺跡から発見された。今は人を寄せつけないような暑い土地だが、五〇〇〇年前にはその場所は文化的なオアシスだった。一大都市が形成されていて、壮大な宮殿が建ち、そこでは初期の文字、陶器、金属工芸などが見られた。中でももっとも重要なことは、繊維産業の繁栄した跡が見つかったことだ。長年にわたって考古学者たちはここで、糸紡ぎに使用された紡錘車（はずみ車）の山や、保存状態のいい毛織物の残片を発掘しつづけてきた。織物は少なくとも八種類の異なった羊毛から織られていた。[9]

イラクのウル（世界でもっとも早い時期に作られた都市の一つ）で発見された古代の記録（紀元前三〇〇〇年紀末頃）には、少なくとも五つのカテゴリーの羊毛が記載されていた。もちろん最高級の羊毛は王室の衣装用に使われる。このテキストではまた、おびただしい羊の群れ——ときには一つのグループに二万七〇〇〇頭もの羊がいた——を管理する羊飼いについても書かれていた。そこには白い羊の話もはじめて登場する。

白い羊毛は希少で非常に珍重されていたのだろう。通常の群れを構成していた茶やまだら模様や黒の羊毛とは、扱いが根本的に異なっている。やがて羊毛は明らかに、ヤギの上毛の四倍もの価値のある商品となり、王宮の税収源となった。不法な買い手や羊泥棒から牧羊農夫や羊毛商人を守る法律も作成された。[10] 羊は今や死んだ羊より、生きている羊の方がはるかに価値があった。

2 羊毛の鱗《うろこ》の秘密

いつしか凍結した二四〇〇歳の女性、ローマ兵士の不燃性下着と胴着

一九九三年、ロシアの考古学者ナタリア・ポロスマクは、地元の国境警備隊から情報を受け取るとチームを引き連れて、遠く離れたシベリアの険しいアルタイ山脈へ出向いた。そこはロシア、中国、モンゴル、カザフスタンがぶつかる山脈地方のウコク高原である。考古学者が、このような人を寄せつけない場所に足を踏み入れることはめったにない。だがポロスマクは前々からウコク高原の話にひどく興味をそそられていた。それはパズリクと呼ばれた騎馬遊牧民と、永久凍土で散見されるその埋葬塚の話である。国境警備隊はポロスマクにある古墳（クルガン）を指し示した。大きな石と土を積み重ねた巨大な塚だ。何週間も岩や土の層を掘り進んだあとで、ようやく彼女のチームは氷で凍結された木製の部屋にたどり着いた。部屋の外に置かれていたのは犠牲になった六頭の馬の死骸だった。まるでこれから来世にでも出かけるかのように、馬には装具が施されている。

ポロスマクと仲間の考古学者たちが興奮したのには理由があった。一九二〇年代以降、このような墓の発掘によって数々の発見がもたらされていたからだ。発見はすばらしく豊かな文化を垣間見せてくれた。その文化の担い手たちは、二〇〇〇年以上も前に中央アジアのいたるところに住み、

そこを旅してきた人々だった。しかしこの埋葬塚で、どんなものが待ち受けていたかについては、誰にも予測がつかなかったにちがいない。木製の部屋を開けると、そこに漂っていた臭いは誤解しようのないものだった。チームの一人がのちにＰＢＳ〔全米ネットの公共放送網〕のドキュメンタリーで語っている。

部屋の中はじめじめとしけっていて、バケツでたえず水をかき出さなくてはならない。墓の中に入ると、足が濡れました。部屋中にカビの臭いがしていたが、それは部屋が実際に保存されていた証拠でした。つまり、羊毛や湿った羊毛などの、誰もが知っている有機物質の臭いがしたからです。また、馬はとりわけ胃が保存されていたために強い臭いを放っていました。(1)

ポロスマクが発見したのは、のちに「アイス・メイデン」（氷の乙女）〔あるいはアイス・プリンセス（氷の王女）〕のニックネームで呼ばれた女性の精巧な墓だった、地位の高い若い女性である。二四〇〇年以上の間死んでいた彼女の遺体と、儀式に使われた供物は、凍った水の層によって驚くほど良好な状態で保存されていた。年齢は二五歳くらいだろうか、彼女はまるでぐっすり眠っているように横向きになって寝ていた。アイス・メイデンの頭は剃り上げられて、精緻なウィッグ（かつら）をつけている。身にまとった衣装も華やかで豪華なものだった。羊とラクダの毛で織られた長くて幅広の、赤と白で彩られたスカートを身につけ、房飾りのついたベルトで腰をしめて、腿まである白い羊毛のストッキングを履いていた。しかし、もっとも驚いたのは彼女の帽子だった。それはフェルトで作られた長さ三フィート（約〇・九メートル）ほどの頭飾りで、棺の三分の一を占めていた。

アイス・メイデンの発見や周辺の墓の発掘から明らかになったのは、ここに住みついた古代のグループにとって、羊毛がいかに重要なものだったかということだ。パズリク人はのちに、一括して「スキタイ人」の名で知られるようになる多くのさまざまな部族の一つにすぎず、他の部族と生活様式や言語や文化をともにしていた。シベリアは広大で地球の陸地の一〇分の一を占めている。その多くは鬱蒼とした森や凍った荒れ地だが、紀元前八〇〇年頃には、遊牧文化――牧畜と狩猟を中心とした生活様式――が出現するのに十分なほど豊かな草地に覆われていた。

スキタイ人は馬乗りの熟練者たちだった。羊やヤギの群れを牧草地から牧草地へと移動させながら季節を追っていく間に、いつしか広大な距離を旅していた。彼らはとめどなく続くキャンプ生活に熟達していて、ウールフェルトで覆われた大きなテントのもと、羊皮の敷物やフェルトのカーペットが敷かれた床の上で暮らしていた。金、青銅、木、角、革などを巧みに扱う熟達した職人でもあったが、おそらくもっとも驚くべきことは、ウールフェルトを自在に使って工夫をする彼らの技術だろう。発掘が進むにつれて明らかになってきた人工物の中には、フェルトでできたスワンの模型、フェルトの壁掛け、馬の鞍カバー、それに世界最古のウール製ズボンなどの衣類が含まれていた。世界でもっとも古いカーペットがパズリク人の墓（紀元前五世紀）で見つかっている。このきわめて珍しい敷物の遺物は、早い時期の墓泥棒が残していったもので、古墳は暴かれたままの状態で風雨にさらされていた。墓には水が浸み込んで、カーペットを濡らして凍らせた。一九四九年に発見されたときには、カーペットも織られた当時のままで、織り糸も鮮やかな色をとどめていた。

スキタイ人が使用した羊毛が数多く発見されているが、興味深いのは、これらの羊毛がさまざまな種類の羊の毛（フリース）から作られているように見えることだ。これは、この時期に行なわれていたにちがいない、羊の品種の交換や交配を解くもう一つの手がかりとなる。さらに、スキタイ人の墓で発掘された染料や他の布地は、その多くが故郷から遠く離れた土地からもたらされたものだった。地中海からは染料、インドからは絹、古代ペルシアとアルメニアからは毛織物——これら異文化の影響のすべてが示しているのは、二五〇〇年前でさえ、思いつき《アイディア》や技能《スキル》や商品の交換が、いかに流動的で広範囲に広がっていたかということである。

このように古代の人々はすぐに羊毛に夢中になった。羊の毛はいち早く彼らの想像力を捉えた。人々は羊毛を使ってすばらしいものを作り、織ったり編んだり、フェルト状にしたりして、文明の中心へと羊毛を招き入れた。しかし彼らは、この時点ですでに羊毛とは違う他の織物を自由に使うことができた——亜麻で織られたリネンは、ウールが登場する数千年も前から存在していたし、シルク（絹）は紀元前六五〇〇年に登場し、そのわずか一〇〇〇年後には、パキスタンとペルーの双方で綿が栽培されていた。それにくらべると、羊毛はパーティーに遅れてやってきた新参者だったのである。

後発の羊毛が他の素材を尻目に勝利を収めた理由は、羊毛ほど優れた順応性を持つ繊維が他になかったからだ。たとえ現代の合成繊維が当時出現していたとしても、とても羊毛には太刀打ちができなかっただろう。羊毛はカメレオンだった。水分をはじくことも、それを吸収することもできる。

外の温度に応じて、ぬくぬくと暖かく保つことも、さわやかに涼しく保つこともできる。羊毛は絹のように柔らかだが、燃える炎に耐えうるほど丈夫な素材でもあった。羊の毛の秘密は、その隠れた構造にある。綿、絹、ポリエステル、リネンとは異なり、羊毛の繊維は鱗《うろこ》で覆われていた。顕微鏡で羊毛の束を見ると、表面は節のある木の幹や松ぼっくりに非常によく似ている。

このような鱗のおかげで、羊毛には多くの奇跡的なことが可能になった。屋根のこけら板のように重なり合った「スレート」(鱗)は、水をはじいて羊毛を助けるのだが、水蒸気は鱗の間の小さな亀裂を通り抜け、繊維の芯の中に吸収されて保たれる。実際、羊毛はすべての天然繊維の中でもっとも水を好む。つまり「親水性」に富んでいて、触っても湿り気を感じないが、四〇パーセントもの大気中の水蒸気を吸収することができる。液体を吸収するこの自然な性質が、羊毛を染色しやすいものにしていた。

羊毛はまたすばらしい断熱材でもある。繊維と繊維の間に閉じ込められた空気が熱障壁を作り出し、熱の伝達を遅らせる。つまり、暑い日には涼しく、肌寒い日にも心地よく過ごすことができる。しかし、本当に驚くべきなのは、羊毛が湿気を吸収するために実際には熱を「発する」ことだ。したがって、乾燥して暖かい家から、湿って寒い夜の中に出ていくときには、毛織りの服は空気中の湿気を吸収するだけでなく、実際に暖かさも「生み出す」。これが「収着熱」と呼ばれる自然な化学的プロセスだった。羊毛が捨てられて大きな山になっていたり、梱包して積み上げられたりしていると熱を帯びてくるのはこのプロセスのためである。

羊毛には本来耐火性がある。窒素と水分の含有量が高いのでなかなか燃えにくい。たとえそれに火を点けたとしても（羊毛は摂氏五七〇度から六〇〇度でしか燃えはじめないので、それにはちょっと驚かされる）、くすぶったり焦げたりはするが炎は出ない。合成繊維はびっくりするほど簡単に燃えることが多いが、羊毛は容易には燃えない。加熱すると膨らむ驚くべきセル構造を持っていて、炎の広がりに抵抗する自然な絶縁層を形成する。そのために、ウールの毛布は消火に非常に優れているし、ウールの下着は多くの消防士や兵士たちにとってなくてはならないものだ。

羊毛というとおそらく、柔らかくてかわいい服やニットのブーティー〔幼児用のニットの靴下〕を思い浮かべてしまうが、驚くべきはウールがすばらしく丈夫で長持ちすることだ。ウール繊維は二万回以上くりかえし折り曲げても破損しないし（綿は三〇〇〇回で破損する）、引き裂きや摩耗にも耐性がある。ウールはまた伸縮性があり、伸ばしたあとでもすぐに元の形に戻ることができる。これがウールに弾力性と復元性を与えていて、幼児のジャンパーからピアノのハンマーまで、あらゆるものに幅広く利用されることになった。

スキタイ人に戻ってみると、パズリクの墓から発見されたものの多くがフェルトだったのは興味深い。西洋では羊毛について語るとき、最初に思い浮かぶ素材はフェルトではなく、ニットのジャンパー〔プルオーバーのセーター〕や梳毛《そもう》のスーツだろう。しかしおそらく、羊の毛で作られた最初の生地はフェルトで、たしかにそれがもっとも丈夫な素材だったにちがいない。フェルトを作るには複雑な道具や織機は必要ない。必要なのは熱と湿気と圧力だけだ。

すべてはウール繊維の鱗にかかっている。ウール繊維をぐるぐる回して叩き、かき混ぜることにより、繊維の鱗がたがいに引っ掛かり合って、引き裂きにくい高密度のマット（フェルト）ができあがる。フェルトが他のどのタイプのウール生地よりも古いという考古学的な証拠はないが、おそらくそれを古いと考えるのは妥当な意見だろう。あとで説明するように、うまく織り上げられたウール生地を手に入れるまでにはいくらかの努力が必要だが、フェルトができあがるプロセスは非常に単純で、ほとんどそれは偶然に行なわれたにちがいない。実際、フェルトの起源をめぐる伝説の多くがまさにそれを示している。

ヨーロッパ版の伝説としては、聖クレメント（クレメンス一世）のありそうもない逸話が残されている。足を保護するために彼は、束ねていない羊毛を靴に詰めて巡礼をした。結末はたえずかかる圧力と汗が、羊毛をフェルトに変えていたという発見物語だ。聖書のバージョンは、ノアの箱舟の床が、動物の毛のたえまない脱落とその踏みつけによって、フェルトカーペットに変化したことを語っている。さらに別の例では、ペルシアの羊飼いが、イライラして羊の毛を踏みつけていたら、偶然フェルトが作られていたという話もある。

誰がはじめに羊毛からフェルトを作ったのかはわからない。だが、アイス・メイデンを持つパズリク人などの、中央アジアに住む初期の遊牧社会からフェルトの旅をたどっていくと、紀元前三世紀頃には古代中国、インド、ギリシアの文明にまでフェルトが行き渡っていたことがわかる。フェルトはたまにしか使用されない布地ではなく、日常でかなり頻繁に使われていた。パズリク人は衣類から帽子などのかぶり物、馬の鞍敷き、敷物にいたるまでフェルトを用いていたし、古代の中国人は就寝用のマットレスや頭にかぶるフェルト帽を、チベット人は大きなテントやブーツやポンチョ(2)にいたるまでフェルトで作っていた。しかしおそらく、古代におけるフェルトのもっとも意外な用途は防護服だったかもしれない。

ギリシア人はフェルトを軍服に使っていたが、そのことをもっとも早い時期に言及していたのはホメロスだった。彼はオデュッセウスがウールで裏打ちされた革製のヘルメットをかぶっていたと語っている。カエサルとトゥキュディデス（ギリシアの歴史家で将軍でもあった）はともに、兵士たちが矢をそらすためにフェルトのベストを着ていたと書いた。その一方で、包囲されると兵士たちは、攻城兵器や木製の攻城塔に急いで大きなフェルトシートを投げかけたという記述も見える。

ローマ兵士の盾（スクトゥム）はフェルトで覆って、それを木に縫いつけたものが多かった。歩兵が身につけていたのは「柔らかな」鎧だったが、それはキルティング風のトゥニカ（チュニック）で、フェルトの布切れを縫い合わせて作られていた。トゥニカはそのまま着たり、板金鎧の下ではおったりして使われた。またフェルトは兜（ヘルメット）の下でも使用されたが、それは金属の重さを緩和したり、頭部に加えられる衝撃を吸収するためでもあった。実際、兵士の数が増える一方のローマ軍は大量のフェルトを必要とした。そして、その需要を満たすために特殊な工場が建てられた。フェルト工場の記録は、ブリクシア（今はイタリア北部のブレシア）やポンペイなどの場所からももたらされている。工場では丈夫な油布（オイルスキン）のようなフェルトが生産されたが、これは帽子から長持ちする胴着まで、戦う兵士のための装備を作るのに役立った。プリニウスは紀元前一世紀に次のように書いている。「［……］ウールはフェルトを作るためにも圧縮される。それは酢に浸すと、鉄でさえ刺し通すことができない。さらに圧縮して最後のプロセスを終えたあとでは、ウールは火にさえ抵抗する」。

しかし、フェルトは軍隊だけのものではなかった。古代のギリシア人やローマ人も、このような汎用性の高い生地が持つ形状への可能性や実用性を愛していた。ギリシア人はフェルトを使って雨よけのマントを作ったり、「ピリディオン」と呼ばれる円錐形のフェズ（トルコ帽）のような帽子をこしらえた。つばのないこの帽子は、職人、旅行者、船員がよくかぶっていたが、ローマ時代になると、帽子はより小さなスカルキャップ（頭蓋帽）に変化して、非常に象徴的な意味を持つようになった。ローマの「ピレウス帽」は自由の強力な象徴となったのである。奴隷が自由を勝ち取ったときに、彼は自由な市民としてトーガ〔男性が公共の場でチュニックの上に着た外衣〕をはおり、この帽子をかぶることが許された。ラテン語のフレーズ「ad pileum vocare」（文字通りの訳は「ピレウス帽に名前をつける、あるいはピレウス帽に呼びかける」）は、「人を解放すること」[3]の意味を持つようになった。紀元六八年にネロが亡くなって群衆が大よろこびしたとき、スエトニウスは彼らを解放された「フェルト帽の大衆たち」（plebs pilata）だと語っていた。ローマのコインに描かれた自由の女神の像は、右手にフェルトの帽子を持っている。

ローマ人はまた、現代のベレー帽の古代における原型ともいうべき帽子を持っていた。それは、フェルトでできたピレウス帽を平らにしたような感じだ。歴史をひもといてみると、ベレー帽はこの上なく雄弁で柔軟な自己主張の帽子ということがいえる。それは自由思想家と軍人の両方にアピールし、創造的な知識人が好んでかぶる帽子であると同時に、革命戦士やマッチョな特殊部隊員のかぶり物にもなっている。このように何かを主張する帽子は、ベレー帽の他にはほとんど見られない。

ウール地のベレー帽をかぶった人を描いた絵柄としては、もっとも早い時期のものを、ミノア文明の古代クレタ島で見ることができる。紀元前一七五〇年から一四九〇年頃に作られた粘土製の印章がそれで、そこには祭儀の行列にベレー帽をかぶって並ぶ男たちが描かれていた(4)。しかし、ベレー帽の歴史を概観してみると、長い時代を通して、それが働く男のかぶる帽子だったことがわかる。たとえばピレネー山脈の麓で働くバスク地方の農夫と、ベレー帽は密接に結びついていた。変わりやすい天候の下で羊の世話をする生活にはベレー帽が最適だった。中世になると、ベレー帽がフランス、スペイン、イタリアでよく見られるようになる。オランダのレンブラント(自画像の達人)は一七世紀に自らベレー帽をかぶって、何度も自画像を描いていたが、その伝統はのちにセザンヌ、モネ、ピカソなどの画家によって受け継がれた。

画家や知識人は、質素な羊飼いたちがかぶる純朴で田舎風なベレー帽の魅力を愛してやまなかった。だが、ウールのベレー帽はまた軍人たちの注目を集めた。スコットランドの兵士は、一六世紀以来、青いベレー「スコッチ・ボンネット」をかぶってきた。それは柔らかいウール地の帽子で、編み上げたあとで、新しいタイプのフェルトを作り出すために煮詰めて縮められた。しかし、われわれがよく知っているのはフレンチスタイルのベレー帽だが、これを最初に着用したのはアルペン猟兵だった。アルペン猟兵は、一八八〇年代の後半に結成されたフランスのエリート山岳兵で、これによって、ベレー帽は完璧な戦闘用の帽子であることが証明された。暖かく耐水性がある上、つばがないので、狙いを定める射撃兵の邪魔にならなかった。

すぐにイギリス軍が追随した――ベレー帽を制服として最初に着用したのはイギリス軍の戦車隊

だった。一九二二年に、准将のヒュー・エルズ将軍は、数年前にアルペン猟兵の訓練を見たあとで、部隊に黒いベレー帽の着用を提案した。それは閉所恐怖症的なまでに狭い、戦車の内部空間には最適で究極の帽子だった。これほどまでに状況にぴったりと合って、しかも安価な帽子は他にはないだろう。かぶったままでヘッドフォンを着けることができるし、戦車のハッチを出たり入ったりするときも、途中で引っ掛かって妨げられることはなかった。

ベレー帽はすぐに「エリート部隊」の帽子と見なされるようになり、SAS（特殊空挺部隊）、パラシュート連隊、奇襲部隊、および他の多くの部隊がまもなくこの帽子をかぶるようになった。やがてベレー帽は権力と軍事力の象徴として、他に類を見ないものとなる。それが革命家や過激派の注目を集めはじめるのは時間の問題だった。もっとも有名な例としては、チェ・ゲバラ、フィデル・カストロ、それにアメリカのブラック・パンサー（黒豹党員）などだ。今やフェルトは最前線に出てきたのである。

しかし、羊毛フェルトがもっとも広く一貫して使用されてきたのは、おそらく衣類ではなく、むしろ住まいの分野においてだったろう。ユルト（ゲル）は今ではグランピング（豪華なキャンプ）の象徴だが、その真の起源は二五〇〇年以上前の中央アジアの草原にあった。一九八〇年代の初頭、イラン南西部の建設現場で作業中のブルドーザーが、偶然、石の埋葬室の壁を突き破った。のちに「アルジャンの墓」と呼ばれるこの墓には、死んだ古代の王が来世で欲しがりそうなものがすべて含まれていた。金のブレスレット、指輪、短剣、燭台、ブロンズのコップ、そしてみごとに装飾された大きなブロンズのボウルなどだ。

そこで見られたのは熟練した技能だったが、それを除くと、このボウルでもっとも興味深かったのは、紀元前六〇〇年頃にまで遡る、ウール製ユルトの最古の絵柄がそこに描かれていたことだ。それから二〇〇年ののち、ギリシアの歴史家ヘロドトスはスキタイの遊牧民について語った中で、フェルトの住まいに触れている。盲目の奴隷や、戦争のことしか考えていない人食い人種の恐ろしい記述に加えて、彼はユルトのような住居について頻繁に言及していた。

ざっくばらんな話をしながらヘロドトスは、気晴らしにマリファナを楽しむスキタイ人に出くわしたときの様子を語っている。「私がいったように、スキタイ人はこの大麻の種をいくつか手に取ると、フェルトの覆いの下に滑り込んで、それを真っ赤に焼けた石に投げつける。するとすぐに煙が上がって、ギリシアの蒸し風呂でもとてもかなわないほどの蒸気を出す。スキタイ人はよろこんで歓声を上げる(5)」。

一三世紀の間にチンギス・ハンは、巨大なウールのユルトから全帝国を指揮した。当時、旅行記を執筆していたマルコ・ポーロは、次のように述べている。

モンゴル人の家は円形をしていて、フェルトで覆われた梁でできている。この家は彼らが行くところにはどこへでも、彼らといっしょに運ばれていく。梁は強くつなぎ合わされ、うまく組み合わされているために、家の枠組みはかなり軽くなっている。彼らは黒いフェルトで覆われた車を持っていたが、フェルトのおかげで、雨が車の中に入り込むことはなかった。車は牛やラクダに引かれていて、女や子供たちもそれに乗って移動する(6)。

モンゴル帝国は広範な中東とアジアを、さらにはヨーロッパの一角までもまたたくまに征服した。そして、その征服を少なからず助けたのが住まいの可動性だった。ユルトと馬とはモンゴル人に速度と可動性をもたらした。この二つは戦争で勝利を得るために必要な二つの公理といってもいいだろう。現在、生存している男性の二〇〇人に一人は、チンギス・ハンと縁続きだと考えられている。遺伝学者のチームは最近、中央アジアに住む一六〇〇万人以上の男性が偉大な人物（チンギス・ハン）と同じ男性のY染色体を持っているという驚くべき発見をした。[7] モンゴル帝国は世界を征服して、そののち人々を世界に居住させたのだが、それを手助けしたのが羊だったということのようだ。

遊牧民のコミュニティにとって、ユルトは完璧な住まいだったし、今もそれは変わらない。折りたたみや持ち運びが可能で、中央アジアの大草原を襲う強風もやり過ごすことができる。ユルトは、羊飼いたちの家族の生活を支えてきたし、季節ごとに放牧地の間をたえず移動しなければならない必要にも応えてきた。フェルト（ユルトの作成にはなくてはならない）を作るスキルは今なお健在で、何世紀もの間ほとんど変化していない。羊の毛は春と秋に刈り取られる。刈り取ったフリース（一頭の羊から刈り取った毛）は棒で叩いて繊維を分離させる。毛羽立ったウールは、「マザーフェルト」と呼ばれる大きなマットの上で重ねて層状に広げられ、水を振りかけて湿りが与えられる。次に、湿り気を帯びたフリースとマザーフェルトは、巨大なロールケーキのようにして、長くて重い木製のポールのまわりにしっかりと巻きつけられ、その上から別の層（通常はヤクの皮か防水布）で包まれる。そしてこの大きな束を、芝生ローラーを引っぱるようにして馬に引きずらせる。引きずられることでウールは弾んで平らになる。数時間後、ウールの繊維は魔法をかけられたようにつながりかたまってしまう。

二〇一〇年のモンゴルに話を戻すと、いつまでも立ち去ることのない致命的な「ゾド」または「白い死」（容赦のない夏の干ばつとそれに続く厳しい冬）によって、一〇〇〇万頭という驚異的な数の動物（ほとんどが羊だ）が死んだ。羊飼いの遊牧民たちはその多くが、一旗揚げるために草原を捨ててモンゴルの首都ウランバートルへやってきた。ユルトもいっしょに運んできたために、ウランバートルではユルトのゲットーが形成され、街のはずれにスラムのような集落ができた。

モンゴルの遊牧民の多くのは、伝統的な生活様式から離れ、新しく安定した生活を約束してくれる都市に引き寄せられた——あるいは気候変動の影響により彼らの土地から追い出された——が、ほとんどの人はウールの覆いの下で生活することを好んだ。ユルトの家を高層のビルと交換するようにという圧力があったにもかかわらず、羊毛のテントで育った民族にとって、テントの実用的でノスタルジックな魅力はあまりにも強すぎた。

3　なぜルーイングされる羊がいるのか？

ハサミの発明、ミイラの入れ墨、逃亡する雄羊

自然はときに進行中の仕事を途中で放り出して、台なしにしてしまうことがある。初期の農夫たちは――偶然と試みとによって――ようやく、野生の羊にくらべて、より柔らかくて毛量の多いフリースを持つ羊を作ることに成功した。このようなフリースは織物には理想的だったが、そこには一つだけ重要な問題があった。野生の羊は何千年もの間、気候が暖かくなると自然に毛（上毛《ヘアー》も下毛《ウール》も）を脱ぎ捨てた。しかし、新しく飼いならされた羊は、つねに自然な状態で毛を脱落させるわけではない。運命のいたずらか、あるいは意図的なものだったのか、古代の農夫たちは自然に毛が生え変わらない羊を飼育しつづけてきた。

しかし、これはある意味ですばらしいことだった。羊毛を貴重な作物にしたいと思えば、どこで羊毛が抜け落ちるのか、それを予測できるようにする必要があった――野生の羊はいたるところで毛を脱ぎ捨てるので、一陣の風によってたくさんの毛が吹き飛ばされてしまう。そのために課題は、飼育された羊の毛、とりわけ簡単には剥がれない羊の毛を、どのようにして羊皮から引き剥がすかということになった。

ハサミが発明されたのはひとえに羊のおかげである。早い時期の牧羊農夫たちは、羊の毛を剥がそうとしてさまざまな方法を試みた。だが、中には羊にひどく苦痛を与えるものもあった。紀元前三〇〇〇年紀の後半に書かれたメソポタミアの文書には、毛をむしり取る方法（ルーイングとも呼ばれる）、つまり羊毛を引き剥がしたり、毛を梳《す》く方法が記載されている（カシミア［カシミアヤギから採られた毛］は中国では今でも櫛で梳いて集められる）。(1) その一方で、これまで伝統的に羊を飼育してきたコミュニティの現状から推測してみると、もしかしたら初期の時代にも、ナイフを使って羊毛をカットしていた農夫たちがいたかもしれない――現にネパールの羊飼いたちは、アニスと呼ばれる湾曲した鎌状のナイフを使用している。

考古学者の中には、「実際に」初期（約五〇〇〇年前）の牧羊農夫たちが、羊毛を刈り取るために、石製のスクレーパーを使用したかもしれないという者もいる。このように巧みに叩いて作られた細身の石の道具（板状スクレーパー）は、羊の飼育が最初にはじまった場所、つまり肥沃な三日月地帯で出土しているが、本来これは動物の皮を剥ぎ取るために使用されたものと考えられていた。しかし二人の考古学者がすばらしいアイディアを思いついた。石のスクレーパーはもしかしたら、羊の毛を刈り取るのに使われたものかもしれないと考え、この道具の磨滅痕を調べてみようと思ったのだ。驚くべきことに彼らが発見したのは、スクレーパーが羊毛を刈るのにすばらしい力を発揮したことだけではない。スクレーパーの摩耗のパターンが、考古学上の発掘現場で出土された古代のスクレーパーと一致したのである。(2)

しかし、上手にしかも手早く羊の毛を刈り取るためには、やはり金属製のハサミにかなうものはない。ハサミの使用が最初に記録されているのは、新バビロニア王国（紀元前五〇〇年頃）の文書中だった。[3] そのハサミが紀元前三〇〇年頃までにはローマに到達していた。類似したものがヨーロッパ全域で出現するのは考古学上の鉄器時代（紀元前一七〇〇年から一一〇〇年頃）である。それは驚いたことに、今日われわれが金物屋で見かけるハサミとほとんど変わらないように見える。シンプルでエレガントなものだった――薄くて鋭い刃が弓形の金属に接続されている〔いわゆる「握りバサミ」〕。弓には自然なバネがあり、羊飼いが次の羊毛のかたまりを切り取ろうとして握った手をゆるめると、閉じたハサミが元に戻って開く。だが、考古学者たちを少々混乱させているのは、飼育された多くの品種が放っておいても毎年毛を脱ぎ捨てるのに、なぜ初期の農夫たちはハサミを必要としたのだろうという疑問だ。羊毛が自然に脱落しようとしているのに、なぜ鉄器時代の部族はハサミを必要としたのだろう？

その答えは、シェトランドやソーエイなどの古代品種（肥沃な三日月地帯から最初に移動したパイオニアの羊たち）の中に、他の羊にくらべて、羊毛を脱落させる傾向が強い羊たちがいたということのようだ。スペクトラム（分布範囲）の一方の端に、毛を非常に簡単に脱ぐ羊がいて、羊飼いが毛を手に入れる前に毛が風に吹き飛ばされてしまうことがよくあった。中には毛を部分的に脱ぐために、まだらに毛が残り、あとでそれを刈り取らなければならない羊もいる。そして、分布のもう一方の端には、自然に毛を脱落させることをしないために、羊飼いが手で刈り取らざるをえない羊がいた。つまり、何世紀もの間、ハサミによる剪毛《せんもう》（刈り取り）は牧羊農夫たちの仕事の中では補助的な手段にすぎず、必ずしも常に必要な仕事ではなかった。他のものより毛の脱落時期が早いために、あらかじめ刈り取っておかなければならないとき、また、まだらに残って摘み取りが難しい羊毛に出会ったときや、あるいは自然に脱毛する能力を失った羊の毛を刈るときには、ハサミは便利な道具だったのである。しかしやがては、ほとんどの羊が毛を落とす能力を失ってしまった。

もっとも注目すべき洋ばさみ（二枚の金属板をエックス字形に鋲で留め、刃と刃が合うようにした形状のハサミ）は、紀元二世紀のエジプトの墓から出土されたもので、女性の作業用バスケットの中にあった。針やピンや他の道具の間にはさまれて、絶妙な青銅仕立てのハサミが何本か置かれている。それらは羊の毛を刈り取るにはあまりに美しすぎた。ハサミにはすばらしい象眼と装飾が施されているが、古代の金属細工人の卓越した職人技を見せつけていた。今はメトロポリタン美術館で展示されているが、このようなハサミには、意味不明の図柄が描かれている――猫、犬、ライオン、羽毛つきの冠をかぶった神と女神、ハヤブサの頭を持つ二頭のスフィンクスなどがたがいに向き合っている。そのために、ハサミが閉じられて刃と刃が出会うと、描かれた絵柄は象徴的な触れ合いをする。(4)誰が何のためにこのようなハサミを作ったのかはわからない。ハサミが高価なものだったのは明らかで、ハサミの図像やその価値が示唆しているのは儀式上の機能だが、その用途を知ることは不可能だ。興味深いのは次の世紀にかけて、どれだけ多くの迷信と神話が、ハサミと羊の剪毛をめぐって語られるようになったかということだ。

ギリシアの伝説では、運命の女神（モイラ）が三人の女性（羊毛の紡ぎ手）として描かれていて、それぞれに特別な任務が割り当てられていた。まずクロトが糸巻き棒から「運命の糸」を紡ぎ、ラケシスが糸の長さを計り、アトロポスがハサミで糸を切り落とした。糸の切断は死を意味していて、切断によって人間の寿命が定まる。この強力な比喩のおかげで大バサミ（shears）は死の代名詞となった。そしてそれはのちのバージョンのハサミ（scissors）に引き継がれていった。古代人の心の中では、ハサミはかけがえのないものであると同時に危険なものであり、つねに二つの意味を持っていた。二重の意味を負わされたハサミは、しばしば迷信的な信仰の対象とされた。

今日でも、ハサミをプレゼントすることは不吉だと考えられている。日本からイギリスにいたるまで、ハサミの贈り物は多くの人にとって、友情がまさに断ち切られようとしていることの象徴として受け止められた。この呪いを避けるために、受け取った側は小さなトークン（代用硬貨）やコインを「支払って」ハサミを買う必要があった。新年の祭りの期間中、中国人は一年間の喧嘩を防ぐために、ハサミを一カ月間使用することを避けた。エジプトやパキスタンでは、何も切らないのにハサミを開いては閉じたり、あるいは開いたままで放置しておくのは不運をもたらすと考えられていた。しかしハサミはまた、特定の状況では幸運をもたらす場合もある。ハサミの多くは鉄器時代の井戸または川床から回収されていて、それは幸運を求めて、あるいは神々をなだめるために投げ込まれたものと考えられている。中世には、悪霊を追い払うために、ハサミが新生児のゆりかごに押し込められたり、ドアの敷居の下や壁のうしろに置かれたりした。

しかしおそらく、すべての羊毛神話の中でもっともよく知られているのは、古代ギリシアのイアソンと「金色の羊毛」の物語だろう。この話は三〇〇〇年以上にわたってくりかえし語られてきた。これは究極のヒーローが旅をする冒険譚であり、神話上の羊毛を求めて立ち向かう、挑戦と義務と困難な海洋航海の「ミッション・インポッシブル」だった。イアソンに旅の任務を与えたのは邪悪な叔父のペリアス王である。イアソンが王になりたいと望み、正当な王位を取り戻すことを望むのなら、まず彼はコルキスでオークの木立を見つけなければならない。イアソンはそこで、獰猛なドラゴンに守られている金色の羊毛を見つけるだろう。それを見つけたら、ただちにその羊毛を持ち帰らなくてはならない。そしてみごとに成功した暁には、彼の王位はぶじに回復されるだろうとペリアスはいった。

コルキスへ向かう道すがら、イアソンとアルゴー船の乗組員たち（アルゴナウタイ）は、夫や父親を皆殺しにする妻、翼を持つハルピース〔女面鳥身の伝説の生物〕、火を吹く雄牛、激しい嵐などのさまざまな困難に直面する。それは古代のページ・ターナー〔読み出したらやめられない本〕ともいうべきストーリーだが、人々はイアソンが求めた黄金の羊毛の重要性について、長い間議論をしてきた。比類のない宝物があふれた世界で、なぜ羊毛がこれほどまでに究極の目標物となったのかと疑問に思った。

これについては長年にわたって、二つの考えが明らかにされている。一部の地質学者たちはイアソンの旅と金採掘の歴史を結びつけた[5]。この神話上の冒険は、本物の航海からインスピレーションを得た可能性があるという。三三〇〇年から三五〇〇年前に、勇敢なアルゴー船の勇士たちがギリシア本土から、黒海近くの王国コルキスへ旅をしたという物語だが、このコルキスは羊の毛を使ってふるいにかけ、渓流に混じった砂金を取っていることで有名だった。ジョージア（グルジア）のスヴァネティでは、澄んだ小川が今もなお金の粒であふれている。今日にいたるまで、村人たちは羊毛を水中に投げ入れる作業をしていた。ウールの油が水中を浮遊する金の粒を捕らえるからだ。

ウールを乾燥させて、そのあとで振ってみるときらめく純金の粉が落ちてくる。おそらくこのきらびやかな羊毛による金の抽出の秘密が、黄金の羊毛の神話に影響を与えたのだろう。

もう一つの考えはこうだ。ギリシア人とその隣人たちにとって、羊毛がいかに貴重なものだったかを、イアソンの航海が反映しているかもしれないという。これには早くも紀元前三七年に、ローマの作家マルクス・テレンティウス・ウァロが気づいていた。羊の群れは「その価値のために黄金の羊毛を持つといわれていた――それはアルゴスのアトレウス〔アトレウスとテュエステースの二人の兄弟は黄金の羊をめぐって王位を争った〕の黄金の羊毛、〔……〕あるいはコルキスの王アイエティスが供犠にした雄羊の黄金の毛のようなものだ。アルゴナウタイとして知られる勇士たちはそれを追い求めた」[6]。初期の帝国はその多くが、羊を大切にするだけでなく、富、秩序、文明をもたらしたものとして羊たちを崇拝した。雄羊の頭をしたエジプトの神クナムは、他のエジプトの神々や女神たちを創造したと考えられていた。「雌羊のシルトゥル」は、シュメールやバビロニア神話、それにアッカド神話における羊の女神だ。エジプトの太陽と空気の偉大な神アムンは、羊の頭をしたスフィンクスとして描かれている。

古代エジプト人は、羊をミイラ化して信仰の対象とすることさえ実行している。ミイラにしておけば手で触れることができ、いつまでも長持ちさせることができる。信仰の気持ちに急かされたときには、自分の気に入った羊をミイラにして、地元の神殿に捧げものとしてプレセントすることもできた。あるいは、もし死んだ羊が手元にないときには、羊をミイラ化して自分の名前で捧げてくれと、いつでも神殿に頼むことができた。羊はそのあとで祭司が神殿の墓地に埋葬してくれる。

エジプト人の中には羊に魅入られて、その姿を自分の体にタトゥーとして残そうとする者さえいた。文明の歴史を通してもっとも古いタトゥーは、偶然だったがこれまで完全に見過ごされてきた。それは五〇〇〇年前のエジプトのミイラに隠れていたもので、ミイラは英国博物館で一世紀にわたって展示されていた。男の腕についていた黒い染みは、まったく興味のないものとして片づけられていたのである。最近行なわれた赤外線検査により、二つのシミは実際には二つのタトゥーであることがわかった。一つは巨大な雄牛で、もう一つは雄羊だった。ミイラのタトゥーにどんな絵柄が選ばれたのかは非常に重要な問題だ。どちらの動物もタフで強い生き物であり、暴力の象徴でもあった。ミイラは一八歳から二一歳くらいの若者で、背中に刺し傷を負って亡くなっていた。この事実ははからずも暴力に囲まれた、そして肉体上の強さに価値を置く彼の人生を表わしていた。

イアソンと「金色の羊毛」に話を戻すと、羊毛がギリシア文化の中心にあったことは明らかだった。テキスタイル学者の草分けだったメアリー・ロイス・キッセルは、キュレーターでもあり、大胆なフィールドワーカーでもあった。その彼女が一九一八年、メトロポリタン美術館の紀要に大きな熱意を込めて、次のように書いている。

古代ギリシアのより糸は多種多様な織物になった。それは庶民のための粗末な普段着や、エレガントな女性のための上品なローブ――そこにはたくさんの花柄や小枝模様があしらわれていて、しかも縁取りがされている――になったし、さらにそれは名誉ある死者のためのすばらしい死装束にもなった。地位のある女性なら、親族の者や英雄を黄泉の国に送るときには、勇気へのオマージュとして、必ず埋葬のための豪華なローブを織り上げた(7)。

実際、ギリシアの衣類の多くは羊毛でできていた。男性も女性も、長方形の長いウールから作られたチュニックを着用し、ピンやベルトで留めた。涼しい天候では、「ヒマチオン」と呼ばれる羊毛のマントが肩にかけられていたかもしれない。だが、ギリシアの服のスタイルは全体的にゆったりとしていて、布地が豊富で、地元のウールをふんだんに使ったものだった。メアリー・キッセルは続けて、ギリシアで行なわれていた牧歌的な牧羊の様子を詳細に描いている。

糸を紡ぐのに必要な羊毛は、地元の山の斜面を頻繁に訪れる羊の大群によって提供された。田舎の生活で見られるどんな特徴も、牧歌的な羊飼いの生活とその素朴な飾り気のなさほど、古典文学の中で楽しく描かれているものはない。ホメロスはアルカディアを「羊たちの母なる地」と呼んでいる。そこでは想像力が、深い峡谷や洞窟に踊るニンフを住まわせていたし、羊飼いの暮らしはパン（牧羊神）をともなう夢のような生活と見なされていた。パンは「羊飼いが恩義を感じて愛していた羊毛の神」だ。「すぐれた羊の群れには、羊毛をさらに改良するために、その外皮に覆いをかけるほど特別な注意を払って」、良質の羊毛を手に入れていたとデモステネスは語っている。

羊の毛を覆う習慣は今も続いている。メリノ種の羊の毛は、他のどの品種の羊毛よりも細く、一頭の大人の羊だと、おしゃれなビジネススーツを三着作れるほど、たくさんの羊毛を生み出すことができる。メリノ種の羊を飼う牧羊農夫が、その羊毛をオークションにかけて売りに出すときには、羊毛の状態が鍵となる。泥、糞、害虫、植物性物質による汚染はすべて、もじゃもじゃに絡み合った毛や、フェルト化した毛と同じように売値にじかに影響する。羊の覆い――ナイロン、羊のパック・ア・マック（小さなポケットサイズにたためる軽いレインジャケット）が効果的――は、羊の外皮を汚れのない状態に保って、羊の毛の価値を高めてくれるので、羊毛業界では今も牧羊業者たちによって使用されている。

ほんの数年前のことだが、飼いならされた羊の毛を刈りそこなった場合にどんなことが起きるのか、それを世界に示したのがやはりメリノ種の羊だった。「シュレック」という名前の羊は、ニュージーランドのベンディング・ステーションにいた数千頭の中の一頭だった。ニュージーランドの人口は四三〇万人だが、羊の数は人間の一〇倍もいる。シュレックはどういうわけだか群れから離れ、次の六年間を近くの洞窟で、発見されることなく上機嫌で過ごしていた。ようやく二〇〇四年に見つけられて剪毛されたときには、シュレックは通常のメリノ羊の六倍もの量の毛から自由になった――それは六〇ポンド（約二七キログラム）というとてつもない記録破りの毛の量だった。

困難な状況の中で生き残った勇気と記録破りの毛量のおかげで、シュレックはまたたくまに有名になり、公の場に現われることも多くなった。首相にも会い、子供の本にもたびたび顔を見せた。信じられないことだが、シュレックの話はそれでおしまいとはならなかった。二〇一五年に、同じように野生で暮らしていたオーストラリアのメリノ羊「クリス」がようやく捕まえられた。剪毛のチャンピオン、イアン・エルキンスによって静かに抑えつけられ、毛を刈られた結果、クリスのフリース量は驚異的な八八ポンド（約四〇キログラム）と記録された。専門家たちは二頭の羊が、毛を刈られることなく野生の状態でさらに長く放置されていれば、ウールのあまりの重さに動くこともできなくなっていただろうと推測している。

オーストラリアとニュージーランドはもちろん、剪毛の作業を「非常に」深刻なものとして受け止めていた。一七八八年にキャプテン・アーサー・フィリップが、イギリスからオーストラリアのニューサウスウェールズ州に到着したとき、彼の船にはたくさんの囚人や家畜が乗っていたが、それとともに、自給自足のコロニーを築こうとして羊を一〇〇頭だけ連れてきた。それが一世紀のちには一億頭に急増していた。オーストラリアは――暖かい内陸気候と広大な自然草原のおかげで――羊毛にとって理想的な場所であることが証明されたが、手で刈り取る作業では、羊毛の需要にとても追いつくことができない。剪毛作業とハサミを研磨する苦痛から、牧羊農夫を解放するためには何かが必要だった。

フレデリック・ヨーク・ウォルズリーは、オーストラリアに住むアイルランド生まれの羊毛生産者である。一八六八年、ウォルズリーは羊毛の毛刈り機のアイデアを開発しはじめた。それとちょうど同じ年に、メルボルン出身のジェームズ・ハイアムが「羊や他の動物の毛を刈り取り摘み取る新しい装置」(8) の特許を取得していた。蒸気で駆動するハイアムの装置は実現に向けてスタートを切ったものの、なかなかうまく軌道に乗らなかった。しかし、それはウォルズリーを刺激して、彼の考案した機械をすみやかに製造へと進めるように拍車をかけることになった。

一八八五年、ウォルズリーは親方のハーバート・オースティンとともに「羊の毛刈り機」の製造を開始した。手で刈り取る人々は当初、彼の新しい発明に不安を抱いた。すぐに自分たちの仕事がなくなってしまうのではないかと心配した。が、ウォルズリーの実演を見て十分に納得し、それは目をそむけるべきものではないと思った。彼の毛刈りバサミは使いやすいだけでなく、より速く、より多くのウールをカットし、均一な長さで刈り取ることができ、それはフリースをはるかに価値のあるものにした。羊にとってもストレスが少なく、切り傷や怪我も少ないように見えた。(9)

三年後、ウォルズリーはイギリスのバーミンガムに戻り、ウォルズリー・シープ・シアリング・カンパニーを設立した。オースティンもすぐにあとからやってきてこれに参加した。羊バサミの販売はある季節に限っていたために、手がすいた時期にオースティンは、自転車や初期の自動車の製造に興味を持つようになった。オースティン・モーター・カンパニーは一九〇五年に設立され、イギリスで最大の自動車メーカーの一つになった。

今日、羊の毛刈りは競争の激しいビジネスだ。毛刈り機(羊毛バリカン)の導入にもかかわらず、剪毛は依然として汗にまみれて、くたくたに疲れ果てる作業だった。稼ぎはもっぱらスピードとスキル次第で、出来高払いの仕事でもあった。従来のハサミで毛を刈り取る人は、一日に二〇頭か三〇頭以上の羊を刈ることができれば御の字だが、毛刈り機を使えば手作業の一〇倍の量を刈ることができる。メリノ種の雌羊がもっとも多く刈り取られた世界記録は、現在までのところ、八時間以内に四九七頭である。この記録を達成するためには、一頭の羊が運んでいる平均で三・四キログラムのフリースを、一八回以下のストロークでバリカンを動かして、刈り取っていかなければならない。

たしかにメリノ種の羊の毛は、高品質のフリースとして高く評価されている。だが、今日の牧羊農夫たちはそのほとんどが、羊毛を生産することはもはや経済的にも立ち行かないと感じている——羊の剪毛にかかる費用が、フリースの価値より高くつくことが往々にして起こるからだ。ほんの一握りの農夫たちは、古代にいた野生の羊のように、毎年自然に毛を脱ぎ捨てる羊の利点を再発見している。「エクスラナ」（ラテン語では「かつて羊毛を持っていた」という意味）と呼ばれる新しい品種が開発されているが、これを手がけたのが、春に毛を自然に落とす羊の利点を見てとったイングランド南西部の農夫たちだった。この羊は明らかに羊毛用に意図されて改良されたものではない。エクスラナの毛皮は、従来の羊よりも短い毛で覆われていて軽い。わずかに一ポンド（約四五四グラム）ほどの粗い羊毛を脱皮するだけだった。エキゾチックで希少な品種から開発されたエクスラナは、バルバドス・ブラックベリー種やヴァージン諸島のセントクロワ種などのように、毎年、フリースを自然に脱ぐ。それは羊の歴史の中で起きた思わぬ展開だった——一巡して元に戻るストーリーをそれはもたらす結果になった。

4　とても硬い羊の肉

乳糖不耐症、チーズ職人のキュプロクス、二つの頭を持つ羊

およそ二〇〇〇年前、本土のスコットランド海岸から一〇〇マイル（約一六一キロメートル）離れたセントキルダ群島へ、大胆なケルト人の一団が船で向かった。彼らはいっしょにある羊の群れを連れていった。それは今もまだ島（ソアイ島）に生息しているソアイ種の祖先の羊たちだった。小さくて華奢なこの生き物は、羊よりもむしろヤギのように見えた。それはわれわれに、鉄器時代のヨーロッパに棲む羊たちを想像させる希有な機会を与えてくれる。そしてそれはまた、タイムトラベルをして古代世界でもっとも名高い、もっとも恐れられた人々とともに暮らす羊をのぞき見るチャンスを提供してくれる。

ケルト人は自分たちの物語を伝える記録を書き残していない。そのためにわれわれは、ローマ人の言葉やケルト人が残したみごとな工芸品、それに彼らの家や集落や墓の遺跡から収集した情報を通して、彼らの物語を解明しなければならない。そうして姿を現わしたのはある世界を描いた一枚の絵だった。それは生き延びることへの強い願望を持つ豊かで独立した文化を描いた絵で、その中心に羊がいた。

ケルト人は古くなった硬い羊肉（マトン）をたくさん食べたに違いない。考古学によると、鉄器時代の社会では大量の羊が食べられたが、それは羊がその役割をすべて果たしたあとだったようだ。古代の羊はとりわけ良質の羊毛を生産したわけではない。だがケルト人はまずはじめに羊毛と羊乳を、そして次に羊肉を取るのが目的で羊を飼っていたのかもしれない。彼らは腕の確かな農夫であると同時に職人たちで、うまく組織化された機織り人の集団を作っていた。したがって、監視に怠りのないローマ人たちが、これを見過ごすわけはなかった。当時のギリシア人の歴史家ポンペイウス・ストラボは、次のように述べている。「彼らの羊毛は粗くて先端が細かったが、それを使って彼らは、『ラエナエ』と呼ばれる厚い『サギ』（コート）を織り上げる」[1]。

実際、ケルト人の織り上げたウールの衣料品が一枚、ローマ人の目に留まった。ローマ人は、前進する自国の兵士たちや、北部の州を故国とした海外居住者の暖を取るために何かを必要としていた。ローマ人が目にしたのは「ビルス・ブリタニクス」で、それは地元の部族が作った一種のフードつきダッフルコートだった。グロスターシャー州のチェドワース・ヴィラからローマ時代のモザイクが発見されている。そこには二つの文化がたがいに接触し合い、影響と交易を共有している様子が美しく描かれていた。その中で、男は野ウサギを抱きながらダッフルコートを身に着けている。ダッフルコートはケルト人の影響を受けたもので、野ウサギはローマから輸入したものだった。

ウールのコート（ビルス）がヒットし、ローマ帝国全体に大量に輸出された。貿易は明らかに活発だった。そのためにディオクレティアヌス帝は西暦三〇一年、コートと多目的のケルトの敷物「タペーテ・ブリタニクム」に、大規模な税金を課す必要を感じた。良質なコートの価格は六〇〇〇デナリウスと不法なまでに高かった。これはおおよそ五〇〇リットルのワイン、または教師の年間給与の四分の一に相当する。[2]

　ローマ人は他にも「異民族《バーバリアン》の」ファッションを好んだ。体質が弱く寒い天候に苦しんだアウグストゥス皇帝は、ウールのベストやズボンなど、征服した北ヨーロッパの部族から「借用した」服や布地をもっぱら身につけていた。紀元前一世紀、プリニウスは、仲間のローマ人が地方の最新アイテムをしきりに欲しがっていると書いている——それはけば立った防風のマント「バルドククルス」で、ウールのラノリンによって防水が施されていた。

　興味深いのはケルト人がマントを作ったり、輸出したりする場合だけでなく、領内で使用する場合を考えると、いったいどれくらい多くの羊を彼らは飼う必要があったのかということだ。鉄器時代のソアイ種のような羊は、毎年約二・二ポンド（約一キログラム）の羊毛しか脱皮しない。つまり、大人二人と子供三人の家族では、粗い毛布や衣服に使うためにも約二〇頭の羊を必要とした。[3] しかし、どうやらケルト人は大規模な飼育を問題なく受け入れていたらしく、目を見張るような数の羊を飼育し、国際的な取引を行なっていたようだ。先に登場したストラボはこの意見に同意している。「彼らは膨大な数の羊や豚の群れを飼っているので、ローマだけでなくイタリアの大半の地域に大量のサギ（ウールのコート）と塩肉を提供することができる[4]」。

　丈夫で小柄な羊は、険しいウェールズの高地からウェセックスの起伏に富んだ白亜質の高原まで、イギリスのさまざまな地形にたやすく順応した——だが、羊は肉や羊毛の他にも役に立っている。古代の羊は糞の有用な供給源だった。それは畑や作物の肥料としてだけではなく、燃料としても役立った。現代でもエジプトの牛やラクダの糞からモンゴルのヤギや羊の糞にいたるまで、多くの牧畜コミュニティは、乾燥した糞を金がかからない熱エネルギーの供給源として使用している。

羊の乳はケルト人たちにも飲まれていただろう。二月一日の「インボルク」〔春の訪れを祝う祭り〕は、古代ケルト民族が祝う四大祭りの一つだった。春の子羊と羊乳の贈り物に感謝する日である。人間の進化における興味深い出来事だが、哺乳動物の乳を受け入れる文化がある一方で、これを受け入れることができない文化があった。羊や牛などの動物が飼育される以前は、乳児のみが乳糖（ラクトース）と呼ばれる乳に含まれる糖を消化できた。赤ちゃんは、ラクターゼと呼ばれる酵素を作ることによってこれを行なった。しかし、人類の歴史はそのほとんどで、離乳後に乳糖を消化する能力を停止してしまった。

羊の乳を使用したいと考えた古代の文化は、何はさておき、はじめにそれを発酵させなければならなかった。だが発酵によって乳糖はなくなるが、そのカロリー値の一部は決定的に破壊されてしまう。したがって、はじめから動物の乳を発酵させる必要なしに消化できる人は誰でも、余分なエネルギーの利点を得ることができた。つまり、羊の乳などの乳製品を重要な栄養源として利用していた古代の文化は、グループのメンバーに生存への力をもたらしはしたが、中でも乳糖を吸収することができた少数の幸運な人々は、生き残って、彼らの遺伝子（乳糖消化の遺伝子を含む）を次の世代に受け渡していく可能性がより高かったのである。

ヨーロッパとロシアの古代人の骨を近年ＤＮＡ分析した結果、乳糖耐性に必要な変異が約四五〇〇年前に現われ、ヨーロッパの人口全体に広がったことがおぼろげながら判明した。動物の乳を消化するこの能力は、ヨーロッパの涼しく温暖な場所に移動したグループにとってはとくに有益だった。それはビタミンDを摂取するさらなる方法でもあったからだ。他にビタミンDを補給する主要な供給源となるのは太陽光だが、これら北方の地域では供給不足になる可能性がある（このようなわけで、事実上、一〇〇パーセント乳糖不耐症のザンビア人と比較すると、デンマークでは乳糖不耐症の人がわずかに二パーセントしかいない）[5]。推定では、世界人口の三分の一から半分の人々が乳糖を消化することができずに、乳糖不耐症に苦しんでいるという。とくにこの傾向はアフリカ、東アジア、東南アジアの人々、およびネイティブアメリカンの間でよく見られる。

鉄器時代にはおそらくヨーロッパ中の部族が、手桶から直接羊の乳を飲んで楽しむことができただろう。しかし、だからといって彼らが、羊乳から他のものを作らなかったわけではない。羊乳バター、ヨーグルト、チーズはほぼ確実にケルト人の食卓を飾っていたにちがいない。プリニウスは『博物誌』の中で丸ごと一章を使って、愛情深げに「さまざまな種類のチーズ」について書いた。「羊の乳から作られる」ケバ〔イタリアのリグリア州の町。現在のチェヴァ〕のチーズやガリアの辛味のあるヤギのチーズなど、「属州」産のチーズについて数多く言及している。ローマの作家の中には、羊やヤギの乳は牛乳よりもはるかにすぐれていて[6]、もっとも栄養価が高いと考える者もいた。現代の科学がこれを裏づけているのは興味深いことだ。羊乳はヤギや牛の乳よりも、脂肪やタンパク質がはるかに多く、カルシウム、マグネシウム、亜鉛、その他のミネラルも多く含んでいる[7]。

羊乳からチーズを作ることは、鉄器時代の部族やチーズを愛するローマ人の間では目新しいことではなかった。1章で見たように、フェタチーズのようなものは少なくともおよそ七〇〇〇年の間、世界の各地で作られていた。おそらく最初それは予期しない幸運な出来事の結果だったろう。初期の農夫や牧畜者たちは、水や乳を運ぶ手段をあれこれと考えたにちがいない。そして、死んだ羊の膨らんだ胃や膀胱が、液体を運ぶことができる優れた容器だということがわかった。反芻動物の胃には、レンネットと呼ばれる酵素が含まれている。この酵素は乳を凝固させ、凝乳と乳清に分離させる。おそらく、理論的にいえば、羊の胃の容器に残っていたレンネットの一部が、羊乳を凝固させてチーズを作り出したのだろう。

しかし、羊のチーズは栄養価が高いだけでなく、生乳よりもずっと長く保存がきくので、すぐに貴重で人気のある食品となった。中東などのより暑い気候では、腐敗を防ぐためにチーズに塩がよく加えられた。たとえば、ベドウィンのチーズ「ジャミード」は、伝統的に春の終わりに、羊やヤギの乳から作られるが、多めに塩を加えてボール型に成形し太陽の下で乾燥させる。この方法で保存すると、チーズは数カ月間保存ができ、必要なときまでにすべての栄養分とチーズのよさが封じ込められる。

しかしこのタイプの保存法は、涼しい北ヨーロッパ諸国の湿って温暖な気候には適していなかった。牧羊社会はそれに代わって羊乳を保存するさまざまな方法を見つけた。たとえばチーズを薫製にしたり、ペニシリウム・ロックフォルティやペニシリウム・グラウクムなどの青カビを発生させる方法だ。このやり方だと、チーズに風味を与えるだけでなく、抗菌性を持たせることができた。

ロックフォール〔青カビで熟成されるブルーチーズの代表格〕に似たチーズが、紀元前一世紀に、プリニウスのお気に入りチーズのリストの中で言及されている（「ゴール地方で作られ［そして］薬のような強い味わいがある」[8]）。伝説によると、世界でもっとも有名なブルーチーズがはじめて発見されたのは、羊飼いが洞窟でランチ——羊のカード（凝乳）チーズとパン——を食べていたときだったという。食事をしていると、外に若くて美しい女性がいることに気がつき、彼は女性を追うことに決めた。そして、ランチを洞窟に置き忘れてしまった。実りのない捜索を何日も続けたあとで、恋に夢中になった羊飼いが洞窟に戻ってみると、チーズとパンの両方にカビが生えているのを発見した。お腹が空いていた彼はチーズを食べたが、カビがチーズを舌にピリッとくる最高のロックフォールに変えていることに気づいた。今日でも、羊乳を原料にしたロックフォールは、フランス中南部のコンバルー山の洞窟で作られている。

羊のチーズはまた、ギリシアのオデュッセウスとキュクロプスの神話の中で、重要な役割を割り振られている。ギリシアの英雄に盲目にされてしまった片目の巨人の話は、われわれもよく知っているが、約三〇〇〇年前に書かれたホメロスの『オデュッセイア』は、初期のチーズ製造について非常に詳細な情報を食物史家に与えている。百戦錬磨の勇敢な男の物語は小学生たちの注意を引くが、その一方で、羊飼いと「チーズ職人キュクロプス」の古代の描写は、食物と畜産の歴史に興味を持つわれわれにとっても同じようにスリリングだ。

われわれはすぐにキュクロプスの洞窟にたどり着いたが、彼は羊の番をするために出かけていていなかった。そこでわれわれは中に入って、目につくものはすべて調べた。籠にはチーズがあふれんばかりにあり、檻には子羊と子ヤギがひしめきあっていた。それも別々の群れに分けて入れてある。一番早く生まれたもの、次にそのあとで生まれたもの、最後に生まれたばかりのものというぐあいに。乳製品に関しては、彼が搾乳で使ったすべての容器、鉢、およびミルク桶には乳清があふれていた。［……］彼（キュプロクス）はこれから乳を搾るつもりの雌羊と雌ヤギを全部洞窟の中に入れ、雄羊と雄ヤギは戸外の柵の中に残した。［……］そうして彼は座ると雌羊と雌ヤギの乳を手順よく搾り、そのあとでそれぞれに、子羊と子ヤギを親の乳房にあてがった。彼は乳の半分を凝結させると、それを集めて編み籠に取っておいたが、残りの半分は夕食で自分が飲むために鉢に注いで入れた。[9]

『オデュッセイア』は、紀元前八世紀にギリシアで飼育されていた羊たちの色鮮やかな絵を描いて、西洋文学の最古の偉大な作品の一つとして残っているが、そのわずか数百年後に生きていた鉄器時代の部族は、書き言葉に関しては沈黙を守っていた。そのために、このような並外れた人々の動機や恐怖や先入観を、彼らが残したものから読みとるのは考古学者の仕事になった。鉄器時代の行動を理解しようとして、もっとも困難だがやりがいがあるのは、なぜ彼らがこれほどまでに多くの、人間や羊を含めた生き物を供犠にしたのか、その理由を解き明かすことだ。そして、生き物と人間を儀式上で殺害することは、たしかにケルト人が現われる頃には、それほど新しいことではなかった。それはある地方に特有の、そして日常生活では中心となっていた行為だったようだ。

ケルト人の日常生活とその経済活動において、羊が不可欠なものであることはわれわれもすでに知っている。日々の生活の中で重要な役割を果たすこのような羊は（他にも農家の庭で見かける馬や犬や豚とともに）、生け贄の儀式でも一定の役割を果たしたにちがいないと考えられていた。供犠はそれを行なう人々になんらかの「犠牲」を強いる。さもなければ、その行為はなんら意味を持たないからだ。あなたが気まぐれな神々からの好意、あるいは邪悪な力からの保護を求めているとしたら、その要求に対してあなたは、自分のポケットまたはコミュニティの意図的な損失を示すもので「支払い」をする必要があった。したがって羊を犠牲にすると、動物を失うだけではなく、羊毛、羊乳、肥料、チーズ、そしてそれがあなたに与えてくれるはずの未来の子羊たちを失うことになる。

興味深いのは鉄器時代、イギリスやさらに遠くの地方で、羊の供犠がいかに多様な形で行なわれていたかということだ。陰惨な儀式が、正当化されなかった機会はほとんどなかったようだ。羊は感謝のしるしとして、たとえば豊作のため、あるいは病気からの回復のために犠牲にされた。多産の儀式には犠牲が必要であり、多くの場合、若い羊や妊娠している羊が使われた。羊はまた占いにも役立った——動物の体の一部は未来を予言したり（古代ローマでは、「ハルスペックス」（腸卜師）という役職があり、彼は生け贄にされた羊の内臓を見て未来を予測した）、神々と交信をするのに利用された。羊は感謝の贈り物として空の穀物ピット〔穀物貯蔵用の穴〕や井戸に投げ込まれたり、盛大な儀式のごちそうとして食べられた。羊はまた、主人のお供としていっしょに埋葬されるか、来世のための「上がり物」として大きな肉片が捧げられることもある。興味深いのは、日常生活ではとても硬い羊の肉が必要とされるが、墓では、代わりに若い子羊がしばしば選ばれた——「死者は柔らかい肉を好んだ(10)」。

羊の犠牲でもっとも興味深いのは「土台の供犠」（ファウンデーション・オファリング）と呼ばれてい

るもので、建物の壁や床の下に神への供物として羊が埋められた。犠牲が羊でなく人間の例もある。鉄器時代には、人体やその一部がわざわざ建造物や城壁の下に埋葬された。それを立証する文献も発表されている。(11) しかしこの場合も、羊が犠牲にされることが多く、羊は重要な場所や位置に埋葬されて、新しい建物に福をもたらすものとされた。家屋や大切な建造物の耐用年数が終わりに近づいたときにも、同じような供犠が行なわれた。これは「終端の供犠」(ターミネーション・オファリング)と呼ばれている。

驚くべきはこの伝統が、おそらくヨーロッパの中世初期まで続いていたことだろう。たとえば、羊の顎の骨が一対、ロンドンのトリッグ・レーンで発見されている。これは一三〇〇年代、この小路の下にわざわざ供犠として埋められていたものだ。*

だが、新しい発見が考古学者に興味深い質問をもたらし、しばしば長年の信念に疑問を投げかけている。とくに注目を集めているのが、ドーセットのウィンターボーン・キングストンの近くにある鉄器時代の遺跡から出土したものだ。古代ギリシアやエジプト文明では、長い間、さまざまな動物をつなぎ合わせて埋葬するという、かなり陰惨な儀式が実践されてきた。それは神話上のハイブリッド獣を作り上げるもので、古代のイギリス人がこれに興味を抱くとはとても考えられなかった。だが、よくあることだが、考古学はわれわれに意外な出来事をもたらす。鉄器時代の集落である骨が発見された。それはある動物ともう一頭の動物を故意に再接合した空想上の生き物の骨だった。他にも発見された怪物じみた生物の中には、馬と牛の組み合わせや犬と牛の融合、二頭の犠牲にされたプッシュミー・プルユー〔『ドリトル先生』に登場する双頭の不思議な動物〕のような羊もあり、それは羊の頭と雄牛の頭を持っていた。若い女性の骨も発見されている。彼女は犠牲にされて動物の骨（羊を含む）のベッドに寝かされていた。動物の骨は死んだ女性の骨格を模倣している。発見されたほとんどの骨（供犠に使われた）は紀元前一世紀のもので、遺跡の家へ向かう通路の下に埋められていた。おそらくこれは、目的を達成した建物に対する感謝を示す廃棄または終了の儀式だろう、と考古学者たちは結論づけている。(12)

このような一見奇妙な風習を古代史に任せてしまうのは簡単だが、比較的最近の時代から羊を犠牲にした特異な儀式の例を見つけるのは、それほど難しいことではない。地元の作家ソフィア・モリソンは、一九一〇年に出版した『マン島における供犠の風習とその他の迷信』の中で、島で収集した思い出話を書いている。「A・W・ムーアは［……］一八八〇年にジャービー（マン島の一七の教区の一つ）で『焼かれた生け贄』の説明をしたあとで、この五年の間でさえいくつかの犠牲があったと述べている。［……］そのような風習はもし、子羊がメーデー前夜あるいはメーデーに焼かれたという証拠がなければ、当然、過去の時代に属していたはずだ。［……］人々の記憶の中に残っているかぎりでは」。

ソフィアはさらに続ける。

＊同じ場所からはまたメガネが出土している。これは一四三五年に製造されたもので、これまでにイングランドで発見された中で、もっとも古いもっとも破損の少ないメガネだ。

マン島の人々は、幸運を呼ぶ羊の骨をときどき財布に入れている。昨日、若い女性が私の目の前で、偶然、財布から骨を一つ落とした。骨はトール〔北欧神話の雷神〕の槌（ハンマー）のような形をしていた。旅行者が交差点で迷って道がわからないときには、幸運な羊の骨を自分の前に投げ出し、槌の端が指す道をたどるのだといわれている。[13]

世界中のイスラム教徒は、羊の供犠を、毎年信仰を再確認する重要な行為として今でも大切にしている。イード・アル＝アドハーは、ズール・ル・ヒッジャ〔イスラム暦一二カ月目〕の第一〇日目に当たる「犠牲祭」だ。それはアッラーの要請によって、アブラハムが進んで息子イシュマエルを殺害しようとした行為を称えて、古代から行なわれている伝統の行事だった。ありがたいことに、この物語ではアッラーが途中で介入し、イシュマエルに代えて羊を置くことで、アブラハムは究極の犠牲を行なわずにすんだ。今日、羊（地元の伝統に応じてヤギ、牛またはラクダ）は、アブラハムの献身を思い出すためだけではなく、物質的な所有物に執着しすぎて精神的な富を忘れてしまわないように、という意味を込めて犠牲に捧げられる。そのあとで、犠牲にされた動物は三つの部分に分けられ、一つは貧しい人々へ、一つは友人や親類へ、そして残りの一つは近親者へと与えられる。

われわれはまた鉄器時代の犠牲、とくに湿地遺体《ボグ・ボディ》〔泥炭地（ピートボグ）の中で自然にミイラ化した人間の死体〕に感謝をしている。それによって、古代の毛織物について、あるいはその製造と交易について、得がたい知識を手にすることができるからだ。彼らは不気味なまでに魅力的な発見物——それは紀元前八〇〇年から紀元前二〇〇年の間に、北ヨーロッパの湿地で儀式によって殺害され投下された人々だ――だったが、それでも古代の生活様式について貴重な手がかりを与えつづけている。湿地遺体は異常に良好な状態で保存されていた――酸性で酸素に乏しい泥炭地のおかげで、このような不幸な人々の皮膚や髪、それにウールの衣服は驚くほど無傷に保たれている。

湿地遺体の多くはとりわけ厄介な死に方をしていた――喉が切り裂かれたり、頭を殴打されたり、首のまわりに縄が巻かれたりしている。これによって歴史家や考古学者の多くは、犠牲者がおそらく奴隷、犯罪者、または囚人だったのではないかと結論づけた。この考えは、紀元九八年にローマの歴史家タキトゥスによって支持されている。「罰則は犯罪によって異なる。裏切り者や脱走者は木に吊るされた。臆病で戦争を好まない者、さらに卑劣な悪徳で自らを汚した者は、籐の覆いをかぶせられて泥だらけの沼地に投げ入れられた[14]」。

しかし、すべての考古学者がこの意見に同意しているわけではない。最近の研究では、少なくともいくつかの湿地遺体については、異なった説明が提出されている。沼地の犠牲者の中には、見捨てられたり犯罪者になったりした者ではなく、コミュニティの名高いメンバーだった可能性のある者もいた。彼らはその名声のために選ばれたのかもしれない。犠牲にされたのは名誉なことだったのかもしれないし、おそらく犠牲者の中には、自発的に自ら水の墓へと向かった者もいただろう。

湿地遺体が身に着けていたウールの衣類の中には、鉄器時代の生活をうかがわせる興味深いものもあった。一八七九年にデンマークで発見されたほぼ二〇〇〇年前の湿地遺体「フルレモーズ・ウーマン」は、チェックウールのスカートとスカーフ、それに二枚の羊皮のケープを身にまとっていた。デンマーク国立博物館は彼女の服を詳しく説明している。

スカートは腰のあたりで、編み込んだウェストバンドに細い革のストラップを通したものによって締められていた。スカーフは女性の首に巻かれていて、鳥の骨で作られたピンによって左腕の下あたりで留められている。彼女は上半身に、ダークブラウンの羊皮数枚で作られたケープをまとっていた。これには明るい色の羊皮の襟がついている。羊皮のケープはウールの部分が外側に向けられていた。このケープの下に、もう一枚ウールの部分を内側にしたケープがあった。これは一一枚の小さな暗い色の子羊の皮から作られている。ケープは頻繁に使用された様子で、二二枚の継ぎ当てが縫いつけてあった。［……］女性の長い髪はウールのひもで束ねられていて、ひもはまた首にも数回巻かれている。彼女は首にさらに別のウールのひもをつけていて、そのひもからは二つの小さな琥珀色のビーズが垂れていた。

羊毛と羊皮の分析によって、これまであたり前だと思っていたことがみごとにぶち壊されてしまった。鉄器時代の人々について知っている思っていたことに疑問が投げかけられたのである。一般的な神話は、長い間、野生の羊の毛皮やくすんだ無地の服で身を包んだ古代の部族のイメージを強調してきた。だが、そうではなかった。フルレモーズ・ウーマンがまとっていた羊皮のほとんどは、飼いならされた羊のものであり、さらに、そこで使われている羊皮にしてもかなりの数（二つのケープで少なくとも一四頭の羊皮）が使用されている。これは、犯罪者や身分の低い人にとってはとてもありえない出費だった。

彼女の服はまた明るい色で、それには高価な赤と紫青色の染料が使われていた。テキスタイル学者は、鉄器時代の祖先たちがいくつかの美しい色にアクセスしていたことを立証している――キバナモクセイソウ、タムラソウ、エニシダ、カモミールなどの植物から、そしてクロウメモドキの果実から黄色、ホソバダイセイから青、セイヨウカワラマツバ、アカネムグラ、セイヨウアカネから赤。地衣類からの紫、タンニンからは黒。(15)

フルレモーズ・ウーマンに関する最近の化学分析によって、別の驚きが明らかになった。彼女のウールの服は地元の産物ではなく、おそらく数マイル離れたスウェーデン北部か、ノルウェーで作られたものだという。研究者たちはまた、彼女が亡くなる前に広範囲に旅をしていたとも語っている。上質なウールの服とジュエリーに身を包み、よく旅をする四〇歳の女性が、なにゆえに犠牲にされ、腕を縛られていねいに安置されたのか、その理由を知ることはわれわれにはけっしてできないだろう。おそらく彼女は自分の領土に侵入した奇襲部隊の人質だったかもしれない。あるいは彼女の特別な地位が多くの旅行を必要とした、名声のある人物だったのだろうか？　われわれが知っているのは、二〇〇〇年前の小さな農業コミュニティが重要な女性を殺害して、彼女の体と貴重なウールの服を沼地に犠牲にせざるをえなかったことだけだ。しかし、鉄器時代の羊を含むこの突発的な暴力行為を、見物人たちはおそらく顔色一つ変えずに平然と眺めていたにちがいない。

5　押韻詩とおかしな治療法

バンフィット、黒い羊、まちがった星座

羊はわれわれの言語を変えた。羊たちはことわざや迷信を踏み荒らし、地名や詩の中にも登場した。われわれは誰それが dyed-in-the-wool「生染めの保守派」（根っからの保守派）だといったり、wolf in sheep's clothing「羊の皮を着たオオカミ」（親切を装った危険人物）だといったりする。子供たちには Baa, Baa, Black Sheep「メェメェ黒羊さん」を歌って聞かせるし、詐欺師には fleeced「だまされ」ないように身を守る。

ただし、これらの単語を使用する場合、それがどこから来たのか、その語源について考えることはほとんどない。たとえば、Shoddy「ぼろぼろの」は、かつてはリサイクルウール（再生羊毛）から作られた糸に関する言葉だったが、現在はいいかげんに作られたものを表わす形容詞として使用されている。ぼろのウールを細断して繊維にして、少量の新しい羊毛と混ぜてリサイクルし、ラグウールとしても知られる安価な素材を作っていた。tenterhooks「テンターフック」（誤って「テンダーフック」と表記されることもある）という言葉は次のようなことを思い出させる。濡れたウールの布を「テンター」と呼ばれる木製のフレームで伸ばし、フック（くぎ）で所定の位置に固定して乾かすと、

収縮せずにピンと張った布地ができあがる（on tenterhooks は「気をもんで」という意味）。このような言語の遺物の糸を摘み取っていくと、羊や羊毛や羊飼いが、当時のコミュニティやそのライフスタイルの中心を占めていた過去が明らかになってくる。

しかしここでは、「羊飼いのスコア」（Yan Tan Tethera）と呼ばれる、あまり知られていない、奇抜だがとても楽しい言葉の遺物からはじめよう。これは古代のカウント方法で、二〇を基準にした数え方だ。イングランド北部、ウェールズ、スコットランドの南西部および低地の一帯では、今日でも一部の羊飼いによって使われている。カウントは二〇で止まる。羊飼いは羊の数を二〇まで数えると、なんらかの方法でマークをつけ（おそらく羊飼いの杖に切り込みを入れたり、地面に棒を置いたりしたのだろう）、ふたたび一から数えはじめる。

言語学的には起源が不明だが、一部の学者はその起源がブリトン諸語か、鉄器時代に話されていたウェールズ語、コーンウォール語、およびブルトン語の初期バージョンにあるのではないかと考えている。個々の数詞は地域によって多少異なるが、それらはすべて驚くべき類似点を共有していた。リンカンシャー版は次のようになっている。

Yan ヤン（1）、Tan タン（2）、Tethera テセラ（3）、Pethera ペセラ（4）、Pimp ピンプ（5）、Sethera セセラ（6）、Lethera レセラ（7）、Hovera ホヴェラ（8）、Covera コヴェラ（9）、Dik ディク（10）、Yan-a-dik ヤン・ア・ディク（11）、Tan-a-dik タン・ア・ディク（12）、Tethera-dik テセラ・ディク（13）、Pethera-dik ペセラ・ディク（14）、Bumfit バンフィット（15）、Yan-a-bumfit ヤン・ア・

バンフィット（16）、Tan-a- bumfit タン・ア・バンフィット（17）、Tethera-bumfit テセラ・バンフィット（18）、Pethera-bumfit ペセラ・バンフィット（19）、Figgot フィゴット（20）

10を越える数字は小さい数字の組み合わせを使用する。つまり、11は Yan-a-dik（1と10）だ。声を出して発音してみると、シンプルさとリズミカルで弾んだ調子がすばらしい。したがって Yan Tan Tethera と遊び場の数取りゲームの両方をもとにした、ニッティング・ソング（編み物ソング）のレコードがあるのは、おそらくそれほど驚くことではないだろう。Yan は、ヨークシャーの「1」を表わす方言として今でも一般で使用されている。数字を合計するのはとても楽しいことだ。たとえば、pimp（5）と dik（10）が bumfit（15）になるなどといったい誰が思いついたのだろう？

子供たちのお気に入りはもちろん「メェメェ黒羊さん」だ。

Baa, baa, black sheep,
Have you any wool?
Yes, sir, yes, sir,
Three bags ful;
One for the master,
And one for the dame,
And one for the little boy

Who lives down the lane.

メェメェ黒羊さん
羊毛はありますか
はいはいありますよ
三つの袋いっぱいに
一つはご主人に
一つは奥様に
残りの一つは
路地の向こうの幼い坊やに

この押韻詩の言葉は最後の行を除くと、何年にもわたってほとんど変更されていない。これがもともとのメッセージを解明する手掛かりになるかもしれない。初期のバージョンは一八世紀半ばに「マザーグース」の中で登場したが、そこでは最後の行が「でも、路地で泣く坊やには何もありません」となっている。[*] 一つの解釈は、押韻詩は実際にはわれわれが想像するよりもはるかに古く、おそらく一三世紀後半まで遡ることさえあるというものだった。(1)

一三世紀後半、エドワード一世は羊毛に厳しい税を課した。というのも、彼にはフランス人と戦うための資金を調達する必要があったからだ。当時、イギリスの羊毛貿易は非常に成功した産業だったために、（あとで見るように）それは課税の格好なターゲットとなった。当初、政府の計画は、国のすべての羊毛の在庫を抑え、それを「安全な保管」のために没収することだった。そうすれば、フランスへ輸出されることは不可能となる。だが実際に政府が計画していたことは、羊毛を自らが輸出して利益を一手に握ることだった。

もちろん羊毛商たちは激怒し、強く苦情を申し立てた。それに応じて、エドワード一世は没収計画を破棄し、代わりに、販売用の羊毛の各袋に追加の税金を課すことを決定した。税金は「マルトルト」（悪税）として知られるようになった。王は自分が戦争で命を危険にさらしているとの理由で税金を正当化し、「感謝すべき臣民たちはよろこんで税金を払うべきだ[2]」という。だが、羊毛商たちはこれとはまったく違った見方をした。彼らはそれほどまでに高い羊毛税を払わなければならないことや、王が戦費のつけを牧羊農夫たちにまわしたこと、さらには、農夫たちに羊毛の価格を低

＊BAH, bah, black Sheep,
Have you any Wool?
Yes, indeed have I.
Three Bags full;
One for my Master,
One for my Dame,
But none for the little Boy
Who cries in the Lane.
（「www.bl.uk/collection-items/mother-gooses-melody」より）

く抑えるように強要したことなどにひどく腹を立てた。

したがって「メェメェ黒羊さん」は、羊への課税が重すぎて、ご主人（王）と奥様（商人）だけが羊毛業界からお金を稼いでいるという、そんな困難な状況を歌っているのかもしれない。泣きべそをかいた小さな男の子は、手ぶらで家へ帰る羊飼いと牧羊農夫を表わしている。

押韻詩に出てくる「黒羊」の解釈が難しい。黒い羊は何世紀にもわたって愛されたが、同じように嫌われてもきた。羊毛の生産ということでは、白い羊の群れに混じった黒い羊には問題がある。黒い羊毛は染色するのが難しい。したがって布地にと予定されていた白い羊にまぎれた黒い羊は、経済的な損失を表わしていたにちがいない。野生の羊の毛色は通常黒い色をしていて、お腹の部分だけが若干色が薄い。だが、羊飼いたちは何世紀にもわたって、染色しやすい均一で白い毛皮を強く選択してきた。しかし、黒い羊毛の遺伝子が消えたわけではない。それは単に劣性の遺伝子となっただけだった。つまり、群れの中の白い羊が、黒い羊毛の遺伝子を運ぶことは起こりうる。だが、黒い子羊を産むまでは、どの羊がその遺伝子を持っているかを知ることはできない[3]。

白い群れから黒い羊が出現したことで、古代の羊飼いたちは自然の錬金術に戸惑い、頭をかきむしったにちがいない。そして黒羊がおそらくは、迷信や独特な民間療法の標的になったことは驚くに値しないだろう。黒羊の持つ癒しの「魔法の」力について、早い時期に言及されたものとしては、「ディスタウエスのゴスペル」（またはディスタフ・ゴスペル）がある。一五〇七年頃に英語に翻訳された古いフランスのコレクションで、中世ヨーロッパの女性の民俗信仰を集めている。天然痘の治療法は黒い羊皮に身を包むことだった――「もし女性が天然痘に罹ったときには、以下のことを行なうのが望ましい。夫はその年に生まれた黒い子羊を彼女のところへ連れてきて、その羊皮で彼女を包む。そのあとで子羊を連れて巡礼の旅へ出かけ、聖アラゴンドに子羊を供犠する。* そうすれば女性は病いから癒されるだろう」(4)。

四〇〇年近く経った今でも、アウター・ヘブリディーズ諸島では同様の「治療法」が行なわれている。「関節の痛みに苦しむ人がいると、まだ生きている黒い羊が、リウマチで痛む患者の手足の上に置かれた」(5)。

民間伝承の記録では、黒い羊に対する分裂症的なアプローチが見られる。一九世紀の終わりに「一頭の黒い羊はサセックスの羊飼いたちによって、羊の群れに幸運が訪れる前兆と見なされた」と記録されている。その一方で海峡を隔てたアイルランドでは、「シーズンのはじめに黒い子羊が生まれたら、それは一年以内に家族のために喪服が必要になることを予言している」とされた。ケント州では「黒い羊が群れによいことが起こると予言する」一方、オークニー諸島では「黒い羊をシーズンはじめに目にするのは不運のしるしだった」(6)。

黒い羊が残りの羊たちから――良いか悪いかは別にして――目立つという考えは、おそらく「家

＊聖アラゴンド（Arragonde）はラデゴンド（Radegonde）の綴りの誤り。ラデゴンドは六世紀のチューリンゲンの王女でフランク族の女王だった。虐待的な夫であるクロテール一世のもとを去ったのち、フランスのポワティエで聖十字架修道院を建てた。フランスやイギリスの教会の守護聖人で、ケンブリッジ大学のジーザスカレッジの守護聖人でもある。彼女はまた癒しの祈りの中にも登場する。それは熱病、疥癬、ハンセン病、かさぶたおよび潰瘍などの快癒を願う祈りだ。彼女は不幸な結婚の守護聖人でもあった。

族の黒い羊」という語句を説明しているのだろう。それはグループの中で期待はずれの者や気まぐれな性格の持ち主を表現している。これはほぼ万人に共通する考え方だった。イタリア語の pecora nera（黒い羊）、ドイツ語の das schwarze Schaf der Familie（家族の黒い羊）、ロシア語の в семье не без урода（どの家族にも黒い羊はいる）、フランス語の brebis galeuse や mouton noir（ともに黒い羊）、アイスランド語の svartur sauður（黒い羊）など、地方によって興味深い工夫が見られるが意味はほぼ同じだ。クロアチア人は Da vidimo čija majka crnu vunu prede つまり「誰の母親が黒い羊毛を紡いでいるのか見てみよう」という。皮肉なことに、羊の数がもっとも多い中国では、この表現は使用されていない。北京語でこれに相当する語句は hài qún zhī mǎ で「群れに面倒をもたらす馬」を意味する。

しかし羊は、中国の神話や祝祭では要《かなめ》の位置を占めていた。中国の黄道帯は一二頭の動物で構成され、それぞれが独自の特徴を持っている。紀元前五世紀まで遡るこの古代の分類システムは、人間の運命は惑星、月、太陽の位置も含めて、出生時の占星術的な「獣帯」によって決定されうるという考えに基づいていた。

年毎に動物が決められていて、それは予測可能な一二年のサイクルでたがいに追随している。ネズミ、牛、虎、ウサギ、龍、ヘビ、馬、羊、猿、鶏、犬、イノシシ。各動物には、その年に生まれた人々が持つといわれる特性が付与されていた。過去一〇〇年ほどの間で、一九〇七、一九一九、一九三一、一九四三、一九五五、一九六七、一九七九、一九九一、二〇〇三、二〇一五年が「羊の年」に当たる。この年は、おおらかだが、その一方でもどかしい従順さに支配されるという兆候を示していた。したがって、羊の年に生まれた人々は――中国文化では――平和を愛し、穏やかで忍耐強く、だが臆病でもあり、リーダーシップという点では恥ずかしがり屋で、つねに不平をつぶやきがちだと考えられていた。

羊の年は紛らわしいことに、ヤギや雄羊の年としても知られている。中国語の yang は羊、ヤギ、アイベックス、およびあらゆる種類の偶蹄類を含むヤギ亜科を指す。ベトナムでは、それに相当する Mùi は明確にヤギのことだが、日本では Hitsuji は羊だ。しかし解釈がどうであれ、性格は明らかに受動的で控えめだった。では、西洋の牡（雄）羊座とはどう違うのだろう。占星術の信奉者にとって、雄羊の星座の下に生まれた人たちは、頑固で衝動的で落ち着きがないといわれている。鉄の意志を持ってはいるが、感受性に乏しい生まれながらのリーダーたちだ。

興味深いことだが、西洋の黄道帯は、羊の穏やかな気質ではなく、雄羊の熱くて男らしい特徴を使う。牡羊座の星座の形は、しばしば雄羊の形だと解釈されるが、そのためには信憑性を拡張する視覚的想像力の飛躍が必要だ。星座の起源の手がかりを見つけるには、西洋の黄道帯がどのようにして誕生したのか、それを理解する必要がある。

三〇〇〇年以上前のバビロニア人は、地球、太陽、星が空をどのように移動したかを理解したいと思った。彼らは地球から太陽を通って、星へと向かって伸びる直線を想像した。この線は、一年の時期に応じて異なった星座を指し示す。バビロニア人は最初に年を一三の星座に分割し、次にそれを（既存の一二カ月のカレンダーにうまく収まるように）一二に変更した。各星座は神話的な特徴で表わされている。

牡羊座と名づけられる予定の星座は当初は羊ではなく、バビロニアのテキストでは「雇われ人」

として知られていた。その男がいつの時点で雄羊になったかは明らかでないが、それは聖なる癒しの儀式と関係があったかもしれない。バビロニア時代の司祭は、来訪者が属する占星術のサイン（星座）に基づいて、治癒の儀式で使用する材料を決定した――「雇われ人」のサインの下に生まれた者の治療には、「羊の血、羊の脂肪、羊の上毛」(7)を塗りつけることなどが含まれていた。牡羊座は春分――春のはじまり、そして新たな生命と再生の時期――と同時に見られた星座でもあった。雄羊の選択は時期としては適切だったろう――雄羊は生殖能力、再生、および強さの強力な象徴だったから。

たいていの人はたとえ星座を信じていなくても、自分の星座くらいは知っている。だが、数世紀前に黄道帯が最初に考案されてから、星座の位置が実際には、歳差運動（地球が軸上で揺れていることに関係する）と呼ばれる天文学上の特異な動きによって、変化していることに人々は気づいていなかった。したがって、「実際の」星座はあなたが現実に属している星座とは異なっている。たとえば、牡羊座の人は三月二〇日から四月二〇日の間に生まれたと考えられていた。これは、古代の占星術師がこの期間に羊の星座を見ることができたためだ。しかし現在、太陽はこの期間中牡羊座の中にはいない。代わりに、牡羊座は四月一八日から五月一三日の間に姿を現わし、それは以前よりも一カ月遅い。あなたは自分が街のチンピラのお騒がせ者だと思っていたのではないのか？　だが実は、あなたはとても感傷的な魚座だったのだ。

興味深いことに、時が経つにつれて雌羊と雄羊の異なった特徴が、よく使われるいい回しの中に入り込むようになった。「雌羊」（ewe）と「羊」（sheep）は同じ意味で使われている――やさしい動物であり、穏やかでおとなしい。それとは対照的に、雄羊（ram）にはつねに暴力、衝動性、精力がついてまわる。たとえば、sheepish（羊のような）という言葉は、おそらく一三世紀の古い英語のsceaplic（「羊のような」という意味）に由来し、一六九〇年代には現在の形で書かれるようになった。この言葉をわれわれは、前へ進むことを恥ずかしがるという意味で使っている。battering ram（暴れる雄羊）、to ram（激突する）、rammed（突っ込んだ）などの語句や単語は、名詞ram（雄羊）にルーツがある。ramは謎の語源を持つ興味深い単語だった。ゲルマン祖語（紀元前五〇〇年以降、北ヨーロッパの一部で話されていた言語）では、rammazは、たくましくて強いという意味だけでなく、悪臭を放つという意味を持っていた。雄羊にramと名づけられたのは、その怪力のためなのか、あるいは、その衛生状態の悪さのためなのかははっきりとしていない。興味深いことにスコットランド人は、今でもramを悪臭の意味で使っている。

フレーズの中には最近使われなくなってきたものもある。たとえば以下のようなもの。sheep's eye（羊の目）を何かに向けたり、誰かに向けることは、称賛や憧れの視線を送ることを意味した。sheep-biter（羊を噛む人）はずる賢い泥棒だ――シェイクスピアの『尺には尺を』では、おしゃれなルーシオが公爵にsheepe-biting face（羊を噛む顔）をして見せることを要求していた。これは、羊を気にしたり、羊に噛みついたりする犬に由来する言葉である。さらにmutton-mongerまたはmuttonerは一六世紀から一九世紀の間に使用された侮辱的な言葉で、性的に乱れた見境のない男を表わした。売春婦（または膣）を意味する俗語のmuttonから来ている。われわれは今でも、本来の性的な二重の意味を理解せずに、mutton dressed as lamb（子羊の格好をした羊）という意地の悪いフレーズを、若い人の服を着た年配の女性を揶揄するのに使っている。

Don't spoil the sheep for a halfpenny worth of tar（半ペニーのタールのために、羊を台なしにしてはいけない）は、「sheep」ではなく「ship」と誤って引用されることがよくあるが、フレーズの意味には影響がない。つまり、わずかな費用をケチって大切なものを台なしにしないように（小事にとらわれて大事に失敗をする）という意味。このフレーズは、一六〇〇年代初頭からふつうに使われている。たとえばA man will not lose a hog for a halfeperth of tar（半ペニーのタールのために、人は若い羊を失うことはしない）[8]。タールは羊の痛みや傷を治す自家製の治療薬として使用されていた。たまたまこのフレーズが、船の防水にタールを使う意味に使われたのはうれしい偶然だが、これはもともとが羊に由来する慣用句だった。

実際、この間違った引用は、船（ship）が羊の初期の言葉であったことから生じたものかもしれない。イギリスにはShip、Shap、Shep、Skipなどではじまる羊のつく地名が何百もあった――その大半の起源はアングロサクソンとバイキングの時代まで遡る。ヨークシャーにはSkipton（羊の町）、Skipwith（羊の牧場）、Shipley（羊の開拓地または牧草地）があり、サマセットにはShepton（羊の牧場）、Shapwick（羊の村）、Shipham（羊の家）、Shiplate（羊の小川）がある。

他にも多くの地名が思い浮かぶ――オックスフォードシャーのShiplakeとケントのShipbourneはどちらも「羊の小川」を意味する。レスターシャーのShepshedは「羊の岬」で、シェピー島は文字通りsheepy island（羊の島）だ[9]。羊に端を発した言葉がそのまま地名に入り込んだものもある――ヨークシャーのWetherby（「羊の町」の意味。去勢された雄羊を意味するwetherは今でも農夫が使用している）、エセックスのWoolwich（羊毛を売買する場所）とEaster（古英語のeowestreは「羊小屋」のこと）。最後のEasterはオスタリーでも登場し、「開拓地や牧草地の羊小屋」を意味する。皮肉なことに、もっとも羊に関わりのありそうなドーセットのWoolは、羊とは何の関係もない古英語のwiell（春）から来ている。中には羊がうまく隠れてしまっている地名もある――ノーサンバーランドのHigh Boughthill（boughtは羊小屋）、オークニーの西海岸沖のBillia Croo（crooは羊小屋）、スコットランド国境のHog HillとHog Rigg（hogは若い羊）、アバディーンシャーのShiels、ノーサンバーランドのShepherdshield（shielまたはshieldは羊飼いたちの夏の小屋）、そしてダンフリース・アンド・ギャラウェイのWedder Law（wedderはwetherと同じ）[10]。

by hook or crook（どんな手を使ってでも）何かを達成するというフレーズも、羊に関連しているかもしれない。中世初期のイギリスでは土地が樹木で覆われていて、庶民は森林から薪を集めてよいという封建的権利を認められていた（共有地については本書の後半で詳しく説明する）。人々はhook or crookが届く範囲の枝を切り落とすことが許されていた。hookは鉈鎌《なたがま》で、crookは羊飼いの杖だ[11]。もっとも早い時期にこの句が使われたのは、一三八〇年にジョン・ウィクリフが『キリスト教とイスラム教をめぐる論争書』の中で「[……] compellen men to bie alle þis wiþ hok or crok [……]」（[……] どんな手を使ってでも、人々にこれらすべてを受け入れさせる [……]」）と書いている。しかし、このフレーズの登場はさらに古く、そこでは悪魔について言及しているのかもしれない。オックスフォードのボドリアン図書館にある一三世紀の原稿「聖バーナードのことわざ」では、サタンについて厳しい警告を発している。サタンはしばしば鉈鎌か羊飼いの杖を手にした姿で描かれていた。

彼（悪魔）があなたの生き血を奪うだろう
彼の鉈鎌に注意！
すぐに、いった通りにしなさい
そうすれば、三人はともに打ち負かされるだろう
彼ら自身の杖で

ジョン・レイが一六七八年に著した『英語のことわざ辞典』の中には、すばらしく古風な羊のキャッチフレーズがいくつかある。だがその意味は、現代の読者には必ずしも明確ではない。Better be a shrew（トガリネズミ）then a sheep は「おとなしい妻よりも気性の激しい妻の方がいい」という意味だ。Where every hand fleeceth the sheep goes naked「みんなで羊の毛を刈れば、羊は丸裸になってしまう」は、集団が共有する欲望への警告だった。He whose sheep die of the rot, saves the skins and wool「羊は死んで腐敗しても皮と羊毛を残す」は、「すべての雲は銀色に輝く裏地を持っている」（悪いことの反面には必ずよいことがある）のやや気味の悪い同義語表現だ。そして、とくに As hasty as a sheep, so soon as the tail is up the turd is out「尾を上げるとすぐに糞が出る羊のように急いで」という具体的な説明は、おそらく見苦しいほど慌てて何かをすることを指しているのだろう。

レイの本にある一七世紀の名言の多くは、外国語版のフレーズと並んで登場していた。羊のことわざは明らかに国境を越えて使われている。たとえば、He that makes himself a sheep, shall be eaten by the wolf「羊のようにおとなしい者はオオカミの餌食になる」という自明の言葉には、イタリア語（Chi pecora si fa il lupo la mangia）とフランス語（「Qui se fait brebis le loup le mange」）の両方のバージョンがある。[12]

もう一つの有名なフレーズ A wolf in sheep's clothing「羊の皮をかぶったオオカミ」（親切の下に悪意を隠している人）には、とくに古代に起源があった。それは新約聖書「マタイによる福音書」七章一五節で、イエスが行なった山上の垂訓の一部として現われる。「欽定訳聖書」では「にせの預言者に用心しなさい。羊の皮をかぶって来るが、内側はひどく飢えたオオカミだ」と宣言されている。が、しかし、他に手立てがないわけではない。彼らは行動によって自分自身の正体を明らかにするから――「結ぶ実によってにせの預言者はわかる」。

このフレーズはしばしば『イソップ物語』（紀元前六世紀の終わり頃に古代ギリシアで書かれた）に由来すると誤り伝えられてきた。たしかに、イソップの膨大な寓話コレクションには、羊とオオカミ、および双方の心地の悪い関係の話がたくさんある。「犬と羊とオオカミ」は偽りの証言に対する教訓だ。犬は嘘の話をでっちあげると、羊が盗んだと偽って不当に羊を非難した。オオカミは犬の話を嘘の証言で援護する。羊は有罪とされたが、結局、最終的に死ぬのはオオカミで、溝に横になって死んでいるのが見つかった。嘘つきは当然の報いを受けるという教訓話である。また「オオカミと羊飼い」は偽善に対して警戒せよという簡潔な警告の物語だった。この話を再録したプルタルコスによると、「シェルターで羊飼いたちが羊を食べているのをオオカミが見ていた。オオカミは彼らの近くにやってくると、『もし私が同じことをしているのを見たら、あなたがたはどれほど大騒ぎをすることでしょう！』といった[13]」。「オオカミと子羊」は、かなり憂鬱で横暴な物語だ。子羊を食べたいオオカミは、子羊が短い人生で犯したまちがいをことごとく挙げて、子羊を食べることを正当化する。子羊は自分は無実だと抗議するが、オオカミはとにかく子羊を食べてしまうと、いいわけを他にも見つけた。教訓——悪い人はどんなときでも自分の行動を弁護する理由を見つけるだろう。

ある行動方針を立てたら、それにしたがって行動したいと思う人は、ときどきこんなことをいう。「子羊を盗んで縛り首になるくらいなら、親羊を盗んで縛り首になる方がましだ」（毒を食らわば皿まで）——これは罪を犯して捕まるくらいなら、もっと大きな獲物を狙った方がいいという考えなのだろう。このことわざは歴史的な起源がまったくわからなくても使うことができる。だがそれは明らかに、きわめて小さな違反でも、それを犯せば首つり縄の端にぶら下がりかねないときに思いついた語句にちがいない。

このフレーズは、一七世紀のジョン・レイの辞典に登場する時点ですでに世間ではよく知られていた。「若い子羊と同じように、年老いた羊でも盗めば絞首刑になる」。レイがペンで紙に書いていた当時、イギリスではすでに犯せば絞首刑になる犯罪が五〇ほどあった。その数は一七七六年までに四倍になり、死刑に相当する罪には殺人や大反逆などの深刻なものから、偽造、ウェストミンスター橋への損傷、ジプシーとの交友、木を切り倒したり、顔を黒く塗って夜間に外出することやウサギのウォーレン小屋を襲うことなど、ひどくばかげたものまで含まれていた。羊を盗むことものリストに挙っていた。実際には、犯した犯罪のために絞首刑になるかどうかは、裁判所の雰囲気と特定の裁判官がその日に、どれほど慈悲心を感じていたかどうかによる。リンカーンシャーの

『スタンフォード・マーキュリー』紙で報道された一八〇一年八月七日金曜日のニュースレポートは、判決がいかに気まぐれであるかを示している。

ストレットンのワイルズ氏から羊を盗んだ罪で、オーカムに服役していた二人の囚人、ジョン・エクストンとアン・ベイカーが先週の月曜日に処刑された。彼らはどちらも自分たちの罪を認め、不幸な状況の中で礼儀正しく振る舞った。男は落胆するよりもむしろ満足げな様子で運命を受け入れた。しかし、女性の方はかわいそうに心が激しく動揺していた。先週の金曜日には、やはり羊を盗んだイアーズ、ナット、バーフィールドの三人が、羊泥棒の罪で告発され、オーカムの監獄に収容された［……］。

イングランドで羊を盗んで絞首刑にされた最後の人物は、四四歳の肉屋で四人の子供の父親であるジョン・クラークだった。彼は地元の草原から二頭の羊を盗み、その死体が彼の店で発見されたとして告発された。クラークは絞首台に昇った。羊が道をぶらついているのを見つけただけだと主張したが、裁判官と陪審員団の両方が彼を有罪とした。一八三〇年三月一九日、彼はリンカーン城で絞首刑にされたが、ここでも『スタンフォード・マーキュリー』紙が処刑の状況をレポートしている。

地元の人々が早朝から集まってきた。多くの愚かな親たちは「警告を与えるため」という薄弱でほとんど偽善的な口実のもとに、男女を問わずたくさんの子供たちを送り込んだり、いっしょに連れてきたりしていた。見物人はみんなあくびをして、処刑の恐ろしい準備をしてるのを見ても、ほとんどそれに心を動かすことがない。それはあまりにも歴然としていた。子供たちはオレンジを投げたり、城の溝を走り回っている。冗談や場違いの陽気さがいたるところにあふれていた。哀れな行列が城の中庭を横切って移動してくると、背の高い人たちがようやくそれに気づいて「来るぞ、来るぞ」という叫び声が四方から聞こえた。それはまるでブルベイティング〔鎖でつないだ雄牛に犬をけしかけて、どの犬が最初に牛の鼻先にかみついて殺すかを競う賭け〕やボクシングの試合、または競馬の開始を告げるときのようだった。

羊の盗難に科される絞首刑はわずか二年後に廃止されたが、それはクラークの家族にとって、たしかに慰めにならない慰めだったにちがいない。

6　ミスター&ミセス・ボー・ピープ

羊飼いが望んだのは、鼓脹症から癒えた羊と破損した睾丸という神の恵み

草を食べることは複雑で入り組んだ仕事だ。十分な栄養を摂取するために、羊は立て続けに八時間から一〇時間かけて草を食べる。羊たちはお弁当を食べる小学生のように、すばやくがつがつと食べ、ほんの少しだけ噛んで、すぐに飲み込む。しかし、それからが大変な作業のはじまりだ。草を一時間お腹に入れたあとで、彼らはそれを口に逆流させては、一口分をゆっくりと五〇回ほど噛みはじめる。これが「反芻」という仕事だ。

反芻の習慣は羊にも人にも影響を及ぼす。一つは、羊が広い範囲の土地を必要とし、牧草地が食べ尽くされたら、そこから移動する必要があることだ。二つ目は、頭を下げて草を食み、座っては反芻して時間を費やしている羊は、捕食動物に対して非常に脆弱だった。野生の羊が持っていた防御策——大きな角など——は、そのどれもが偶然によるものか、あるいは計画のいずれかによって、多くの場合、品種改良が行なわれて家畜の群れから削除されていった。羊に残された唯一の防御メカニズムは群れを作る能力であり、それが捕食動物に、仲間からはぐれた羊の捕獲を困難にしている。

調査によると種類の異なった羊は、群れをなすにもそれぞれが異なった傾向を持つという。メリノ種のように、つねに行動をともにする結束の強いグループに身を寄せている羊もいる。品種の中にはサウスダウン種のように、餌を食べているときは小さなサブグループに分かれるが、休憩するときにはまたいっしょになって行動するものもいた。そして、ドーセット・ホーン種やスコティッシュ・ブラックフェイス種のように、ほとんどの時間を小グループで楽しく過ごしたり、一頭だけで草を食んだりする羊もいる。このようにさまざまな社会システムは、長い間の生息環境の結果として形成されてきたものかもしれない。もちろん他の動物にくらべて、捕食動物からのリスクが高いということもいえるが、驚くべきことに羊は、自分の種類に固執する傾向が強い。さまざまな品種をミックスして草原に放つ。すると、スクール・ディスコに入った男の子や女の子のように、自然に羊たちは自分の種に分かれて群れを作る。

いずれにせよ羊の家畜化には仕事のチャンス、つまり羊飼いという新しい役割のチャンスが生じてきた。誰かがあたりをうろうろして手に負えない、この「脚つきの大事な資産」を監視して、泥棒やオオカミ、クマ、および他の捕食動物から保護し、新しい牧草地へ導いてやらなくてはならなかった。考古学によれば、それは明らかに古代から存在した職業だった。五〇〇〇年前、石器時代の農夫が巨大な石をストーンヘンジへ引っぱっていった一方で、中東では都市化がすでに定着しはじめていた。都市はチグリス川とユーフラテス川に沿って成長し、車輪や文字も出現して、陶工と大工が技能と創造性を競ってレベルアップを図っていた。

羊と羊毛から生み出された富のおかげで文明は前進した。羊飼いを描いた最初期の絵柄の一つは、この発展期のものだ。英国博物館にある円筒印章（個人の識別スタンプの一種）には、あごひげを生やして縞模様の服を身にまとい、むちと杖を手にした羊飼いの姿が彫り込まれている。羊飼いは仕事に必要な道具に囲まれていた――牧羊犬、羊小屋、そして太陽の下で乾かしている羊のチーズなど。印章は少し破損していたり、ところどころが擦り減っていたりするが、四〇〇〇年近く経過していることを考えると、それは驚くべきことではない。しかし明らかなことは、羊飼いがすでに公認の職業になっていたことだ。

一〇〇〇〇年以上にわたる牧羊の歴史には、羊飼いたちの働き方としてさまざまな方法があった。もっとも古いものはおそらく遊牧だったろう。この形態では羊飼いたちはつねに移動している。彼らは小さな部族や家族のグループに属していて、一つの場所に定住しない生活を選ぶ。訪れた土地が乾燥しすぎたり、荒れ果てていることも多いが、羊たちを遊ばせてそれを管理するこのタイプの牧羊法は、短期間滞在して移動するコミュニティにとって必要なもの――羊乳、チーズ、羊肉、羊毛、燃料用の糞など――すべてを羊たちがもたらしてくれるからだ。さらに少し余分なものが出れば、それを交易のために使うことができる。チベット高原の遊牧民から中東砂漠のベドウィンにいたるまで、その生活ぶりは昔ながらのものだが、ときに現代の国境や都市化、定住生活を送る政府からの圧力とぶつかることもある。

羊飼いの中には半遊牧民の形態を取る者もいて、一年のある時期には定住生活を送っていた。しかしそれでも一度に長い時間、羊の群れを追うことは忘れない。モンゴル人は半遊牧生活の名人だったし、現在もそうだ。モンゴル人口の四分の一は今でも半遊牧の羊飼い生活をしている。だが、あまり知られていないが、地球の遠隔地に隠れて、遊牧と定住の二つの世界を行き来しながら静かな生活を営む小規模なグループもいた。

羊飼いの生活を一人ぼっちで羊を追う日々として想像するのは簡単だが、多くの半遊牧民のコミュニティにとって、羊を飼うことは家族の問題だった。たとえば、インド西部のマハラシュトラ州に住むダンガーの人々は小グループで旅をする。ときには夫と妻だけで、子供と一〇〇頭ほどの羊を連れてゆく。南西モンスーンの経路に沿って、乾燥した岩場の多い土地を、九カ月間で約五〇〇マイル（約八〇〇キロメートル）移動しながら適切な放牧地を探し求めた。[1]

一方、移動放牧を行なう羊飼いたちもやはり季節には従うが、通常は同じ二つの定住地の間にいる。暖かい夏の間は涼しく牧草の豊かな山で放牧をして、冬の間は雨風から守られた低地に戻ることもあった（ときどきは春の期間中、途中で牧草地に立ち寄った）。移動放牧は急速に消えつつある生活様式だが、二〇世紀初頭までは、南ヨーロッパと東ヨーロッパ、アジア、アフリカ、インド、それにアメリカの一部などで牧羊文化の特徴となっていた。

ヨーロッパのアルプスは、移動放牧の伝統を受け継いでいる典型的な例だ――『アルプスの少女ハイジ』のページから読みとれるのは、カランカランと鳴る羊の鐘の音、険しい高地の風景、孤独な羊飼い。しかし、イギリスにも独自のゆるやかな移動放牧の伝統があった。第一次世界大戦後も、たとえばロムニー湿地（ロムニー・マーシュ）の子羊はケントの海岸沿いの沼地から、ケントとサセックスの緑豊かな高地に移動させられて、家から離れて秋と冬を過ごした。だが、雌羊は家に留まった。乏しい牧草や病気はしばしば子羊の命を奪うことになるが、雌羊はこれに耐えることができた。

そして春が来ると母羊と子羊は再会した。(2)

ロムニー湿地の羊飼いは「Lookers」または「Lookerers」として知られていた。「見張りシステム」は、中世の黒死病によって引き起こされた荒廃から生まれた。それは土地所有者が過疎の広大な湿地を買い取り、羊を放牧しはじめたときだった。「見張り人」と呼ばれた者たちは、複数の大きな羊の群れに注意を払いながら、徒歩で膨大な距離を見てまわった。そして家を離れて「見張り人小屋」と呼ばれる小さなレンガ作りの小屋で長い間暮らした。このようにまばらに建てられていたが頑丈な建物は、子羊の出産や剪毛の時期には非常に役立った——見張り人は、小屋に引きこもって何週間も続けて過ごすことができ、ときどき家族に頼んでは食料を運んでもらっていた。

彼らの全盛期(一八世紀から一九世紀)には、湿地のまわりに三〇〇を超える小屋が点在していた。だが、現在はわずかに一〇個程度が残っているだけだ。奇妙なことに、見張り人は自分たちを羊飼いと見なしていない。ロムニー種にはこまごまとした羊の世話は必要ない——彼らは丈夫で独立心に富んだ羊となるように飼育されていた。だがしかし、それはまた仕事の肩書きの問題でもあった。羊飼いは一人の農夫のために働くか、あるいは自分の群れを守るかしたが、見張り人は自分をより重要な監督者と見なしていて、一握りの農場の群れに、キラキラと輝くビーズのような目を同時に向けていた。

もちろん、羊飼い小屋(移動式小屋)はふたたび人気の隠れ場所になっている。かつては、働く羊飼いにとって不快な現実そのものだった場所が、今はつかの間の贅沢な休憩時間を求めて訪れる目的地となったのは驚くべきことだ。だが、これらの移動式の自給自足型シェルターには、紛れもなく居心地のよい何かがある。小屋はいわば車輪のついた部屋で、野外で強制的に隔離されることになる羊飼いに必要な、すべてのものを提供してくれる。

羊の出産や剪毛の仕事に加えて、羊飼いは「羊を囲うこと」を求められた。現代の肥料が登場する前は、休閑地を豊かにする有効な方法は、羊飼いとその群れを呼び寄せることだった。羊は所定の場所で、木製またはハシバミ製の囲いに入れられ、数週間、土地の草を食むか補給の餌を与えられた。羊たちが食べると、彼らの肥やしは地面を豊かにし、以前は貧しかった土地をしばしば生産性の高い土地に変えた。実際、羊飼いと羊がいなかった地域では、農業はまったく行なわれなかったにちがいない。たとえば一八世紀のイギリスで成功したチョークランド（白亜質の土地）農業にとって、羊を囲うことはきわめて重要だった。ハンプシャー、ウィルトシャー、ドーセット、バークシャーなどの州――耕作農家はみんな困難で貧弱な地形に悩まされていた――では、ダウンランド［イングランド南部の緩やかな草地性丘陵地帯］の土壌の肥沃度を上げるのに羊の糞に頼っていた。つねに土を踏みつけて、肥料を土に与えてくれる羊の群れがいなければ、農地はすぐに荒れ果てて、耕地に適した作物は育たなくなるだろう。[3]

宗教画のおかげで、初期の羊飼い小屋がどんなものだったのかを知ることができる。羊飼いは聖書の主要人物だったし、中世美術でもステージの中央に登場することがよくあった。「羊飼いへの告知」などのシーンをみごとな挿絵で飾った記録では、背景の中に隠れている小屋を見つけるのにそれほど苦労はいらない。

中世の例では窓なしの木箱をよく見かけるが、そこには羊飼いがやっと横になれるほどのスペースしかない。二輪車の羊飼い小屋は荷車用の動物によって所定の場所へ引かれ、支柱でしっかりと下支えされる必要があった。だが、そのコンセプトは今も生きていて、奥行きのないこの小屋が、一九五〇年代まで田舎のコミュニティで使用されていたことを、フランスのチャーミングなハガキが示している。

ただし、移動式の羊飼い小屋が適しているのは、平坦で緩やかな地形に限られていた。丘や山腹の羊飼いたちはその多くが、ロムニー湿地の「見張り人小屋」のように、むしろ小さくて恒久的な建造物を建てた。彼らはそこで避難をしたり、若い子羊を飼ったり、ときにはチーズを作って、それを保管することができた。たとえば、ピレネー山脈の「オリス」は、手作業で建てられた伝統的な夏の山小屋だが、それを建てるのに、しばしば草原から取り除いた石が使われた。それは牧草地へ向かう道を作るために除去されたものだ。ときにはそれぞれが離ればなれになっていたり、小さな集落を作っていたりするが、このように小さな見張り人小屋は、移動放牧をする遊牧民に、宿泊場所を提供したのはもちろんのこと、羊を搾乳したり、脆弱なこの動物を一晩安全に見守ることのできる場所を彼らに与えた。同様の小屋はヨーロッパの山岳地域のいたるところに出現し、それぞれに固有の名前がつけられていた——クロアチアのカジュン、南イタリアのトロス、サルデーニャのピネッタ、プロヴァンスのボリーなど。

移動式羊飼いの小屋に戻ると、他の中世の絵画には四輪のバージョンのものもあり、前部に蝶番のついたドアと側面にシャッターがついているので、雨が打ちつけて小屋の中に避難せざるをえないときでも、羊飼いは群れを監視することができた。今日われわれが知っているのは、この二番目のタイプの羊飼い小屋だ。一九世紀までには、典型的なインテリアとしてベッドとその下に、元気がなかったり負傷した子羊のための囲い檻（ラムラックと呼ばれる）が置かれた。折りたたみ式のテーブルや、おそらくは小さな鉄のストーブ、それに羊用の「医薬品」を入れた食器棚も設けられていただろう。医薬品といってもたいていは、ウイスキーのボトルが一本置いてあるだけだが。それも病気の子羊のためより、むしろ疲れた羊飼いを元気づけるためのものだったにちがいない。

一八世紀や一九世紀の農業労働者は、ゆったりとして流れるような「スモック」（仕事着）を着ていたが、これを描かずには羊飼いについて考えることなどできない。スモックは長い歴史を持っていた。一三二五年から一三四〇年の間に書かれた彩飾本『ラットレル祈祷書』には、リンカンシャーの地所で営まれた田園生活の様子がいきいきと描かれている。その中で、羊飼いは明らかにスモックのような服を着ていた。一七〇〇年代初頭になると、牧羊者や農夫たちにとって、すっかりスモックは人気のある作業服として定着した。

地味なスモックは日常的に着用されていたが、人々は晴れ着用やお祝いのためにより派手なスモックも持っていた。スモックは通常、綿またはリネンで作られていてほとんどが無地だが、「ノッティンガム・ブルー」や「イーストアングリア・グリーン」など地元の伝統色に染められることもあった。襞飾りを縫いつけることは、これ見よがしの見せびらかしではなく、衣服にしなやかさと強度を持たせるためには必要だった。布に襞飾りを入れること——これには布を小さな折り目の中にまとめて入れることも含まれる——は、布にある程度の伸縮性を与えるだけではなく、手首や胸や肩などのもっとも摩耗しやすい箇所の布地を補強するのにも役立った。

しかし、産業革命はスモックの終わりを意味した。新たにオープンした工場で仕事を見つけるために、土地を離れた羊飼いや他の農村労働者たちは、ゆったりとした服と製粉機械が致命的な組み合わせであることにすぐ気がついた。一八五五年に書かれたエリザベス・ギャスケルの『北と南』では、この問題についても言及されている。物語の主人公マーガレット・ヘイルは、南部の田舎の静寂さから、北の厳しい工業都市へと旅をしたが、すぐに人々の服装の違いに直面した。「服の色が地味で暗い。汚れないので持ちはいいかもしれないが、楽しくないし美しくもない。そこにはもはや田舎の人々の間でさえ、スモックを着ている人はいない。スモックは動きを妨げるし、機械に引き込まれかねない。したがって、スモックを身につける習慣はなくなってしまった[4]」。

一九世紀の終わりまでに、羊飼いの作業着としてのスモックは、イギリスの人里離れた片田舎を除くとほとんどその姿を消した。農村の伝統が衰退するにつれて、増加する都市の人々は失われた田園生活（それも、大部分は想像上の世界なのだが）を懐かしく思うようになった。それはアーツ・アンド・クラフツ運動と、ケイト・グリーナウェイやウォルター・クレインのイラストに代表される手工芸品と牧歌的な生活だった。そして、シンプルで正直な田舎暮らしを連想させるスモックは、荒っぽい羊飼いのオーバーロールから、中流階級の女性や子供向けのかなりかわいらしいドレスへと、信じられないほどの変貌を遂げることになる。

野外では、羊がどんな病気に罹っても、あるいはどんな問題が羊に起きても、羊飼いはそのすべてに自分で対処しなければならなかった。典型的な一九世紀の羊飼いは、羊の骨折した足に白樺の樹皮を巻きつけたり、問題が起きた羊の皮膚に手早く自家製の「軟膏」を塗り込んだりなど、民間療法をいくつか行なったかもしれない。中世に使われた羊飼いの軟膏のレシピには、油と獣脂、またはタールとバターなどが含まれていたが、一八世紀から一九世紀にかけては、水銀やテレピン油などの有毒成分が混入してきた。

テレビン油はまた、もっとも恐れられている病気（鼓脹症《こちょうしょう》）の薬として使用された。この病気は、羊が豊かな牧草や根菜を腹いっぱい詰め込んだために起きる。エプソム塩やヒマシ油のような下剤も治療薬として普通に使われたが、それがない場合には、膨らんだ羊を「破裂させる」ことが唯一の選択肢だった。一九世紀初頭に使われた羊の飼育ガイドが、われわれにそのプロセスを説明している。

このような場合、羊飼いが頼りにするのは、もっぱら自分のナイフだ。それを羊の左脇腹、背骨の少し下、そして臀部と肋骨の中ほどあたりに差し込む。ガスが激しく噴出する。羊は明らかに救われて、胃の膨張から起こる差し迫った不都合と危険から完全に逃れることができる。(5)

それはリスクをともなう仕事だった。当初行なわれた治療では、しばしばそのあとで感染が起きて、不運な羊たちには、ゆるやかで苦痛に満ちた死が訪れた。ただし、一八〇〇年代の初頭から、新たにトロカール（套管針《とうかんしん》）という器具が発明されて、熟練した羊飼いにはやや役に立つ代替手段が提供された。トマス・ハーディの小説『遥か群衆を離れて』（一八七四）では、ストイックで勇敢な羊飼いのガブリエル・オークが、ヒロインのバスシバ・エヴァディーンを助けるためにやってくる。彼女の羊の群れが、誤って若いクローバーの草原に侵入して、生命を脅かす「鼓脹症」に陥った。ヒロインにとっては悲惨な状況だった。何も手を打たなければ、羊たちは「みんな死んでしまう」と彼女は叫ぶ。しかし、間一髪のところでオークは危急を救う。

ガブリエルはすでに膨らんで、元気をなくした羊たちの中にいた。彼は上着を脱ぎ捨てると、シャツの袖をまくり上げ、ポケットから救出の道具を取り出した。それは、内側を細い槍のようなものが通っている小さな管（トロカール）だった。ガブリエルは、病院の外科医のような器用さでそれを使いはじめた。羊の左脇腹を手でさすると、適切な箇所を選んで、トロカールをその場所に当てて、中の細い槍で皮膚と第一胃（瘤胃《こぶい》）に穴を開けた。そして彼は槍を引き抜いたが、トロカールはその箇所に当てたままだ。すると羊の腹に溜まっていた空気が勢いよく管を通って噴き出した。それは、穴の近くを照らしていたロウソクの火を吹き消すほど激しいものだった。苦痛のあとではほんのわずかな安楽でも、しばらくの間は大きなよろこびになるといわれているが、哀れな羊たちの顔つきはまさにそのことを表わしていた。

ガブリエル・オークが演じた役柄は、おそらく羊飼いが持つもっともロマンチックな性格を表現したものだろう——彼は変わらずに冷静で誠実な、無垢の羊たちの保護者であり守護者だった。一方の手に子羊を抱き、もう一方の手には杖を握っている羊飼いの姿は、実際、盛期ルネサンス絵画からウィリアム・ブレイクの詩「羊飼い」（詩集『無垢の歌』）にいたるまで、数百年にわたって芸術と文学の両方で取り上げられてきた。

羊飼いという職業は、誰もが期待に胸をふくらませるほどの名誉のある仕事だった――一二〇〇年代後半の不動産管理に関して書かれた論文では、羊飼いは非の打ちどころのない人物であるべきで、羊を放ったままにして、「祭りや市場、レスリングの試合に出かけたり、あるいは毎晩友達と過ごしたり、酒場へ行ったり(6)」してはならないと書かれている。別のテクストは、羊飼いがどのように振る舞うべきかについて明確に述べていた。

注意深くて親切で、しかも控えめな羊飼いを雇うことは、主人にとってもありがたいことだ。羊飼いの怒りで羊たちが苦しめられることもないし、羊たちも心安らかに、よろこびに満ちて牧草地の草を食むことができるからだ。というのも、羊たちがばらばらに散ることなく、ひとかたまりになって羊飼いのまわりをぶらついているのは、羊飼いが親切な証拠だった。彼には何かあったら吠えてくれる犬を飼ってあげよう。そうすれば毎晩彼も、羊といっしょに寝ることができるだろう。(7)

立派な羊飼いは古代の隠喩でもあった。キリストが誕生する二〇〇〇年前、バビロンの王であるハンムラビは自分を「平和をもたらす羊飼い」と呼んでいた。ユダヤ教、キリスト教、イスラム教の神は、人の群れを安全に導き、危害から守る「善き羊飼い」としてしばしば表現される。実際、描かれた羊飼いたちはすべて、温和なリーダーシップやスピリチュアルな集まりの宗教的シンボルとして使われている――それはヒンドゥー教の牛飼いゴビンダから、仏教のたとえ話に出てくる牛の世話人までがそうだ。羊の家畜化や他にも飼育の形態などが進化し成長してくると、それと時を同じくして、世界の宗教の多くが出現してきた。古代の会衆たちは牧歌的な記述や比喩を、自分たちの日常生活の反映として理解していたのだろう。

しかし、羊や羊の飼育の比喩的な可能性を最大限に利用しているのは聖書だった。羊、子羊、指導が必要な羊たちの群れ、滋養豊かな牧草地などに関する言及は聖書のいたるところにある。羊飼いの杖でさえ、教会で広く受け入れられて「役職を示す紀章」になっている。(8) 旧約聖書では、イスラエルは神の庇護の下にある羊の群れとされていて、新約聖書でも、イエスが語る「善き羊飼い」のたとえ話が、彼の目的を上品に説明していた――それは羊の群れを導き、保護し、気まぐれな羊たちを寄せ集め、捕食動物に対しては、果敢に自らの命を危険にさらしながら、無力な子羊を運ぶことだった。

派手さのない謙虚な羊飼いの評判は、自分から前に出ることはしないが尊敬すべきリーダーのモチーフになった――石投げひもだけで、ゴリアテを倒した羊飼いダヴィデの勝利が多くを語っている。そして、あいまいさと全体的な野心の欠如が、人間としての偉大さの完璧な特性のように見える。イエスもまた「ヨハネによる福音書」では、「神の子羊《アグヌス・デイ》」つまり「世界の罪を取り除く神の子羊」と呼ばれている。子羊の選択は魅力的であり、初期のキリスト教の聴衆がその象徴性に気づかずにいることは不可能だっただろう。

動物の犠牲、とくに羊の犠牲は旧約聖書全体に散らばっている。

また雄ヤギ一頭を罪祭《ざいさい》〔罪のための生け贄〕として捧げ、一歳の子羊二頭を報恩祭の犠牲として捧げなければならない（「レビ記」二三・一九）。

しかし、もし子羊を罪祭のために供え物として連れてくるならば、雌のまったきものを連れてこなければならない（「レビ記」四・三二）。

あなたはまた雄羊の他の一頭を取り、アロンとその子たちは、その雄羊の頭に手を置かなければならない。そしてあなたはその雄羊をほふり、その血を取って、アロンの耳たぶと、その子たちの右の耳たぶにつけ、また彼らの右の手の親指と、右の足の親指とにつけ、その残りの血を祭壇の四つの側面に注ぎかけなければならない（「出エジプト記」二九・一九―二二）。

これらの生け贄の供物は、赦しを求める方法だった。破壊する行為は、神との関係を回復するための「贈り物」である。しかし、動物の選択は非常に重要だ。「欠陥のない」子羊や羊は、純粋さと清潔さの究極の象徴だった。司祭も欠点のない傷のない人でなければならない。それは聖書そのものよりもさらに古い考えで、聖なる人と彼が犠牲にする対象物の両方が、完璧でなければならないという要求だった。この考えはエジプト、メソポタミア、ギリシア、ローマの文化のいたるところに現われている。

傷は神への直接の侮辱であると見なされた。次の病気のいずれかを示した司祭は犠牲的な義務を果たすことを禁じられた――盲目の人（ivver［iwwer］）、太ももを負傷した人（pisse'ah）、鼻が両目の間に陥没している人（harum）、手または足の長さが異なる人（sarua）、眉が長すぎる人（gibben）、白内障を病む人（tevallul）、皮膚炎に罹っている人（yallefet）、白癬に感染している人（mero'ah）、睾丸が破損している人（ashekh）。

羊も同様の身体検査に合格しなければならない。犠牲の候補は、盲目ではなく、皮膚の欠陥、手足の骨折または不均一、足の奇妙さ、精巣の損傷などもなかった[9]。完璧ではない羊は草原に送り返されたのだろう。したがって、人類を救うために犠牲にされなければならない、完璧で無傷の神の子羊イエスは、古代の読者がそうであったように、もしあなたが彼の生い立ちを知っていれば道理にかなっている。

何世紀にもわたって文学と芸術では、そのほとんどで羊飼いは男性として描かれてきた。しかし実際には、しばしば女性や少女も羊飼いの仕事をしていた。ローマ帝国の最盛期に執筆していたウァローは次のように記している。「［……］羊のあとを追いかける人は、農場で毎日家に帰る人よりも丈夫でなければならない。したがって、農場では少年だけでなく、少女でさえ羊の群れの面倒を見ているが、草原で見かけるのは、たいてい杖を手にした若い男性たちかもしれない[10]」。

また、男性と女性がカップルで、いっしょに羊の番をすることも珍しくなかった。とくに一度に数カ月もの間、家を離れているような場合には。男性と女性を描いた中世のみごとな挿絵がいくつかあるが、そこでは、おたがいにならんで羊の世話をして、いっしょに毛を刈り取り、季節の祭りをともに祝う姿が描かれている。だがそこには現実の仕事に伴いがちな、人目を気にした男女の分離作業はほとんどない。二人が共同して羊の世話をする風習は、何世紀にもわたって田舎の機能的な部分を形作っていた。ローマの作家ウァローは次のような指摘をしている。羊飼いの生活でパートナーに同行する女性は、遠く離れた「山間の谷や樹木の茂った土地」で、出産や子育てをしながら、男性と同等の肉体労働を分担して行なわなければならなかった。そこでは外側のサポートはほとんど望めない。女性が男性と同じくらいにタフでなければ、とても務まらない仕事だった。

しかしながら、そのような女性は強くて醜くはないはずだ。イリュリクム（西バルカン半島）のあちらこちらで見られるように、彼らはけっして男性よりも劣っているわけではなく、羊の群れの世話をしたり、薪を運んで食べ物を調理したり、小屋の中を片づけて整頓することもした。子供たちを養うことに関しては、このことだけはいっておくが、たいていの場合女性は産むだけではなく、彼らに乳も与えている。

女性の羊飼いのイメージは、何世紀にもわたって作家や画家を魅了してきた。女性の羊飼いを取り上げるのは興味深いアイデアだ。タフで独立心に満ちた女性たちは、いかにも女性にふさわしいとされてきた「限られた仕事」からの変化（これは歓迎すべきだ）を長年にわたって身をもって経験してきた。映画や本に登場するこうした不屈の女性たちは、見る者読む者の共感を呼んだ。それは受賞歴のあるインドのドキュメンタリー映画『氷河の女羊飼い』（二〇一五）――三〇〇頭余りの羊の群れを導いて、ヒマラヤ高原を横切る――から、「ヨークシャーの女羊飼いのアマンダ・オーウェン」――九人の子供を育てながら、まじめにしかも力強く、丘陵地帯で放牧をする――まで。高貴でタフで孤立した女性のイメージは、社会における女性の役割という、これまでのステレオタイプな女性像に対する強力な解毒剤となっている。

ただし、すべての表現がこれほど肯定的であるとは限らない。ニューヨークのメトロポリタン美術館には、一六世紀にオランダで作られた豪華なタペストリー「羊飼いと女羊飼い」がある。そこでは牧草地でゆっくりと草を食べている羊を背景に、羊飼いのカップルが音楽を楽しんでいる姿が描かれていた。刺繍された歌の歌詞がなければ、それは完璧な牧歌的ハーモニーを奏でるシーンになる。女羊飼いが声をふるわせて歌う。「さあ、草の上であなたのバグパイプに合わせて歌いましょう。一つの曲を二人で」。しかし恋人はこれに次のように答える。「彼女が歌うと、その声は美しい。でも私は仕事をしている」。

しかし、一六世紀以降、牧歌的な風景の中心にたたずむ女性の羊飼いのイメージは、詩、芸術、文学においてますます顕著になった。だが、田園ののどかな風景を描いた作品自体は、何も新しいものではない――ウェルギリウスの『牧歌』と『農耕詩』は、ニンフと羊飼いでいっぱいの世界を描いていて、羊飼いたちは紀元前一世紀というかなり以前から、シンプルで非現実的な生活を送っていた。だが、ヤコポ・サンナザーロの詩「アルカディア」（一四八〇）やクリストファー・マーロウの「恋する羊飼いの歌」（一五九九）が、素朴な田園風景と、そこで生活する魅力的なまでに洗練されていない住民のイメージを固定化した。

実直な骨折り仕事と素朴な楽しみの組み合わせが気分を高揚させ、羊飼いと女羊飼いはともに郷愁を誘うシンボルとなった——それは女性の羊飼いや農夫の少女たちの、とくに健康的なはだしの姿、つらい労働、そしてたいていは、強調された豊満な胸などがその典型的な例だ。たとえば、貧しい生い立ちや独立心、それに勇気などで知られていたジャンヌ・ダルクは、彼女が何不自由のない農夫の娘で、おそらくは一度も羊の世話などしたことなどなかったにもかかわらず、美しいが貧しい羊飼いとして描かれていたのは偶然ではない。(11)

興味深いことに、童謡「リトル・ボー・ピープ」(羊飼いの少女)はおそらく、女性の羊飼いを羊の群れと同じぐらい上の空で、弱々しいものとして描いた数少ない作品の一つだ。

リトル・ボー・ピープの羊がいない
どこへ行ったかわからない
放っておいたら戻ってくるよ
お尻の尾っぽをふりながら

一七八四年、イギリスの弁護士で古物研究家のジョセフ・リトソン*は、『ガートンおばあさんの花環もしくは童謡集』という名の立派な童謡の本をまとめた。読むことも走ることもできない小さなよい子たちが楽しめる、かわいい歌と詩のコレクションだ。リトル・ボー・ピープもそこで登場する。これと、一八〇六年に発表された『ボー・ピープに関する批評的注釈』と呼ばれる別の作品では、脚韻がしばらく前から存在していたことが示唆されている[12]。「ボー・ピープ」という名前は、少なくとも一四世紀から使用されていて、これは今でいう赤ちゃん遊びの「いないいないばあ」を指す言葉だった。一三六四年の記録には、一人の不幸な女性について書かれている。彼女はエール〔ホップの代わりにハーブや香辛料で苦みをつけた醸造酒〕をほんの少し客にふるまったことで罰せられ、「さらし台でボー・ピープを演じ[13]」なければならなくなった。一方、三〇〇年前、エリザベス朝のバラードで、ボー・ピープと羊を結びつけるというアイディアが生まれ、子供のお気に入りの歌ができた。「Halfe England ys nowght now but shepe、In every corner they play boe-pepe」「イングランドの半分はなんにもなかったが、今は羊だらけ／どこでもボー・ピープ遊びをしている[14]」。もしリトル・ボー・ピープが信頼できる牧羊犬をそばに置いていたなら、彼女はそもそもそれほど苦境に陥ることはなかったかもしれない。

＊リトソンは魅力的な男だった。一七五二年にダーラムの貧しい家庭に生まれた彼は、二〇代前半にロンドンへ行き、運搬人として成功を収めた。余暇には地元の詩、バラード、民間伝承（文学の世界では無視されることが多い）を熱心に蒐集し、その後おとぎ話、伝説、歴史的なロマンスに関する数十冊の本を出版した（『ガートンおばあさんの花環』など）。児童文学や物語へ関心を示しながら、その一方でリトソンはまた、予測不可能な激しい気性と、フランス革命や菜食主義への共感でよく知られていた。しかし四〇代半ばに、彼は精神疾患の初期兆候を示しはじめた。一八〇三年、五一歳のとき、グレイズインの部屋に閉じこもると、彼は原稿に火を放った。最終的にはホクストンの友人の家に引き取られ、そこで貧困と狂気のうちに死んだ。

7　犬とドローヴァー

コーギー犬と黒羊銀行

羊は人間の親友である犬に感謝しているかもしれない。オオカミが寝転がって、お腹をくすぐられた正確な日付はまだ特定されていないが、羊の放牧がしやすくなったことと、犬の援助が必要なこととは密接に関係しているようだ。早い時期に飼い慣らされた犬は、ソファーで寝て、たまに散歩に出かける生活とはほど遠く、仲間の人間との間で不安定な休戦を楽しんでいたのだろう。狩猟に連れていかれた犬もあれば、入植地を守るために使われた犬もいたかもしれない。中には移動式の廃棄物処理ユニットとして飼われていて、キャンプの周辺のゴミや残飯をあさって清掃する犬もいただろう。他の犬は戦闘や犬同士の闘いのために飼育されていたかもしれない。また、犬がメニューに登場するのも珍しいことではなかった。たとえば、鉄器時代の遺跡から出土した骨は、成犬の肉や、子犬と成犬の頭が焼かれて食べられた証拠を示していた[1]。

考古学によると、飼い慣らされた犬は一万二〇〇〇年から二万年前のある時点ではじめて登場したという。約六〇〇〇年から一万年前に、小型の品種や新しい毛色のものなど、さまざまな種類と大きさの犬が登場するようになった。しかし、とくに二つの役割——家畜の番犬と牧羊犬——のために育てられた犬は、とりわけわれわれの祖先にとっては有用だった。家畜の番犬は犬種の世界の警備員といった感じだ。もっとも有名な品種の一つは、古代アッシリア人とギリシア人に好まれたがっしりとした体躯のモロッサー種で、羊の歩哨として最初にはっきりと言及されたものの一つだ。紀元前四世紀、アリストテレスは『動物誌』の中で彼らを称賛している。

犬のモロッサー種は追跡用として使用される分には、他の犬種とたいして変わりがない。しかしこの品種の牧羊犬は、他の牧羊犬よりも体が大きく、野生動物の攻撃にも勇気をもって立ち向かっていく。二種の混合品種として生まれたこの犬は、勇気と重労働を耐え忍ぶ力の点で優れている。(2)

モロッサー種は大きくて野蛮な犬で、多くの場合白い毛皮をまとっているので、羊飼いは暗い場所でも見つけることができたし、遠くにいても他の動物と見まちがうことがなかった。ローマ時代の家畜の番犬は、特殊なスパイクつきの金属の首輪を着けていた。これは、『ビーノ』誌〔イギリスの子供向けコミック雑誌〕に出てくるデニス・ザ・メナスのペット犬のグナシャーなら、それほど場違いには見えないかもしれない。が、使い道は見た目とはほど遠く、首輪は番犬に、正面対決で敵と互角に戦うチャンスを与えた。オオカミや野生の捕食動物は、首に攻撃をしかけてくることがよくあったからだ。

しかし、誰もがそれほど大きくて醜い犬を必要としているわけではない。当時の人々はそのほとんどが、ほんの数頭の羊を所有し、適度な規模で作物栽培と畜産の混合農業を実践していたのだろう。そして、モロッサー種のような大きな犬は、旺盛な食欲をしているので、その食欲のために家族の貯えは使い果たされてしまったにちがいない。家畜の番犬が必要とされるのは、次の二つの条件が満たされた場合に限っていた。一つは、大規模な移動遊牧による牧羊、そしてもう一つは、クマ、オオカミ、ライオン、ヒョウ、チーターなどの肉食性捕食動物（住む場所によってさまざまだが）からの脅威である。

世界には、大きな肉食動物が羊を捕食している地域がまだいくつかある。そこでは羊飼いたちも、家畜の番犬に依存している場合が多い。たとえばモンゴルではバンホール犬が、荒野をうろついているユキヒョウやオオカミ（どちらも最後の生き残りの数頭だ）から羊の群れ（および他の牛などの群れ）を保護するために使われている。対照的にイングランドでは、大型の捕食動物に対する一貫した執拗な迫害のおかげで、オオヤマネコはローマの支配の終わりまでに姿を消したし、ヒグマはノルマン人の征服の前にいなくなり、オオカミは一五〇〇年までにほとんど姿を見なくなった。実際、一五七〇年に、医師のジョン・キーズ（ケンブリッジのゴンビル・アンド・キーズ・カレッジの創設者）は次のように書いている。「われわれの牧羊犬は、それほど大きく頑丈でたくましいわけではなく、身長も体つきもほどほどだ。それも血に飢えたオオカミと戦う必要がないからだ。イギリスにはオオカミが一頭もいないので」[3]。

家畜の番犬としての職務は「羊飼いの殺人仲間」だと要約することができるが、牧羊犬にはまったく異なるスキルセット（知識と技能）が必要だった。牧羊犬の目的は防御するだけではなく、吠えたり、ボディーランゲージを使ったり、口で噛みつき触れたりすることで、羊たちを特定の方向に駆り立てることだった。そして、家畜の番犬とは異なり、牧羊犬の歴史はいくぶん謎めいている。

興味深いのは、家畜の番犬が二つのタイプの中でも、より攻撃的であるにもかかわらず、オオカミのいとこのように振る舞えと勧められているのは牧羊犬の方だということだ。番犬は飼育されている羊を食い尽くすという本能を持っているが、羊飼いのスキルは、牧羊犬が持つ生まれながらの狩りの本能を発揮させて、羊を離れさせたり集めたりさせることだった。

牧羊犬の開発が、家畜の番犬よりはるかに遅くなったのもまた興味深いことだ。コルメラが紀元一世紀に書いた『農事論』の中に「牧羊犬」に関する言及があるが、それはわれわれが認識している牧羊犬とはちょっと違う――この種の犬は、オオカミを追いかけたり、羊を捕らえる捕食動物を追跡したりするために使われた。そのため体は長身でスリム、走るスピードは速く、強靭となるように飼育されていたが[4]、そこには今日われわれが知っている、訓練されて従順な牧羊犬をほのめかすものはかけらもない。ただし、コルメラは、飼い主の指示にすばやく反応できるように、犬には短い名前をつけることを提案している。彼のお気に入りの名前には、フェロックス（激しい）、セレル（スピーディーな）、ルパ（オオカミ）、ティグリス（虎）などがあった[5]。世界でもっとも古い犬の名前がフィド――古代ラテン語から「忠実な」または「信頼できる」と大まかに翻訳されている――というのはけっして偶然ではない。

最初に牧羊犬を「発明」したのが誰なのかを知る者はいないが、それらしい初期の品種の候補はたくさんある。各品種が世界中で別々に出現している。たとえばチベタン・テリアとハンガリー・

プリ犬は、おそらく両方とも、中国西部のクマン人が西暦九世紀以前に開発した小さな牧畜犬と、元祖の古代品種の性格を共有しているのだろう。バイキングは独自の牧羊犬を持っていた。ノルウェーのブフンドは、もっとも古い北欧の品種の一つだ。この名前は大まかに「飼い犬」を意味する。初期の起源は時の経過とともに失われてしまったが、九世紀の終わりまでにバイキングが、アイスランド、シェトランド、グリーンランドに羊を放牧させるブフンド犬を持ち込んだ。その子孫の犬は現在も存在している。遺伝学的研究によって、ジャーマン・シェパード、フランスのバーガー・ピカード、および五つの異なるイタリアの牧羊犬種（カーネ・ダ・パストーレ・ディ・オロパやカーネ・トッカトーレなど）も、共通の系統を共有していることがわかった。[6]

初期の牧羊犬が実際に何を「した」かを知ることは困難だった。トッカトーレという言葉（イタリア語の toccare（触れる）に由来する）は、同じ種類の品種の別の名前「カーネ・パラトーレ」と同様に、われわれに手掛かりを与えてくれる——俗ラテン語のパラトーレは「かき分けて進む」ことを意味する。だが、中世初期に牧羊犬について書かれたものでは、羊と犬の関係がおそらく、のちの品種で見られるほど複雑で相互的ではなかったことを示唆している。一三七九年にフランス人ジャン・ド・ブリが『善き羊飼い』（最初のハウツー本の一つ）の中で、牧羊犬は羊の耳を噛むように訓練されるべきだと書いている。また、主人に顎と前足をベーコンの皮でこすられることで、牧羊犬は彼に従うことを学ぶとも書いている。[7]

しかし、一七〇〇年代には、よく訓練された犬の価値が明らかになり、当時の実用的な農業ガイドに反映されることになる。一八世紀のイギリスの農夫で農業作家のウィリアム・エリスは、とくに従順で頭のよい牧羊犬に強い印象を受けた。「この犬はよく訓練されていたので、羊の群れを先導したり、まとめたり、群れの横を走ったり、うしろから追っていったりした。号令一つで、群れに近寄ったり、さらに遠く離れたり。［……］」[8]。エリスはさらにうれしそうにつけ加えている。「この犬に羊飼いはことのほか強い愛情を注いでいたために、誰かが犬を強く叩いたりしたら、彼は涙を流さんばかりのようだった」。

しかしおそらく、すべての牧羊犬の中でもっとも象徴的なのは、ボーダーコリーだろう。紀元一世紀にローマ人がイギリスに来たときに、大きくて骨太な犬を連れてきた。このタフでよく働く牧羊犬の血縁が、何世紀ものちに、バイキングによって連れてこられたスピッツタイプの犬と交配して、スコットランドとウェールズの国境の岩山で働くのに最適な、機敏で頑丈な犬（ボーダーコリー）を生み出したのかもしれない。「コリー」の語源を探るのは難しい。だが、一つ考えられるのは、それが真っ黒の色を指す言葉だということだ（「コリー」は、黒い顔と足を持つ羊の地方名であり、クロウタドリの方言でもある）。

人々が町に集まりはじめると、すぐに問題が頭をもたげた。食物源の近くに住むことができない場合は、その供給源を住む場所まで運んでくる必要があった。そのために、農夫や地主が飼育した家畜を、遠い都市の市場まで運ぶドローヴァー〔家畜群を市場に追っていく人〕の仕事が現われた。一一世紀から一九世紀の前半に鉄道が登場するまで、イギリス中を旅行する人々は、何百もの羊、牛、豚、ガチョウの群れが、高地の丘陵地帯から低地の市場町へ、水が流れるように下っていく姿を目にした。

動物をこのように移動させたのは、当時のカウボーイたちだった。彼らはタフで高給取りの仕事人で、動物の群れの安全以外のことを任されることがよくあった。田舎から都市へ定期的に旅をする者として、ドローヴァーたちはしばしば、ニュースや小包または手紙などの運搬を頼まれた。また金銭上の任務を委託されたり、裕福な家族の子供たちにつき添う仕事をさえ依頼された。

　しかし、公道での生活は誰にとっても信頼に足りるものではなく、あちらこちらへ移動するドローヴァーの生活を疑いの目で見る人々も多かった。ドローヴァーたちはしばしば、ごまかし、盗み、および不品行の罪で訴えられた。一五七七年にウィリアム・ハリソンは、「彼らの多くはあまりに放蕩すぎる」[9]と不満を述べている。ときにドローヴァーと放浪する貧困者（バガボンド）を区別することは困難だった。そしてそれは、とりわけエリザベス朝の人々を悩ませた問題でもあった。この期間中、法律が制定されて、混乱を取り除き、悪質なドローヴァーを「排除」するために、結婚して三〇歳以上の人（使用人は除く）にこの仕事が限定されることになった。ドローヴァーがこの条件を満たしていれば、無料でライセンスを申請することができたが、合法的なドローヴァー全員の名前と住所のリストを保持している「治安のクラーク」に登録してもらうためには、別途で料金を支払う必要があった。だが、同時代の記録を見ると、街へ入ったドローヴァーたちの酔っ払ってふしだらな言動が記されていて、彼らがつねに行儀よくふるまっていたわけではなかったことがわかる。

　現存する最古の大通りの中でも、ドローヴァーが羊の移動に使った道路は、イギリスやヨーロッパの多くの地域で、その地の景観を形作っていた。ドローヴァーの道路となったルートには、先史時代まで遡る古い歴史を持つものもあり、ひづめの音が聞こえなくなったあとも引き続いて使用された。イギリスでは、ドローヴァーたちがたどった道の大半が、スコットランド、ウェールズ、ウェスト・カントリーの荒涼とした丘陵地帯から、東部と南部の成長しつつある市場町や、ロンドンなどの都市へと向かって走っていた。

家畜たちはしばしば非常に遠くまで、大群をなして移動させられていった。ダニエル・デフォーは一七二〇年代に、スコットランドのケースネスからイースト・アングリアまでの長い距離（約六〇〇マイル［約九六五キロメートル］の片道旅行）を、家畜たちが運ばれていたと書いている。ノース・ヨークシャーでは、ハンブルトンのドローヴァー道路がまだ存在していて、それはスコットランドから家畜を連れて、イギリスの市場に出る古代ルートの一部だった。最盛期の一九世紀初頭には、毎年一〇万頭もの家畜がこの道を通って南へと連れていかれた。国中のドローヴァー道路は、家畜の絶え間ないひづめの音で活気にあふれ、一八世紀、ロンドンのスミスフィールド・マーケットでは、毎年七五万頭の羊と一〇万頭の牛を飼い主から受け取っていた。

動物の群れを移動させているドローヴァーの一団が、どんな光景を見せていたかを想像するのは難しい。何百という動物の喧騒の中で、ドローヴァーたちは動物のかたわらを歩いたり、馬に乗ったりしながら、「ヘイプトロ・ホー！　ヘイプトロ・ホー！」と叫ぶのだろう。それは、地元の人々に警告して群れに近づかないようにするためと、農夫の動物たちが群れに飲み込まれてしまわないために、囲いの中へ入れるようにと呼びかけるためだった。[10] 犬は群れに並んで歩き回り、群れからはぐれた動物を群れに戻して、群れをしっかりと管理していた。女王のお気に入りで、すぐに足首を噛むコーギー、体が大きいが穏やかなオールド・イングリッシュ・シープドッグ（この二種の牧羊犬はかつて、ボブテール・コリーと呼ばれていた）など、この仕事に適した犬の品種はいくつかいた。一八世紀には、愛犬が課税の対象となったが、使役犬は対象外だった。ドローヴァーの犬を含めて、明らかに使役犬であることを示すために、使役犬の尾は短く切られた（「ボブ」された）。

しかし、ドローヴァーと犬の関係は密接なものだった。一八二〇年代に田舎の生活を描いたメアリー・ラッセル・ミットフォードは、主人と犬の生活について次のように述べている。

ソールズベリー平野とスミスフィールドの間では、ジャック・ビントほど巧みに羊の群れを導く者はいないと思われていた。それも、彼の有名な犬ウォッチに助けられての話だが、田舎の狭い通りや共有地、それに道路や公道など、犬はあらゆる困難な場所を乗り越えて羊を移動させていく。ウォッチの毛むくじゃらで純朴そうな顔は、口のまわりが少し白いのと、片方の耳が白いのを除くと、あとは真っ黒だ。その顔は主人のやはり純朴で日に焼けて真っ黒な顔と同じように、展示会や市場ではよく知られていた。［……］羊の群れをまとめあげるウォッチの腕前は、地元のどの牧羊犬よりも優れていて、時間どおりに、より良い状態で羊を送り届けることでも有名だった。ジャックはジャックで、夜分の適切な寝場所については誰よりも十分な知識があり、羊たちには十分な餌を、そしてウォッチと彼自身にはおいしいお酒を与えてくれる場所をよく知っていた。ウォッチは他の牧羊犬と同様、もっぱらパンとビールで暮らすことに慣れていた。(11)

ドローヴァーの犬が自分の家に帰っていくのも、前例のないことではなかった。一九二〇年代の記事では、クラフというウェールズのドローヴァーと彼の忠実な仲間が紹介されている。

「……」カルロという名前の犬で、牛の誘導に優れた能力を持っていた。かつて「ドローヴァーが」ケントにいたとき、何とか口説き落として、彼はポニーを顧客に売り、馬車で家に帰ることに決めた。ポニーのサドルはカルロの背中に置かれ、そこにはメモが添えられた。メモには彼がいつも逗留していた宿の家主にあてて頼み事が記されていた。カルロに食べ物と休憩場所を与えてほしい、それから彼を送りだしてもらいたいと書かれていた。カルロはドローヴァーから家に帰るようにといわれて、家へと向かった。かつて主人といっしょに逗留した宿をすべて訪ね歩いて、約一週間の旅のあとに、カルロはサドルを背負った姿でぶじランドリロに到着した。(12)

すべてのドローヴァーが家に帰ったわけではない。たとえば、ウォリックシャー州のサウサムにある教会の墓地には、ロンドンに向かう途中で亡くなったウェールズ人のドローヴァーの墓がいくつかある。その中には、一七七三年に地元の居酒屋で、「暑いときにほんのちょっとビールを飲んだ」ために亡くなったディアストのロバート・ロイドがいた。しかし、移動を請け負ったのは羊がそのすべてではなかった。ドローヴァーはしばしば多額の金の移動を任された。市場で羊を売った金だけでなく、家主のために集めた地代や借金もそこには含まれていた。

ポケットにお金をいっぱい詰め込んで旅行するのは危険な賭けであり、泥棒や殺し屋の標的になりやすい。そのためとくにウェールズでは、人気のあるルートに沿って、早い時期に個人銀行のシステムが作られた。このような地方銀行の小規模で特異な点、および、さまざまな業種と取引していることなどが、発行する銀行券に反映されている。大判の薄い紙にカッパープレート書体で印刷し、発行日や取引先相手の署名など、こまごまとしたものは手書きで追加することで、こうした特徴的な銀行券はしばしば、銀行が取引する業界を宣伝し、ほめ称えることになった——沿岸地域の銀行用の帆船、耕作地のすきや牛または羊、コーンウォールの錫鉱山、ヘレフォードシャーのリンゴジュース作り、ホイットビーの羊の毛刈りなど。もちろん、ドローヴァーのアベリストウィス&トレガロン銀行の銀行券には黒い羊が描かれていて、羊の数がポンドの数を表わしていた。地元の人々はこの銀行を Banc y Ddafad Ddu「黒羊銀行」と呼んだ。

ドローヴァーは付添人または保護者としても行動した。一人旅は危険だったので、中にはドローヴァーの保護の下に町へ旅行する人々がいた。裕福な商人や地主の息子たちは、ドローヴァーの一団の横にぴたりとついて出かけた。一つは彼らに保護してもらうために、そして一つは自分で冒険をしてみたいためだ。こんな危険な旅は、通常、女性にとって「適切」とは見なされなかったが、そんな旅をした女性を少なくとも一人——カーマーゼンシャーのタイナイワウン出身のジェーン・エヴァンス——われわれは知っている。一九世紀の中頃、彼女はウェールズの田舎からロンドンへ、ドローヴァーたちと旅をした。それはクリミア戦争の戦地バラクラバへと向かう看護師たちに合流するためだった。(13)

犬とドローヴァーが、羊の群れを離ればなれにしないように一生懸命働く一方で、首鈴つき羊《ベルウェザー》

（先導の雄羊）はしばしば自分たちの羊の足並みをそろえる手助けをした。鈴つき羊は昔も今も、群れを導くように訓練された雄の羊だ。名前（ベルウェザー）はウェザー（「去勢された羊」を表わす中英語）とベル（羊は首にベルをつけているので、姿が見えなくても聞こえる）からきている。鈴つき羊は他の群れとは異なる扱いをされていて、手塩にかけて飼育されるので、羊飼いや農夫の指示におとなしく従い、残りの羊たちを必要とあればどこにでも導くことができる。二〇世紀初頭の食肉処理場では、鈴つき羊を使って速やかに羊の群れの食肉処理を行なうことができた。このように知らないうちに食肉解体の共犯者に仕立てられた鈴つき羊たちは、「ユダの羊」として知られるようになった。一九二一年の『シアトル・デイリー・タイムズ』紙は次のような記事を伝えている。

あらゆる食品加工工場で、どうしても必要とされているのが「ユダ」だ。これはシュート（家畜を並ばせるための囲い）へと群れを導き入れる訓練をされた動物のことで、このユダが仲間の群れを屠殺室へと先導して死にいたらしめる。そこにはつねに「ユダ」という名の去勢動物がいた。「ユダの羊」や「ユダの豚」がそれで、彼らは仲間の群れを裏切ることによって生きていた。(14)

雄羊が群れを先導するという慣習は古代からあった。アリストテレスは、羊の群れにはすべて鈴つき羊がいて、それぞれが独自の名前を持っていたと書いている。鈴つき羊に群れを先導させる風習は中世を通して行なわれた。この時期の報告はほとんどないが、一つだけ珍しい報告が残されていて、それはあるドローヴァーがエドワード二世へ伝えたものだ。ドローヴァーは、リンカンシャーからヨークシャーまでゆっくりと進む羊や他の動物たちの一団について報告している。このみすぼらしい一団はやがて国王の所有となる土地へ動物たちを届けることになる。

羊を飼っていたのは王の従者の理髪師ジョンで、彼は［……］三一三頭の雄羊を移動させた。リーダーの羊飼いには日給二ペンス、二人の少年には二人合わせて日給三ペンスを支払い、雄羊の移動を任せた。［……］そして二七二頭の子羊と鈴つき雄羊は、二人の少年に、先の少年たちと同じ日給を割り当てて任せた。五月一三日の金曜日、この寄せ集めのような羊の群れは、サウスヨークシャーのタッドキャスターまで、約一三〇マイル（約二〇九キロメートル）の旅へと出発した。タッドキャスターに到着すると、そこではさまざまな王室の荘園に羊の群れが分けて納められた。最初の一二マイル（サットンからスポルディングまで。約一九キロメートル）は二日かかった。次の一二マイル（スポルディングからホランドのカートンまで）は一日で移動できた。キルトンからボーリングブルックまでの一五マイル（約二四キロメートル）を二日でカバーした。その一日目に理髪師は一二人の短気な少年たちを雇うと、彼らに羊の群れを追ってボストンの町を駆け抜けさせた。[15]

「ベルウェザー」という言葉は今もなお一般的に使用されているが、それは本来の意味ではない。現在、この用語は証券取引所の床にばらまかれているが、それは経済の動向や金融市場の指針となる株式銘柄（指標銘柄）や会社を意味する言葉として使われている。ベルウェザーはトレンドセッター（流行の仕掛け人）を意味することもある。それが去勢された雄羊とは裏腹に、敬意を表わす言葉として使われるのは、わずかに英語の文脈においてのみである。

ドローヴァーの道路はイギリスの景観を形作るだけではなかった。スペインには、ヨーロッパのどこよりも大きなドローヴァー道路のネットワークがあった。それが「ビアス・ペクアリアス」（家畜の道）と呼ばれる七万八〇〇〇マイル（約一二万五〇〇〇キロメートル）の道である。新石器時代から、狩猟採集民が野生の鹿、羊、雄牛の回遊ルート――動物たちは、冬場を谷の牧草地で過ごし、夏になると涼しい山の牧草地に移動した――をたどり、動物たちを追うのに使われた。羊を市場に出すために使用されたイギリスと異なり、スペインのドローヴァー道路は、季節放牧の地域間で羊を移動させるための移動放牧用の道路で、それは今も変わらない。いっぺんに移動する羊の数は驚くべきものだった。一一世紀から一七世紀の間、約五〇〇〇万頭の羊（おもに羊毛用に育てられたメリノ種）が、ビアス・ペクアリアスに沿って毎年移動した。

一三世紀になるとスペインの王国は、羊が移動する道路の経済的な重要性を認めて、それを王室の法的保護下に置いた。このような道路で許される移動の自由は、スペインの家畜飼育にとっては今もなお欠くことのできないものだ。近年でも、ビアス・ペクアリアスとドローヴァーの権利を保護する法律は可決されている。それが現代の都市生活の要求とぶつかった場合でさえそうなのである。たとえばマドリードでは、毎年、羊の大群が町の通りを追い立てられていく。それは歴史的な伝統を彷彿とさせるためだけではなく、ドローヴァーの道路はいつもそんな状態なのである。もともとマドリードは、家畜の移動ルートに沿った市場の町としてはじまった。実際、スペインに限らず、イギリスを含むヨーロッパの地域の多くの都市や町は、このような古代の羊の道に沿って誕生し、ドローヴァーや羊たちに食料、飲み物、避難所、市場などを提供してきた。

オーストラリアでは、大規模なドローヴァー道路の広大なネットワーク（「長い放牧場《パドック》」とニックネームがつけれられた）が、広くて人口の少ない内陸部を覆っている。このような「ストック・ルート」（家畜を移動させる経路）は、二〇〇年前、鉄道の出現に先んじて設置されていて、オーストラリア全土ではよく知られていた。これによって、大量の家畜が全国を移動することが可能になり、そのルートには水飲み場や河系、それに現存のアボリジニの道などがあった。二〇世紀初頭までに、政府は専用の給水ポイントの設置を開始した。それぞれの給水ポイントはたがいに間隔をあけて、一日にドローヴァーと家畜が移動する距離を考案して設置されていた。クイーンズランド州には、完全に機能している最後の歴史的なドローヴァー道路があり、それは想像を絶するほど長い四万四七四〇マイル（約七万二〇〇〇キロメートル）にわたって伸び、約二六〇万ヘクタール（約二万六〇〇〇平方キロメートル）の地域をカバーしている。[16] ドローヴァーは、ルートを使用するためにわずかな料金（一キロメートルあたり二セント）を今も支払っているが、少なくとも家畜といっしょに一日九・五キロメートル以上を移動することに同意する必要がある。これは、ドローヴァーとその馬が適度なペースを保つことを奨励するだけでなく、彼らが市場に向かうときに、家畜が多すぎるために起こる過放牧を防いだ。

羊についていえば、おそらくもっとも有名な行き先はロンドンのスミスフィールドだろう。それは一〇〇〇年以上もの間、多くのドローヴァーや羊の群れが行き着く終点であり、人々でにぎわう羊取引の中心地だった。スミスフィールドは声を荒げて叫ぶ群衆には慣れていた――長い歴史の中でこの町が目にしたのは、忙しい羊の市場だけではない。そこでは人気の馬上槍試合や夏場の見本市、公開処刑などがあった。羊の市場が開かれた場所で息を引き取った著名な過激主義者や犯罪人の中には、スコットランドの国民的英雄で、映画『ブレイブハート』の主人公ウィリアム・ウォレスがいる。彼は町中を引きずられ、首を吊られて四つ裂きの刑に処せられた。ロチェスター司教の料理人リチャード・ラウスは、司教の家族数人に毒を盛ったため、一五三一年に公開で処刑されて生きたまま茹でられた。

一一七四年、カンタベリー大司教であるトマス・ベケットの書記は、スミスフィールドについて次のように書いている。「そこは平らな原っぱ《スムース・フィールド》で、金曜日毎に、立派な馬が取引される有名な場所だった。他のコーナーには農夫の売り物が置かれている。それは太った豚やおびただしい数の雌牛と雄牛だった」(17)。しかし、一八〇〇年代半ばになると混乱が生じた。毎年、一五〇万頭を越える数の羊の群れがやってきたが、ときにはそれが市場の中に殺到して市場を占領した。一八四八年の『ファーマーズ・マガジン』は、そのときの様子を刻明に報告している。

一年の間に、二二万頭の牛と一五〇万頭の羊が、狭くて混雑した大通りを通って、ロンドンの中心部にある五エーカーの地域に荒々しく入り込んでくる。牛や羊はそこで売られると、暗くて排水されていない地下室や厩舎、隣接する納屋などで屠殺された。牛や羊の群れが通る途中の住民や店主は、無謀なドローヴァーや怒り狂った野蛮な犬に追われて、急いで走らされる四〇〇〇頭の雄牛と三万頭の羊の通過を間近に見ることで、毎週、自分たちの礼儀正しさを改めて実感するのだった。

他に何十もの報告がなければ、このような主張はいかにも度が過ぎているように聞こえるかもしれない。というのは、どの報告も不気味で糞尿にまみれた、過密な「食用四足動物の集団[18]」の絵を描いているからだ。だが、チャールズ・ディケンズが『オリヴァー・ツイスト』で描いた悪夢のようなビジョンは他を圧している。

> 市場の朝だった。地面は汚物とぬかるみで覆われていて、それは足首近くまで達している。そして、牛の汗にまみれた体からたえず湧き上がる濃い蒸気が、煙突の上にかかっているかに見える霧と混じり合い、重く垂れ下がっていた。[……]田舎の住人、食肉処理者、ドローヴァー、行商人、少年たち、泥棒、遊び人、そしてあらゆる下級の乞食たちが混ざり合って、密集したかたまりを作り上げていた。ドローヴァーの口笛、犬の吠え声、獣の鳴き声と突進する音、羊のメーメー鳴く声、豚のうなり声と長く甲高い音。行商人の叫び声、わめき声、約束を誓う言葉、四方から聞こえるいい争う声、鳴り響く鈴の音、そしてあらゆる民家から発せられる声の轟き。込み合い、押し合い、激しい動き、殴打、大声、怒声。市場の隅々から響く恐ろしく不調和な騒音。そして、顔も洗わず、ひげも剃っていない、むさ苦しく汚い人物たちが、たえずあちらへこちらへと走りまわり、群衆の中へ入ったり飛び出たりして、感覚をまったく混乱させるような、そし

て人を茫然とさせ、ひどくまごつかせるような場面をこしらえていた。

　これには何か処置が施されなければならなかった。議会法によって家畜市場は、一八五〇年代にイズリントンの新しい空き地に移転せざるをえなくなったが、ロンドンは従来の場所の使用法を検討した。ロンドン市の建築家ホレス・ジョーンズ卿は、生きている動物ではなく、卸売りの肉のみを扱う建物の設計を任された。この仕事で彼は、これまでで最高の成果を上げた。中央市場（現在はイギリス指定建造物のグレード2に指定されているイタリア風の設計）は、一八六八年にようやく完成し、得意満面に「肉の大聖堂」と宣言した。ジョーンズは続けて、ビリングスゲート魚市場、リーデンホール市場、そしてもっとも有名なタワーブリッジのデザインを手がけた。しかし、スミスフィールドの未来はバランスにかかっている。スミスフィールドを首都の周辺に移動し、ビリングスゲート魚市場とニュー・スピタルフィールズ青果市場と、新しい広大なマルチマーケットの（多数の市場が参入する）場所で合流させる計画が進んでいる。同じ「平らな原っぱ《スムース・フィールド》」で、一〇〇〇年にわたって取引されてきた羊と羊肉は間もなく、切り離されてしまうかもしれない。

8　原毛の精練と糸紡ぎ

妖精、羊毛の獣脂、特上のソフト・トイレットペーパー

一八五〇年代に、トーマス・バーバリーという名の若い呉服商が、ベイジングストークの中心で小さな衣料品店を経営していた。ある日トーマスは、店でスモックを購入した常連客の一人である地元の羊飼いとおしゃべりをした。羊飼いがしばらくの間スモックを着ていて、そのあとで生地が防水布になったように見えたという。この話にトーマスはいたく興味をそそられた。羊飼いはトーマスに、羊に触れたり、消毒液に羊を浸したりしたときに、スモックが羊毛から落ちたグリースを吸収することが多いと話した。湿気をはじくのに、スモックが一役買うなどということが、ありうるのだろうかとバーバリーは思った。

バーバリーはさまざまな生地を研究し実験をはじめた。それも軽量で快適であると同時に、通気性と耐摩耗性のある素材を何とか考え出したい思ったからだ。それで羊のグリース（ラノリン）こそ、欠けていた魔法の成分、ありふれた布地を注目に値するものに変えることができる物質であることがわかった。バーバリーが発明して特許を取得した布——中世に着用された長くてゆったりした戸外用マントにちなんで、それは「ギャバジン」と呼ばれた——はアウトドアコート、軍服、探検家

の服にぴったりの生地だった。バーバリーの全天候型布地は、危険な南極の旅でロアルド・アムンゼン、ロバート・スコット、アーネスト・シャクルトンなどの極地探検家を保護し、第一次世界大戦中にはイギリスの「トミーズ」（イギリス陸軍兵士）のために、五〇万枚以上のトレンチコートを作るのに使用された。贅沢なファッションブランドとなったバーバリーが、一人の羊飼いと一着のスモック、そして羊のグリース（羊毛脂）をたっぷり塗りつけたことからはじまったのは、とても皮肉でおもしろいことだ。

バーバリーの天才的な発想は、ラノリンが注目すべき物質であることに気づいたことによる。皮膚の皮脂腺によって生成され、その目的は羊毛繊維をコーティングし、皮膚と羊毛の両方に、厳しい自然に耐える余分な保護層を提供することだ。羊の一種の日焼け止めである。新たに刈った羊毛からラノリンを得るには、それを熱湯で洗い（「精練」と呼ばれるプロセス）、次にグリースを表面から洗い流す必要がある。

ラノリンはその驚くべき防水特性に加えて、皮膚を柔らかくする並外れた皮膚軟化薬の特性もそなえていて、数千年にわたって化粧品や治療薬として広く使用されてきた。ギリシアの医師ディオスコリデスが、ラノリンの軟化特性について西暦一世紀初頭に述べている。彼は羊毛から作られた一種の湿布について次のように書く。

最上の洗っていないウールは、首や太ももの毛のようにきわめて柔らかい。傷、あざ、皮むけ、黒と青のあざ、骨折などの応急処置として、（酢と油またはワインで湿らせて）使われる。というのもウールは、浸されたお酒を簡単に吸収するからであり、それが含むオエシュプム（ラノリン）のために柔らかくなっている。(1)

ラノリンの使用は、一五六五年の『ディスペンサリウム・コロニエンセ』などの早い時期の薬局方《やっきょくほう》〔医療品の規格・基準を示す規範書〕で言及されているが、ラノリンはまた何世紀にもわたって自家製の治療剤の主要成分だった。多くの場合、女性は家庭における日常的な医療の大半を引き受け、庭から材料を引き抜いては、キッチンで手に入るものから、さまざまな治療剤を作ることを要求されていた。中世ではラノリンは、酢、ワイン、蜂蜜とともに、家庭薬の主要な構成要素だった。(2)皮膚に容易に吸収されるため、ラノリンは他の薬効成分の理想的な担体（キャリア）になるが、わずかな消毒効果もあり、それがラノリンを、皮膚の自然治癒を助け、火傷からおむつかぶれまで、そしてひびの入った乳首から湿疹まで、あらゆるものに効能を発揮する昔ながらの皮膚治療剤にした。

羊のラノリンがなければ、リップクリーム、シャンプー、コンディショナー、ローション、多くのメイクアップ製品など、われわれが頼りにしてきたほとんどの化粧品やパーソナルケア製品もないだろう。第二次世界大戦後に出現する、もっとも有名な美容製品の一つ「オレイのオイル」には、ラノリンが主要成分の一つとして含まれていた。それが一九五二年に発明されたのは、南アフリカの化学者グラハム・ウルフが、若い女性の肌に負けまいとする妻のために、フェイスクリームを作ろうと思い立ったときだった。彼は名前を何とつけようかと迷って、「ラノリン」の文字をさんざんいじり回したあとで、「オレイのオイル」という名前を思いついた。

実際、もう少し目を近づけてみると、ラノリンは奇妙な場所で驚きの材料として使われていることがわかる。中世の騎士は武器や鎧に羊の油を塗って錆びを防いだ。この防錆《ぼうせい》技術は今もなお工学や造船の分野で採用されている。ラノリンは機械の車輪や歯車の動きを滑らかにし、金管楽器をすべすべにする。さらに、野球のグローブを柔らかくし、靴に光沢を与える。そして、コンクリート製の防水製品、航空機用接着剤、コンベヤーベルトのワックス、特別に柔らかなトイレットペーパーなどを作りだす。

ローマ人もまた、広大な羊毛産業の副産物であるラノリンが持つ魔法の性質を知っていた。ウールはローマ時代の主要な織物であり、特定の地域は羊毛生産の代名詞になった。イタリアではポー・バレー、アルプス、リグーリア、カラブリアが羊の飼育の中心地となり、スペイン、ガリア北部、ギリシア、小アジアも、ローマ帝国のたえまない高級布の需要を満たすために、高品質の羊毛の重要な供給源となった。それぞれの地域が、異なった色の毛を持つ羊を専門に飼育するようになる。北イタリアはまっ白な羊毛に特化したし、スペインは優れた黒色と深いブラウンレッドのフリースを生産し、マヨルカは灰色と黒の原毛を輸出した。また、特定の地域では高品質の毛織物を大規模に生産することで高い評判を得ていたが、羊毛生産では概して、女性が経営する活発な家内工業もあった。

ギリシアやローマ時代の出典を見ると、そこでは「すべての」女性が幼年期から、糸を紡いで布を織ることが期待されていたようだ。たとえば、女の赤ちゃんが生まれたときには、それを祝って、ドアの支柱から羊毛の飾りリボンが吊り下げられた。[3] ほとんどの家には仕事場があり、そこでは家庭の女性（妻、子供、女性の奴隷）が、布を織るために羊毛を紡いで毛糸を作っていた。羊毛を上手に扱うことのできる能力は、年季奉公人から高貴の生まれの人まで、あらゆる生い立ちの女性にとって、不可欠で有徳な技能と見なされていた。

羊毛の繊維を糸にするためには、最初に糸巻き棒《ディスタフ》と呼ばれる長い棒に繊維を巻きつける。これによって繊維が絡まるのを防いだが、もう一方の手で繊維を少しずつほぐしながら、片方の手、または腕の下で糸巻き棒を支えることができた。親指と他に二本の指で、糸巻き棒から羊毛の繊維をそっと引っ張ると糸が作られる。紡錘車（おもりがついた棒）に、ぶら下がった糸のもう一方の端を留めると糸はぴんと張られる。紡錘の回転運動は、おもりとなるはずみ車の重さに助けられ、羊毛の繊維をねじり合わせて糸にしていった。繊維を引っ張って、むらのない長い糸を作ることは高度な技術だった。熟練した紡ぎ手はその手仕事によって賞賛された。ローマの詩人オウィディウスは、次のような称賛の言葉を述べている。

仕事を仕上げたときにはそれほどでもないが
糸を紡いでいる彼女の優雅な手つきを見るのは楽しい
まとまりのない羊毛を丸いかたまりにしたり
すばやい動きで紡錘車をまわしているの見るのは[4]

糸の紡ぎ方を知ることの重要性は中世以降も続いている。ジャーヴェイス・マーカムは一六二三年の著作『イギリスの主婦』で次のようなアドバイスをしている。

イギリスの主婦は、家族の保護と養育の知識を身につけたあとで、自分の努力によって、どのような服を戸外と室内で家族に着せるべきかについても学ぶ必要がある。[……]このように羊毛を混ぜたあとで[……]、賢い家事の順序にしたがって、羊毛を大きな糸車で紡ぐ。

シェイクスピアは、マーカムよりほんの数年前に書いた『十二夜』の中で、糸巻き棒と紡錘の比喩や意味を使って遊んでいる。トビー・ベルチ卿はアンドリュー・アゲチーク卿をとんでもない態度で罵倒し、彼の髪をあざけるような言葉で表現した。「糸巻き棒に亜麻がぶら下がっているようだな。主婦があんたを両脚の間にはさんで、糸を紡いでいる姿をぜひ見たいものだ」。彼が本当にいっていること——そして観客は下品な冗談に笑いころげていたことだろう——は、アンドリューの髪の毛がもじゃもじゃした線維性のこぶみたいで、それを解決する一番のおすすめは、売春婦といっしょに寝て性病をうつされることだ。そうなれば髪の毛がみんな抜け落ちてしまうから。

「糸巻き棒」という言葉は女性の領域と、社会における女性の地位の象徴でもある。『リア王』では、年老いた国王の意地悪な娘ゴネリルが、従順な妻の役割を拒否し、性別の規範を混乱させようとしている。夫アルバニーが戦うことに抵抗があることを発見したとき、彼女は「私は夫と仕事を取りかえます。この手に武器を取り／夫には糸巻き棒を与えます」という。シェイクスピアの観客は、夫の男らしさに対するゴネリルの劇的な要求と、夫が家事にしか適していなかったことへの、彼女の冷笑的なほのめかしにショックを受け、興奮を覚えたのだろう。

中世には、女性が糸巻き棒で男性を叩く姿を描写したものがいくつかある。男を骨抜きにする象徴で、それを読み解くのはさほど難しくはない。一五世紀のドイツの版画家イスラエル・ファン・メッケネムが描いたエッチングでは、女性が男性に糸を巻きつけることを強要している。彼女はまた、男性のパンツのようなものを身に着けていた。それは女性が「ズボンを履いている」ことで、社会的に定められた役割をくつがえす初期のバージョンといってよいだろう。

チョーサーの『カンタベリー物語』では宿屋の主人の妻が、彼女の名誉を守ることができなかった夫に怒って、伝統的な性別の役割を逆転するように提案する。「さあ、ナイフを持ってきて。そして、あなたは私の糸巻き棒を持っていって、糸紡ぎをしてちょうだい!」と妻は叫ぶ。また怒りのあまり、糸巻き棒を振り回して臆病な夫を打ちすえている妻の画像が、とてもありそうもないいくつかの場所で見られる。厳かなウェストミンスター寺院でも、男のむき出しの尻を妻が叩いている像が、ミゼリコード（慈悲の支え）〔折り畳み式の椅子の裏に取りつけられた突起。座部を上げて起立したときに体の支えになる〕に彫り込まれているのを見ることができる。どうやら男が妻の糸巻き棒を壊してしまったようだ。

男女の戦いは、中世の糸巻き棒や馬上槍試合を描いた絵でも行なわれていて、中には武器を手にしていない男性に向かって、糸巻き棒を高く掲げて、今にも突進する女性が描かれているものもある。今日でも「糸巻き棒《ディスタフ》」という言葉は、まれにではあるが、女性の関心事や母方の親族を表わす形容詞として使われている。雌馬の競馬は「ディスタフ・レース」とも呼ばれる。サラブレッドの雌の子馬と雌馬は、毎年、アメリカやカナダのさまざまな競馬場で開催される「ブリーダーズカップ・ディスタフ」で競うことができる。

「糸紡《スピン》ぎをする女性」という考えは、「スピンスター」（糸紡ぎ女）という英語をわれわれにもたらしている。この言葉は、依然として否定的な意味合い（結婚しそうにないオールドミス）を持っていて重い。しかし、ギリシア人やローマ人にとってこの言葉は、未婚女性の非難めいたイメージを心に呼び起こすどころか、理想的なマトロナ（立派な男の妻）の象徴になっていた。糸紡ぎ女の仕事は、女性が家庭にいるという「正しい」生活の秩序を表わし、家庭の自給自足にも貢献した。たとえば当時のホメロスの詩では、登場するほぼすべての女性（王族や女神を含む）が、なんらかの方法で糸を紡いだり布を織ったりしている(5)。

実際、糸紡ぎは、多くのさまざまな神話や宇宙の概念にとって、欠くことのできない部分を形成している。プラトンは『国家』の中で、宇宙の軸を糸巻き棒の柄だと表現していた。ギリシアの運命の女神は人間の生命の糸を紡ぐ。テセウスはアリアドネが紡いだ糸を使って、迷路から抜け出す方法を見つける。アメリカ南西部のナバホの文化には独自な「蜘蛛女」がいて、先祖に糸の紡ぎ方と布の織り方を教えた。インカの民間伝承では、豊饒の女神であるママ・キジャが糸紡ぎの技術をインカの女性たちに伝えたといわれている。

子供のおとぎ話にさえ、いたるところで糸紡ぎが出てくる――それは『眠れる森の美女』や『ルンペルシュティルツヒェン』〔グリム童話に出てくる小人〕などの、就寝時に聞くお気に入りの話から、イングランド北部とスコットランド南部の国境地帯に出没するハベトロット〔妖精〕や、チェコの『ゴールデン・スピニング・ホイール』（金の紡ぎ車）などのあまり知られていない民話まで。このような物語に共通しているのは、糸巻き棒の前向きでほとんど神秘的な力だ。少女や若い女性、母親、妻にとって、子供を世話したり家庭を守ったりしながら行なう糸紡ぎの作業は、独立した収入の貴重な源であり、家族の財源を増やす方法だった。ヨーロッパの民間伝承のいたるところに、糸を紡ぐヒロインを主役にした数多くの民話がある。彼女たちはその技量を通して他の登場人物たちを救い、呪いを解いて、ハッピーエンドをもたらすことができる。糸巻き棒は、このような物語を終わらせる手段であるだけではなく、ばらばらになった要素をいっしょにして、一本の壊れることのない糸を形成するという強力な比喩となっている。(6)

糸紡ぎと機織り（紡織）はまた、ヨーロッパの民間伝承では、妖精と魔法の世界にリンクされていた。スコットランドの羊毛の織り手たちは、布地の製造を監督するハイランド地方の妖精ローレックに、ミルクのお供え物をすることがよくあった。ゲルマンの冬の精ベルヒタは糸車をたえず叩いているために、片足がもう一つの足より平らだといわれていた。ロシアの家庭の妖精であるドミカは、床板の下に住んでいて、夜分に現われては糸を紡いだ。アイルランドの妖精で紡績工のガール・ガーリーと、ウェールズの妖精で紡織工のグアグイ・ア・スロートは、どちらも貧しい家族向けの服を作った。妖精のあらゆる活動の中で、誰もが知っているのは糸紡ぎと機織りだ。一七世紀の終わりに、スコットランドの牧師で魔術の「専門家」のロバート・カークは、妖精の民（シー）について次のように書いている。

妖精たちは非常に美しく糸を紡ぎ、それを染色して織り上げ、刺繍するといわれている。しかしそれは、かなり洗練された織物を手作業で作るのか、あるいは仕事にふさわしい、しっかりとした道具を使って仕上げたものか、ただ単に、好奇心をそそる蜘蛛の巣や、触れることのできない虹にすぎないのか、はたまた、地上の人間の行動をすばらしくまねたものなのか。一見したところ、それは見る者のすべての感覚を超越しているので、推測に任せるより他にその正体を見分ける手立てがない。(7)

しかし、なぜ妖精は羊毛の糸紡ぎとリンクしているのだろう? 誰もが知っているように、古代ギリシア人は運命の女神(モイラ。複数形はモイライ)のストーリーを持っていた。人間の運命を支配する機織りの女神たち三人の物語だ。同じストーリーはわずかに調整されながら、歴史を通じて、あるいはさまざまな文化を越えて、いろいろな形で現われた。北欧神話に出てくる三人の運命の女神(ノルン。複数形はノルニル)やバルト民族の民話に出てくる姉妹デイブス・ヴァルディトホスなどの話だ。ローマ神話では、三人の運命の女神はパルカ(複数形はパルカエ)またはファータ(複数形はファートゥム。「語られてきたもの」が語源)として知られていた。ファータ(fata)という語は時が経つにつれて、古フランス語ではfaeやfaerie(ともに妖精)になり、中英語ではfairy(妖精)になった。妖精は最近にいたるまで、チュチュ〔バレリーナ用の衣装〕を着て歯のお金を持ってきてくれる〔抜けた歯を枕の下に置いて寝ると、夜中に妖精がこっそり歯をもらいにきて、お礼にお金を置いていくという言い伝え〕

親切な存在ではなかった。彼らは人間を手助けするが、傷つけもしかねない異世界の存在で、気まぐれな運命の支配者たちだった。したがって、子供の就寝前に妖精物語を読むときは、われわれもファータ（人間の運命の糸を紡ぐ女神たち）に関する二〇〇〇年の物語の中に参入することになる。

羊毛の糸紡ぎはまた、バイキングの女性にとっても日常生活の重要な一部だった。それは神話の多くに反映されている。バイキングは三人のノルンとともに、「セイズル」（「糸」を意味する古ノルド語の「セイズ」から派生した）の存在を信じていた、それは魔法またはシャーマニズムの一種で、運命を扱い、出来事の結果を左右させることができた。幸先のよい出来事を求めてセイズルの儀式が催された。それは未来を見据え、幸運をもたらすためであり、深く秘められた秘密を明らかにするため、そして天候を回復させてそれを制御するため、さらには、狩猟や魚釣りで成果が出るようにと促すためだった。しかしセイズルにはまた暗い側面があって、ひどい呪い——個人や社会に向かって病気や死を願い、災害や事故を誘発し、土地を荒廃させ、誰かを破滅への道に追いやる——の手段としても使われた[8]。

きわめて重要なことに、セイズルは「女性の魔法」と見なされていた。儀式を行なうとき、実行者は精神世界と交信するためにトランス状態に入るが、その前に、彼女が糸巻き棒を手に持っていたのは偶然ではない。女性と糸紡ぎは密接に関連していた。ギリシアやローマの文化では、すべての女性が糸を紡いだ。しかし、それとは異なりバイキングの世界では、糸紡ぎはまさに「中産階級」の女性の特権だった。一〇世紀から一三世紀の間に古ノルド語で書かれた『リーグルの詩』では、社会階級に応じて誰が何をしたかを垣間見ることができる。その中で、奴隷の女性は古い服を着て料理を出す。貴族の女性はおしゃれをしてワインを飲む。そして、糸を紡いで機を織るのに忙しいのはヨーマン階級（土地を所有する農夫）の女性たちだった。

アイスランドやグリーンランドでは、古代スカンジナビア人の農場が発掘され、九〇〇〇以上の布地を含む考古学上の資料が発見されているが、それが示しているのは、ほとんどの農場で紡糸と機織りが行われていたことだ。(9) 実際、北欧のいたるところで、バイキングの女性の墓所から紡錘車が規則正しく現われる。女性はしばしばすばらしい衣服をまとった姿で、いくつかの紡錘車といっしょに埋葬されていた。なぜいっしょに埋葬されたのかはわからない。一つ考えられるのは、紡錘車が「家庭」の一種の象徴またはお守りだったのかもしれないということだ。あるいはおそらくバイキングはそれを女性の道具、家庭内で持つ女性の力の象徴、そして故人を来世で忙しくさせておくための、最適な供物と考えていたのだろう。

さまざまな種類の紡錘車が、バイキングの女性の墓から現われている――簡単な作りのもの、派手なもの、日常品から作られたもの、貴重な珍しい材料から作られたものなどがある。バイキングの世界ではいたるところで、女性の埋葬場所に、琥珀、ヘラジカの角、骨、粘土、サンゴ、ガラス、金属、木、砂岩、スレート（粘板岩）など、いろいろな材料で作られた紡錘車が散乱していた。(10) 紡錘車が一つまたは二つしかない墓もあれば、他の墓には一握りほどの紡錘車がある。それぞれの墓で見られる各種の紡錘車は、糸紡ぎの熟達度を示したものだったのかもしれない。熟練した紡ぎ手は、さまざまな種類といろいろな重さの紡錘車とともに埋葬されることで、彼女が持っていた技能の高さを示したのだろう。この多種多様な紡錘車によって彼女は生前、いろんな種類の糸を紡ぐことができたにちがいない。紡ぎ手の見習いや初心者は、それとは反対に、わずか一つか二つの紡錘車しか持つことができなかったのかもしれない。バイキングの女性の地位や富や技能は、死んだあとも、生きているときと同じように、彼女の所有物によって示されることになる。

興味深いことに、ニューファンドランドのランス・オ・メドーでバイキングの紡錘車が見つかった。それはバイキングの戦士たちが少なくとも一〇〇〇年前に、グリーンランドから新世界へ苦難の旅をしただけではなく、女性たちがいっしょにやって来たことを明かしていた。しかし最近の調査結果によると、「先進的な」バイキングが先住民のイヌイットに、糸紡ぎの技術をもたらしたという考えが覆されたという。考古学は、バイキングが到着する数百年前に、イヌイットがすでに糸を紡いでいたことを示している。それだけでなく、バイキングとイヌイットの紡ぎ手たちは実際に――スピニング・ビー（紡績ミツバチ）〔一八世紀、アメリカの植民地の女性がイギリスの織物に対する依存を減らすために手織りの布を生産した。イギリスの政策と課税に抗議する政治的なイベント〕のように――技術をたがいに交換していたかもしれない。北欧の女性は輸入した羊の他に、ジャコウウシ、キツネ、北極の野ウサギなどの毛を使用する方法を学んだ。

たしかにバイキングが行なった航海と、遠く離れた土地への植民地化は、羊のおかげではじめて可能になった。北欧の船はスカンジナビアから遠く離れて旅をして、ヨーロッパの海岸に沿って進み、ロシアやドイツの湖や川を使って、アジアやアラブ諸国と交易した。彼らはまた、新しい定住の土地を求めて進み、未知の海に飛び込んで、アイスランド、グリーンランド、そして最終的には北米へと到達した。

バイキングたちは熟練した船乗りで恐ろしい戦士だったが、羊毛がなければ、とても彼らは壮大な旅を生き残ることなどできなかっただろう。羊毛のおかげで、衣服や寝具、さらには海外へと彼らを運んでくれる船の帆までも作ることができたからだ。そのほとんどは女性と少女によって作られた。船乗りたちのパッキングリストは、おもに羊毛で作られた衣服で占められていた。クルーのメンバーは、革のオイルスキンは別として、すべて羊のウールで織られているか、あるいはノールビンドニング（初期の編み方。一三九ページを参照）で作られたチュニック、靴下、手袋、帽子、マントを着ていたのだろう。それとおそらくは、心地よく横になることができる厚いウールの敷物も船に持ち込んでいたかもしれない。

しかし、大変革をもたらしたのは帆だった。大まかにいえば、バイキングは二種類の船を使用した。「ラングスキップ」（ロングシップ）は、おもにスピードと俊敏性のために構築された細長いフラットな幅の狭い船であり、推進力を最大にするためにデッキの全長に沿って複数の漕ぎ手が配置されていた。ロングシップは喫水が浅く、底の浅い川の航行や海岸線に沿って進むには最適で、クルーが持ち上げて陸の上を運ぶことが十分にできる軽さだった。これはすばやく海岸へ上陸して、猛烈な奇襲をしかけるには理想的だった。同時代のヨーロッパの船は、上陸するのに水深の深い所か港を必要とした――浅い喫水の船体を持つ北欧の奇襲者たちは、敵の誰よりも内陸深く入り込み、すぐに攻撃して、どんな遠浅の海岸からでもすばやく逃げることができた。しかし、長距離貿易や海上の探検には別の種類の船が必要だった。「クナール」（貿易船）は、ロングシップよりも船体が短く、頑丈でがっしりとしていた。それはほぼ完全に帆力に依存していて、風が吹かないときにのみオールに頼った。クルーの人数も貿易船では少なかった。人数が少ないということは、もうけの分け前がそれだけ多くなるということだ。また船には、商品を持ち込んだり、集めたりするためのスペースもあった。しかし、デッキの漕ぎ手が減ったことで、クナールの航海を成功させるためには、帆がきわめて重要となっていった。

船の帆は、高密度に織られたウールの布を縫い合わせて作られる。大きくふくらむ明るい色をした帆は、北大西洋が投げかけるあらゆる天候に耐えることができたし、天候が悪くなったときには、甲板上に降ろしてテントのように固定して使われ、中に入った船乗りたちを守った。ウールで作った帆は奇妙に思えるかもしれないが、その成功の鍵はウールの伸縮性にあった。海を横切って航海するクナールは、激しい嵐や突風にさらされたにちがいない。ウールの持つ魔法とも思えるような弾力性、引き裂きに対する耐性、衝撃を吸収する性質は、悪天候の中をクナールに楽々と航海させることを可能にさせた。帆の色もまばゆいばかりだったにちがいない——バイキングの染色工たちの仕事場で採取した花粉を分析したところ、羊毛生地を染色するのに豊富な種類の植物が使用されていたことがわかった——チコリの黒からアマダオシの赤、アカザの根の黄色、イラクサの葉の緑まで。

驚くべきは、帆を一つ作成するのにどれだけの羊毛が必要だったかということだ——繊維の研究者であり、ノルウェーのヒトラにあるトマービク・テクスタイル・トラストの責任者でもあるエイミー・ライトフットは次のような結論を出した。長さが九八フィート（約三〇メートル）あり、六〇人の男性を運ぶ船を動かせるほど大きな帆を作るためには、約七〇〇頭の羊のフリースが必要となるだろう。彼女はまた、現実に船を建造するより、帆を作る方が約二〇倍も長い時間がかかっただろうと算出した。帆を織り上げるのに一年かかるのにくらべて、船を作るのには二人が作業に従事して、二週間ほどで作り上げることができた[11]。一方、ロスキレのバイキング船博物館で働いているデンマークの研究者たちは、バイキングの艦隊全体が一〇五〇年頃には、一二〇万平方ヤード（約一〇〇万平方メートル）のウール帆布を必要としただろうと考えていた。これは二〇〇万頭の羊の助けを借りて、ようやく可能となる偉業だった[12]。

それは、巨大な規模の羊の畜産である。いうまでもないことだが、生のフリース（ローフリース）をウールの布に変えるために必要なのは、紡ぎ手と織り手の大きな集団だ。そして何よりも、船の帆に必要なフリースと国内のウールの需要に応えるためには、羊を放牧させることができるたくさんの土地が必要だった。わかりやすくいえば、バイキングの故国には十分な牧草地がなかった。バイキングが進出し、遭遇した土地で交易をして、そこを植民地化し、略奪すればするほど、外国の牧草地をますます多く獲得しなければならなかったのである。バイキングは、自分たちで生産することができなかったものを近隣諸国から購入した。たとえば、イギリスとアイルランドが供出しなければならなかった商品の中で、バイキングが選んで購入したものは小麦、蜂蜜、錫、そして決定的に重要なのは布地だった。一〇世紀の終わりから一一世紀にかけて、北海地域で生産されたウール生地が、バイキングの交易によってノルウェーに到着したという証拠がある。一三世紀の『エギルのサガ』には、「彼（エギル）が必要とする羊毛の布やその他の品物を買うために」、イギリスへと帆走する船のことが書かれている。一方で、ノルウェーのスヴェレ王は、「小麦と蜂蜜、小麦粉と布」を彼の国にもたらしたイギリス人を、ことごとく称賛したといわれている[13]。

羊はバイキング船の帆に羊毛を提供するだけではなかった。羊はまた帆を防水する獣脂、旅行用の塩漬け肉、到着後すぐに取引ができる生の商品、軽量ロープと釣り糸を作るための剛毛、そして彼らが定住することに決めたときに、生計を立てるための手段なども提供した。さらに羊毛は、ロングシップの水漏れ防止にも役立った。羊毛はタールや獣脂と混ぜて、厚板の隙間を埋めるのに使われた。バイキングは夜間海上で寝るのではなく、ロングシップをビーチへ引き上げてウールの帆を降ろし、防水布として船全体に敷き詰めてその上で寝た。また、岸に近い地面に羊毛のテントを張って、そこで眠ったりもした。

ヨーロッパ中のポケット（孤立地帯）で見られる古代バイキングの羊の生存は、過去との直接的なつながりを与えてくれる。バイキングの羊は現代の品種よりも小さくて毛が硬く、困難な地形や最小限の世話に適していた。彼らはまた毎年、少なくとも部分的にウールを自然に脱落させているので、バイキングは羊毛を剪断ではなく、羊から毛を抜いたり引っ張ったりした可能性が高い。これらの品種の多くが現存しているのは、羊たちが依然として孤立したコミュニティに生息しているか、人々が珍種保護に精を出しているおかげだ。ノルウェーのスペッソン種、アイスランドの羊、スウェーデンのギューテ種（ゴトランド島原産）、スコットランド北西部のソアイ種とヘブリディアン種、フランスの最西端にあるウェッサン島の羊、マン島のマンクス・ロフタン種などは、一〇〇〇年以上前に北西ヨーロッパ全体で行なわれていた、古代スカンジナビア人たちの畜産・交易・定住を思い出させてくれる羊たちだ。

イギリスではカンブリア地方の民間伝承で、有名なハードウィック羊とバイキングのつながりについて、長い間語り継がれてきた。バイキングたちの畜産と文化は、湖水地方の歴史と景観にいつまでも色あせることのないしるしを残した。しかし、そのつながりはこれまで一度も証明されたことがなかった。だが、ヨーク大学を拠点とする慈善団体であるシープ・トラストの働きのおかげで、科学者たちはそれを明らかにすることができた。現在のスウェーデン、フィンランド、オークニー諸島、アイスランドに生息する品種が共有する原始的なゲノムを、ハードウィック種が持っていることを示したのである。民間伝承が正しかったことが判明した。

9　勝利のためのニット

世界最古の靴下、仕事場、ウールは戦争の勝利にどんな貢献をしたか

一九一四年、イギリス人コレクターのジョン・デ・モナンス・ジョンソンが、エジプトの都市アンティノポリスで発掘したものをふるいにかけていた。彼はみごとな古代のパピルスを見つけたいと思った。だがその代わりに見つけたのは、埃っぽい古いウールの靴下が二足だけだった。そのときの彼の失望感を想像してみてほしい。さらに悪いことに、二足の靴下は合わせて一足ではなかった。

若干使い古されたこの履物は、当時、ただ珍しいものとして片づけられていた。だが現在は、紀元後一〇〇年から四〇〇年頃の古代ロマノ・エジプト文化の注目すべき残存物であり、かつて見つかった中でも、もっとも古いウールの靴下と見なされている。当初、テキスタイル史学者たちはそれを単なる編み物と考えていたが、よく調べてみると、はるかに初期の技法で作られていたことがわかった――それは「ノールビンドニング」として知られている、編み物よりもすばらしい、そしてはるかに古い、いわば編み物のいとこといった技法で編まれていた。

ノールビンドニングと編み物は見たところ、非常に似た仕上がりを見せているが技法はまったく

同一ではない。編み物は長い毛糸と二本以上の針、そして、ほぐすことができる一連の連結ループを使用するが、ノールビンドニングに必要なのは一本の針と短い長さの毛糸だけだ。ただしループを「縫い合わせ」なければならない。また、編み物は比較的後期（紀元後一二世紀頃）に考え出されたもののようだが、ノールビンドニングはさらに古い起源を持っている。

ノールビンドニングという言葉は、いくつかのスカンジナビア語で「針綴じ」という意味を持つ。この技法のもっとも初期の例が、デンマークに由来するのは興味深いことだ。紀元前五四〇〇年から四〇〇〇年の間に、人が住んでいたチューブリンド・ヴィーと呼ばれた漁村の遺跡で、ノールビンドニングで作られた漁網の断片が発見された。しかし、網は羊毛で作られたのではなく、植物繊維でできていた。編み物、あるいは少なくともその前身は、羊毛のジャンパーからはじまったのではなく、われわれの祖先はもっぱら食物を探し求めていたようだ。「knit」（編み物）、「knot」（結び目）、「net」（網）という言葉はすべてつながりがある——それは古代印欧祖語の語根「ned-」（糸を撚る、結びつける、くくるなどを意味する）から分岐していた。

おそらく、その起源を考えると、バイキングが熟練したウールのノールビンドナー（ノールビンドニングの編み手）であったことは驚くに値しない。ロシア、フィンランド、ノルウェー、デンマーク、スウェーデン、イギリスのいたるところで、考古学者たちはウールの衣服、または少なくともその断片を発見している。これは、バイキングがミトン、帽子、縁飾り、ストッキング、そして何よりも地元の羊から作られた靴下を編み上げていたことを示唆していた。一つの例を挙げると、ある靴下（コパーゲイト・ソックス）が、一〇世紀に荒打ちのしっくいで建てられた建物（ヨーク地方）の裏庭で発見された。それは完全に保存されていたので、着用者の足の形や、大事にかかとのほころびを繕った跡まで見分けることができた。靴下は学校で使う物差しほどの長さがあり、つま先は華奢に細くとがっていて、現代のトレーナー・ソックスと同じくらい履き心地がよく見える。しかし、それはまたイギリス史の重要な時期を表わしていて、その時期にイングランド北部は一〇〇〇年の間、バイキングの支配下に置かれていた。

本物の編み物——二本の編み針ですばやく軽快に編む《ステッチ》——は、数世紀後に進化したようで、おそらくノールビンドニングで使用されたいくつかの編み方から発展したもののようだ。われわれはそのはじまりについて、腹立たしいほど知るところが少ないが、編み物は一般に中東のどこかで、六世紀から一一世紀の間に進化したと考えられている。そこから王宮で雇われていたイスラム教徒の編み手を介してスペインへ、そしてヨーロッパの残りの部分へと伝わった。ビクトリア&アルバート博物館には、これまでに発見された本物の編み物のもっとも古いスクラップがある。それは北アフリカの豪華なクリーム色とブルーのストッキングで、イスラム統治時代（一一〇〇年から一三〇〇年頃）に作られた。フェアアイル（フェア島）編みのストッキングは、ラルフローレンの冬のキャットウォークコレクションに出しても、まったく場違いな感じがないほどすばらしいものだった。

一四〇〇年代までには、ニットで作った服は王から聖職者、領主から貧困者まで、ヨーロッパ社会のすべての階級に浸透していった。しかし編み物は工芸品として二重の生活を送った。一方で、クッションカバー、典礼用手袋、壁掛けなど、高い地位にいる個人や組織のために、息をのむようなスキルと複雑さを持つアイテムが作られた。このレベルの編み物は、手編み職人によるギルドによって規制された仕事だった。このギルドは男性による男性のための組合で、入会と実践には厳格なルールが定められていた。

たとえば、一四〇〇年代のパリにあった編み物職人のギルドでは、徒弟が「一人前の職人」と呼ばれるようになるまでに七年間修行することが必要とされた。「すぐれた職人《マスター・クラフツマン》」の称号は、スマートストッキング、手袋、シャツ、チョッキ、カーペットをデザインし、五つのアイテムすべてを一〇週間以内に編むことができてはじめて与えられた。[1] そしてたとえ徒弟がマスターの地位を得たとしても、ギルドは彼の仕事に終始目を光らせていて、いい加減な手抜き仕事には厳しい罰則を加えたし、ギルドから追放するぞと脅かした。ギルドの評判は製品の基準を維持し、重要だったのはそれが価格を高くしたことだ――イギリスのヘンリー八世は、着用していたストッキングがパリのすぐれた職人によって手編みされたものだと自慢していた。

しかし、もっとも興味深い話があるのは、贅沢な高級のウール編み物ではない。編み物は高価な設備を必要としない、どこでもできるシンプルな手作業であるために、農村の自給自足社会や漁村で働く人々の資力や時間的な制約には適していた。それは貧しい近隣の人々が、自分たちの衣服や家族のための衣服を作る方法であり、もっとも重要なのは、それがわずかな賃金を補うために数ペニーの余分な金を稼ぐ手段だったことだ。辺境の農業地域や沿岸の村の住人たちは、手袋、帽子、ストッキングを編むことで賃金を増やすことができた。それも、日々の雑用や賃仕事をこなしながら手仕事ができたのである。たとえば、羊飼いは羊の群れの横で編み物をしていたし、漁師の女房は漁獲が上がってくるのを待つ間に、そして市場の商人は商品を販売しながら手を動かしていた。シェトランド博物館には、この上なくすばらしい小作人たちの写真が保存されている。そのほとんどは一八〇〇年代後半のものだ。一枚の写真には二人の女性が背中に巨大なバスケット――「キシー」と呼ばれた――を背負って運んでいる姿が写されていた。彼女たちは燃料用のピート（泥炭）を集めるのにこのバスケットを使っている。二人はピートでいっぱいになったバスケットを背負って重い足取りで歩きながら、なおストッキングを編んでいた。これは一度に複数の仕事をこなす、ほとんど英雄的と思われる力技だった。

別の一枚の写真は一九三九年のものだ。まだ三歳か四歳くらいの女の子が座って編み物をしている。就学前の子供が二本の針を使って編む複雑な方法をすでに習得していた。しかも、それがべつだん驚くべきことでないかのように。彼女はまた、専門の編み手が着用する革のベルト――シェトランドの人々は「マッキンベルト」と呼んでいる――を腰に巻いていた。両方の先がとがった編み針の一端をベルトに差し込んでいる。そうすることで編み手はすばやく、しかも疲れを知らずに長時間作業ができた。

編み物はおそらく一六〇〇年代に、イギリスを経由してシェトランド諸島に到着したのだろう。もっとも早い時期に発見されたニットは一七世紀の若者の墓から出土したストッキング、手袋、財布、二つの帽子などだ。一七〇〇年代のはじめになると、島民はニットのウールストッキングや毛布をオランダやドイツの商人に手渡し、その交換として現金や商品を手に入れることを覚えた。(2)この島やイギリス諸島の他の地域では、人々は市場に出かけている間や、夕方囲炉裏を囲んでいるとき、そして帆船に乗ったときなどに編み物をした。男性や女性や子供たちは、家でも畑でも旅先でも、どんなときにでも編み物をする。一五九五年にはイギリスで、約一〇万人が国内で編み物の取引をしていたと推定されている。

したがって、多くの人々にとって羊毛の編み物は、単なる有用な工芸品ではなかった。一六世紀の終わりから一九世紀にかけて、それは社会が不況期を乗り切り、家族を破綻させないための手段だった。編み機の発達と工業化への動きにより、一八〇〇年代初頭までにイギリスでは、多くの手編み家内産業が衰退したが、とくにヨークシャーデールズなどの農村地域では、一部の手編み作業が二〇世紀に入るまで続けられ、羊の飼育による収入を補った。

ジョージ・ウォーカーの有名な著書『ヨークシャーの服装』――州民を描いた一八一四年の水彩画コレクション――の中には、マーケットスクエア〔市場が開かれる広場〕で手編みをしながらおしゃべりをしている小さなグループを描いた「ウエンズリーデールの編み手たち」がある。そこでは誰もが編み物をしている――男性と二人の女性、それに小さな女の子。イギリスの田舎でよく見かけるなじみの光景だった。また『ソールズベリープレーンの羊飼い』(一七九五)は、生け垣や柵に引っかかったフリースの切れ端を、幼い子供たちが集める「羊毛の収集」の慣行についても触れている。「ひどく小さな子供たちでも、イバラの茂みやトゲにひっかかった羊毛の房を集める仕事をすることはできる。集められた羊毛は、冬の夜に梳かれて紡がれ、編まれてストッキングになった」。この少量だが貴重な羊毛は販売されたものか、家族のために保管されたものかはわからないが、わずかな量でも家の助けになった。「羊毛の収集」(ウール・ギャザリング)というフレーズは、一五〇〇年代以降、空想している、あるいはぼんやりしている人を指す言葉として一般に使用されてきた。

一六世紀の作家の一人は、「われわれの理解力や感覚はまるでウールを収集しているようなものだ」と述べている。これはおそらく、ウールを採集する人のはてしない低報酬の放浪を示唆したものだろう。

一部の女性と少女、とくに孤児や未亡人、それに高齢で未婚の女性など、「正常な」家庭の隙間に落ちた女性にとって、羊毛を編むことは、わずかな額とはいえ、収入を得る唯一の正当な方法の一つだった。それはまた、救貧院や孤児院の女性入院者にとっても適切で、潜在的に有益なスキルと見なされていた。たとえばヨークでは、中世のギルド集会所であるセント・アンソニーズ・ホールに、早くも一六一四年、市の貧しい子供たちに編み物を教えることを目的とした「編み物学校」が作られた。それはおそらく、建物が断続的に救貧院であり、「矯正の家」でもあったことを物語っている。救貧院は、その入居者（とくに女性と女児）が編み物をすることで生活費を稼ぎ、できれば商いを学ぶことを期待した。だが、規則に従わない者は迅速かつ厳格に対処された――ここに一つの記録がある。バークシャーにあったイギリスの救貧院の登録簿で一八五二年のものだ。そこには救貧院を出たり入ったりして、一五歳から人に迷惑をかけ続けていた二〇代半ばの農業労働者メアリー・ボウラーに対して、罰則が与えられたことが記されている。

ファリンドン・ユニオンの入院者である若い女性のメアリー・ボウラーは、今月の五日に、J・F・クリーバー牧師とR・G・スロック・モートン卿の前に連れてこられ、救貧院の院長によって割り当てられた仕事（靴下を編むこと）の実行を、彼女が拒否したとして訴えられた。その結果、彼女は二一日間の厳しい労働を科せられて、リーディング刑務所に入れられた。[3]

宗教学校もまた、生徒に手工芸品、とくに羊毛の編み物を、一部はライフスキルとして、多くの場合、販売可能なアイテム（ストッキングなど）を作成し、学校の財政に貢献する手段として学ぶことを期待していた。一七七九年にヨークシャーのポンテフラクトの近くで設立されたアックワース・スクールは、両親が「裕福でない」子供たちのためのクエーカー教の学校だった。宗教的なレッスンや読み書き計算とともに、子供たち（女の子も男の子も）は、学校の預金残高を増やすために編み物、紡ぎ、針仕事をするように奨励された。一八二一年の記録によると、女子学生は三三九足のストッキングを編んでいる。[4] 搾取と見なされるどころか、そのような仕事は、ジョージ王朝やビクトリア朝社会の多くの人々によって、貧困層（子供を含む）が家計を守るためには、必要な手段であると見なされていた。彼らが「仕事をしようとしない」状態に戻らないためにも。実際、アックワース・スクールが単調な仕事から離れて、より進歩的な学校教育に焦点を合わせたとき、学校を知る人はみんながみんな興奮して、よろこんだわけではなかった。一八四七年付の『ブリティッシュ・フレンド』（クエーカー教の雑誌）に宛てた手紙で、怒り狂った読者の一人は、アックワース・スクールが道に迷ったようだと不平をいっている。

現在は精神的な修養に重きが置かれているように感じます。が、以前は、産業訓練が高く評価されていました。そして二つのうち、後者はおそらく、社会の中産階級や貧困層の子供たちにとってはより重要でしょう。イギリスでは実業学校が、前世紀およびそれ以前には、現在よりもはるかに一般的でした。とくにノリッジ市ではそうです。六歳から一〇歳までの子供は、上質のジャージ靴下を編むだけで、彼らに食べ物や衣服を提供してなおあまりあるほど、年間数千ポンドも稼いでいた。[……]以前は、糸紡ぎや編み物が学校でごく普通に教えられていました。そしてそれは、非常に大きな利益をもたらしていました。アックワースがこれから実業学校へと変わっていくとすると、いっぺんに学校の生徒数が減少する効果があるかもしれません。そうなれば、施設の拡張案も不要になるでしょう。(5)

イギリスでは一八八〇年、初等教育が一〇歳までの子供に強制的に施されることになったが、それ以前は、労働者階級の教育も断片的でしばしば規制も不十分だった。少女の場合は織物、とくに羊毛に教育の焦点が当てられていた。規制されていない学校――おばさん塾(中年の女性が自宅で子供に読み書きを教えた)や慈善学校など――は、しばしば「過密状態で、換気が悪く、暖房もわずかに一つストーブがあるだけで、設備はほとんどないに等しかった。それに女の先生が頻繁に部屋を出て、自分の店の世話をしたり、赤ちゃんをなだめたりするために、学校の教育的価値はさらに低下した(6)」。

一八三二年、イギリス国教会は『針仕事と編み物に関する全国協会の指示』という本を出版した。これは(ウールのストッキングの編み物を含め)「下層階級にふさわしい仕事」を、子供たちに教えるために作られた本だった。第一次世界大戦になるまでには、非常に幼い労働者階級の子供たちに、驚くほど複雑な編み物パターンを教えるガイドブックがリリースされている。それが一九一四年に出版されたエセル・M・ダドリーの『幼児とジュニア向け編み物』である。そこでは「編み物は小さな指でも行なうことができる」と非常に熱心に主張されていた。

女の子が幸運にも学校に行けたとしても、家で行なう家事の負担は減らなかった。一八七一年に生まれた婦人参政権論者で社会活動家のハンナ・ミッチェルは、彼女の経験を痛切に回想している。

冬の夜は手縫い、シャツや下着の仕立てや繕いがありました。八歳の私が毎週しなければならない仕事は、家族みんなのストッキングのほころびを直すことでした。フェミニズムに対する私の最初の反応は、本を読んだり、カードやドミノに興じている兄弟のストッキングを繕わざるをえなかったときからはじまったと思います。ときどき兄弟たちは敷物作りや、羊毛をカットしたり、ベッドや枕のために羽毛を選んだりするのを手伝いましたが、彼らにとってそれは自発的な仕事でした。しかし、女の子にとってそれは強制的でした。そして男の子は好きなときに本が読めるという事実が、私のカップを苦々しさで満たしました。(7)

編み物は、貧しい女性や少女にふさわしい娯楽として見られていたが、それだけではなかった。一九世紀の間に、編み物は徐々に、上品で裕福な女性の可能性を秘めた工芸品と見なされるようになった。金持ちの家庭の女子は結婚に備えて、刺繍、歌、ピアノの演奏、ダンス、そして編み物に加えて、その他「女性的な」趣味など、一連の適切なスキルを身につけることが期待された。明るく創造的ではあるが、悲惨なまでに期待されていない中流および上流階級の女性にとっては、編み物は何か有用なことをするチャンスを意味した。それは正当な理由で販売できる小さなアイテムを作成したり、針差しやエッグコージー（ゆで卵保温カバー）など家まわりを飾る品々を作ったりする手段でもあったのである。

ビクトリア女王でさえ、二本の編み針からそれほどかけ離れていたわけではない。クリミア戦争で戦うイギリス兵のために、彼女がミトンやスカーフをすばやく編み上げていたのは有名な話だ。ビクトリアにとって、糸紡ぎと編み物は明らかに芸術的表現とエネルギーの大切なはけ口だった。彼女が大好きな女性家庭教師に本を読ませながら、あるいは、ベッドで病み上がりの身を横たえながら編み物をしたり、子供や孫たちのために美しいキルトやベッドカバーを編んでいたという報告が残っている。ロイヤル・コレクションには、年配のビクトリア女王のすばらしい写真がある。もちろん彼女は頭からつま先まで黒の服を着ていた。大きな肘掛け椅子にゆったりと座って、末娘のベアトリスが声を出して新聞を読んでいるのを聞いている。女王はひたすら耳を傾けながら、手は針を動かし編み物をしていた。足元では毛糸玉がほぐれていく。それは、ビクトリアの珍しくくつろいだポートレートであり、表面上は、静かでくつろいだまれな瞬間が捉えられていた。写真を見た人にとって、毛糸が示す象徴的な意味はそれほど明確ではなかっただろう。ただ、編み物が国の「偉大な母」によって受け入れられた工芸品だとしたら、貴婦人が編み物で時間を費やすこと、そして「自分の本分を果たすこと」は、たしかに立派なことだった。

裕福な女性の日常生活は、労働者階級の女性のそれとは著しく異なっていたはずだが、どちらも、公共活動や政治活動で役割を果たす範囲については、同じような制約を共有していた。編み物やその他の針の手芸は、女性が自分自身を（ときには反体制的なやり方で）表現するための重要な手段になった。独立戦争（一七七五―八三）以前のアメリカには、おもにイギリスからの入植者によってもたらされた手編み物の強い伝統があった。一例として挙げると、一六三〇年代後半に、イーストヨークシャーのローリーの村から二〇家族がマサチューセッツ州に移住した。そして、ウールの加工技術を携えてきた彼らは、エセックス郡にローリー植民地を設立し、機織りと布作りの新たな中心地にしようとした。そこに着くと男たちは、布を処理するために縮充機小屋〔縮充は毛織物の風合いを決める重要な仕上げ法〕を作り、女たちは夫の手作業のために原毛を加工し、家では手編み物に精を出した。(8)

編み物をする能力は、女性にとって必要なライフスキルであるだけでなく、自給自足とやる気満々のパイオニア精神を象徴するものと見られていた。ウールの服や毛布など、家庭用のアイテムを作ることは、「理想的な」フロンティアの妻であることを証明すると同時に、外国のウール製品なしでも十分に対処できることを示し、個人個人が植民地時代の古い絆を断ち切る手段にもなった。

一七世紀の間、イギリスの羊毛商人は莫大な利益を上げ、その布を国内および世界中で販売したかった。しかし、アメリカの新しい植民者たちはイギリスの布を買いたくなかった。彼らは自分で作りたかった。イギリスはアメリカの開拓者たちを当初から、注意深く見守っていた。ピルグリム・ファーザーズが上陸した数年後、初期の開拓者たちはオランダの商人から羊を四〇頭買った。これに加えて、その後スペイン人から購入し、ロンドン会社からさらに輸入した羊たちによって、入植者は自分で羊を飼育しはじめた。そして、自分の布を作り、取引可能な余剰の羊毛を生産することができるようになった。イギリスは経済的自給自足のこの露骨な試みに激怒し、植民地に羊を輸出した者には重大な罰を与えると脅した。それはアダム・スミスが彼の『国富論』の中で述べていた通りだ。

［……］子羊であれ雄羊であれ、羊を輸出した者は、それが初犯のときにはすべての財産が永久に没収され、一年間の懲役が科される。そしてのちに市の立つ日に、市場の町で彼の左手が切断されて、その場で釘打ちにされる。犯罪が再犯のときには重罪犯の判決が下され、その結果死を被る。(9)

同様の運命は、羊毛の取引で捕らえられた、植民地の誰にとっても約束されたものだった。しかし、開拓者たちは反抗的で、いち早く毛織物の家内工業を構築しただけではなく、(イギリス人の目から見ると)大胆にも、他のヨーロッパ諸国とたがいに取引を開始した。ウールの生産が非常に重要になったために、一六六二年までに、バージニアは州内の植民地で作られた毛織物については、一ヤードにつき五ポンドのタバコ(当時の通貨単位)の値をつけていた。(10)そして、一六六四年までにマサチューセッツは、子供たちが羊毛の紡ぎ方と織り方を学ぶように要請する法律を導入した。(11)供給が需要にほとんど追いつかないかもしれない——ある学者が見積もったところによると、世帯のすべての大人が基本的な衣服をあつらえるのに必要なウールは、三〇から四〇ヤード(約二七から三七メートル）だろうという。一六六五年頃には、三万人の大人がニューイングランドに住んでいたので、必要なウール生地は約一二〇万ヤード（約一〇九万八〇〇〇メートル）となる。[12]

こうしたあらゆる羊毛関連の経済活動は、イングランド国王の怒りを引き起こした。一六九九年に、ウィリアム三世は「アイルランドとイギリス王国から、外国各地へのウールの輸出を防止するための、およびイギリス王国で羊毛製品を奨励するための法律」を発布した。これは三つの明確な目的をもって策定された。まず、植民地にはイギリスのウールだけを輸入させること。第二に、羊毛をアメリカから輸出することを植民者に禁止すること。第三に、羊毛の販売には税を課すこと。

入植者たちが手織りのウール地（しばしばリンジー・ウールジーやウィンシーと呼ばれるウールとリネンの混紡だったが）を着用したことは反抗の印となり、愛国心の象徴となった。家族、コミュニティ、および教会グループは、スピニング・ビー（紡績ミツバチ）を開催して、誰がもっとも毛糸を作ることができるかを確認し、しばしばその日の政治問題について議論するきっかけにした。女性は――手織りの布地を作り、それを購入し、イギリスの布地をボイコットすることで――植民地における市民抵抗の主要人物と見なされた。のちにブラウン大学となるカレッジが、一七六〇年代にロードアイランド州プロビデンスにはじめて設立されたとき、学長は就任式の間中、わざわざ手織りの服を着た。マサチューセッツ州のハーバード大学では、教員も学者も連帯して手織りの服を着ていた。[13]その後、イギリスはアメリカの貿易を統制し抑圧しようとしてさまざまな努力――一九六四年の砂糖法や一七七三年の茶法など――をしたが、最終的に、植民地に反乱と怒りの幾針かを縫わせることになったのは、一六九九年の羊毛品法だった。そしてそれが、一七七五年から一七八三年のアメリカ独立戦争とその独立宣言へとつながっていった。

植民地の女性たちは、アメリカ革命戦争がはじまるまでは当然のようにして、家族のために手織りの布で服を作ったり、手編みの衣服を彼らに着せたりしていた。したがって、自分たちのために戦いに出かけようとしている兵士に、服や毛布を提供するよう頼まれたときには、彼女たちはなんら驚きの表情を見せなかった。寝具や軍服に関しては、軍隊の要求を査定するために、衣服将官《クロウジャー・ジェネラル》が任命された。兵士たちに寒い思いをさせないためには、膨大な人数の編み手が必要だった。

それぞれの町は競争心をあおるために、住民の名前と編み物の集計を公表した。あらゆる職業の女性たちは――その中には、アメリカ合衆国の最初のファーストレディになったジョージ・ワシントンの妻マーサもいた――、どんなに小さなことでもいいので、この戦争に貢献するようにと促された。最前線で靴も履かずに貧相な身なりで戦っている兵士の絶望的な報告は、編み手を編み針に釘づけにしたし、古い織物はしばしば「男の子たち」のために、新しいストッキングや毛布やズボンへとリサイクルされた。

アメリカ兵士たちの窮状、および、彼らに服を着せようとする女性たちの努力は、ルイーザ・メイ・オルコットの『若草物語』(一八八〇)の中でも、のちに不朽の名誉を与えられる。物語の舞台は一八六〇年代初頭の南北戦争中に設定されている。「ベスは何もいわずに、青い軍用靴下で涙をふくと、ともかく目の前の仕事をしてしまおうと、一心不乱に編みはじめました。が、それでも小さな心のうちでは、一年先の幸せがわが家に戻ってくるまでに、お父さんが望むような娘になっていようと決心するのでした」。しかし、私たちのヒロインのジョーは、軍用靴下を編むという仕事

――それにその性差が含む意味――をもう少し厄介なものとして受け止めていた。

「とにかく、女の子に生まれただけでもうんざり。遊びだって仕事だって、マナーだって、なんでも男の子のようにしてみたい。男に生まれなかったのがなんとしてもくやしいよ。それにいまはなおさら最悪だよ。お父さんといっしょに戦争に行きたくてたまらないのに、家でみすぼらしい老婆のように編み物をしているなんて」。そして、ジョーは青い軍用靴下をえいとばかりに振ったので、編み針はカスタネットのように音を立てたし、糸玉はころころと部屋のむこうへはずんでいってしまいました。

編み物はまた、秘密の行為とスパイのための素朴な前線として、これまでに豊かで魅力的な遺産を残してきた。ふたたび、アメリカ独立戦争に戻ると、イギリスがフィラデルフィアを占領したとき、伝説によれば、酒場のオーナーのモリー・「オールドママ」・リンカーは、アルコールで舌がほぐれた敵の兵士の話を聞いていたという。夜間にパブで耳にした、部隊の動きや敵の作戦に関する会話をすぐに走り書きすると、羊毛の毛糸玉に押し込めた。日中、彼女はお気に入りの岩だらけの小山まで出かけていき、座って靴下を編んだ。そして気づかれないように、うしろの崖の端からメッセージの入った毛糸玉をこっそり落として、植民地軍が派遣した伝達人の手に届けた。

編み物は、コード化されたメッセージの完璧な伝達手段でもあった。特定のパターンを作成することにより、何気ないステッチ（編み方）や特注の衣服にメッセージを隠すことができる。両世界大戦の間、ベルギー・レジスタンスは、老婦人たちに協力を求めて、鉄道駅または路線が見える家に住むよう頼んだ。車両や列車が行き来すると、女性たちは編み物にさまざまなステッチを加えた。ある編み方は列車用に、そしてある編み方は砲兵車両用にというぐあいに。そして次々に仲間のスパイに情報を手渡した。毛糸はまたモールス信号を使ったメッセージの伝達に最適で、さまざまなノット（結び目）がドットまたはダッシュとして「読み取られ」た。当局はこの伝達方法を取るに足りないものと考えるどころか、ひどく真剣に受け止めていた。たとえば、第二次世界大戦中アメリカの検閲局は、ニットパターンが海外で公表されることを禁止した。それはコード化された機密情報が、パターンに含まれている可能性があるからだ。

しかし、編み物はそれをしているだけで十分な偽装効果がある。せっせと編み針で毛糸を編んでいる女性が、まさかスパイ行動を隠蔽するためにそれをしているなどと疑う者はまずいない。アメリカ人のエリザベス・ベントレーは、当初、第二次世界大戦中にはソビエト連邦のためにスパイ活動を行なっていたが、その後、ソ連から逃れて、ＦＢＩのための情報提供者になった。彼女が手編みのバッグを使って、機密情報や盗んだ航空機の設計図を隠したことは有名だ。他にも、秘密のメッセージを送るための手段として編み物を利用した者がいる。フランス人女性のマダム・ルヴァングルだ。第一次世界大戦中、彼女は寝室の窓からドイツ軍の動きを観察していた。そして編み物をしながら、床を足で踏んでコツコツと音を立てた。階下では彼女の子供たちが宿題をするふりをしながら、二階から送られてくる母親の足音を書き留めている。それも家に常駐していたドイツの警備兵の目と鼻の先で行なわれた。(14) イギリス人にも編み物をするスパイがいた。一九四四年、わずか二三歳の秘密工作員フィリス・ラトゥール・ドイルは、ナチスが占領していたノルマンディーにパラシュートで降下し、来るべきDデイ〔ノルマンディー上陸作戦開始日〕上陸のための情報を収集した。ドイルはほんの数カ月の短い期間で、一四歳のかわいそうなフランス少女のふりをして、一三五のコード化されたメッセージを編み物に隠し、イギリス軍へ手渡した。現代の目から見ると「‘Allo ‘Allo」〔イギリスのホームコメディー・テレビシリーズ。BBC ONEで放送された〕のようなおもしろさがあるが、彼女のミッション自体は恐ろしく危険なものだった。後年ドイルは、雑誌のジャーナリストと話をしながら、次のような回想をしている。「私の直前に送り込まれてきた男たちは逮捕され、処刑されました。少しでも疑いをかけられないために、私が（フランスの）あの地域の任務に選ばれたのだといわれました[15]」。

　コード化されたメッセージを編み物に隠して送った例は、二つの世界大戦の時代に作られたものが多いが、それはけっして新しい思いつきではなかった一八五九年、チャールズ・ディケンズは有名な『二都物語』の中で、マダム・ドファルジュのキャラクターを作りだしている。彼女は、ギロチンの刃がフランスの貴族たちの首を刎ねるのを見ながら、編み物をするのを非常に楽しんだ。座って首が転がるのを冷ややかに見て、復讐の氏名点呼のようなものとして、犠牲者の名前を編み物に編み込んでいく。彼女の性格は現実の「トリコトゥーズ」に基づいていた。それは公開処刑の場に編み物を持ち込んで、繰り広げられる処刑の光景を目にしながら、ひたすら編み物をしている労働者階級の女性たちのことである。あらゆる形式の合法的な集会へのアクセスを拒否して、その代わりにトリコトゥーズたちは観客として集まり、処刑の間中ずっと編み物を、中でもとりわけ革命家たちのために「自由の帽子《リバティー・キャップ》」を編んでいた。
ほとんどのトリコトゥーズはおそらくむっつりとした観察者だったろう。だが、フィクションの記述ではしばしば、彼女たちを血に飢えたのぞき見女として扱っていた。バロネス・オルクツィの小説『紅はこべ』（一九〇八）は、ぞっとするような歓喜をたたえた処刑の光景を描いている。

手押し車を押してやってくる女性たちは、たいていグレーヴ広場で毎日を過ごす。ギロチン台の下に陣取って、編み物やおしゃべりをしながら、恐怖政治が要求する死刑囚たちを乗せた、移送車の列が到着するのを見ていた。貴族たちがギロチンの刃を受けるために、やってくるのを見るのはとても楽しかった。そしてギロチン台の近くは非常に人気があった。日中、ビボット〔衛兵〕はこの広場で勤務をしている。彼は、「トリコトゥーズ」と呼ばれた老婆たちのほとんどが、そこに座って編み物をしながら、次から次に首がギロチンの下に転げ落ちてくるたびに、いまいましい貴族たちの血を一身に浴びている姿を確認した。

しかしおそらく、ウールと戦争のつながりを示すもっとも有名な例は、「勝利のためのニット」キャンペーンだろう。第一次世界大戦中、編み物熱がイギリス中に蔓延した。前線の兵士たちが送ってくる、凍える寒さとぞっとするような塹壕の状態を伝える手紙を読んで、戦争に参加できなかった女や子供や男たちは発奮して、何百万ものニットウエアを編んで送ることをはじめた。何としても、前線の兵士たちの士気を高めたいと願う恋人や家族によって、靴下、手袋、ミトン、バラクラバ〔防寒用の目だし帽〕、ベスト、毛布、セーターなどが大量に作られた。雑誌やポスターや当時流行の編み物のパターンなどは、戦争努力の証しに「少しでも編む」ように、そして「わが国の兵士たち」に、彼らが忘れられた存在でないことを伝えるようにと、熱心な編み手をさかんに急き立てていた。

兵士たちが必要とする、アイテムの作り方を示す案内が発行されている。『ブリティッシュ・ジャーナル・オブ・ナーシング』誌はマフラーに関するガイダンスを提供し、『グラフィック』紙は古い靴下とストッキングをミトンに再利用する方法を示し、『クイーン』誌は、困窮している兵士のための編み物に関する手引書を発行した。その中では射撃用グローブ、耳当てのついたバラクラバ、ニットのレッグウォーマーの作り方などが公開されている。その他のパターンは、『ウーマンズ・オウン』などの女性誌やチャリティ・ブックレット（海外に派兵された兵士の衣服を支援するために特別に書かれた小冊子）からコピーされたものだ。

羊毛会社でさえこの活動に参加した。イギリスの会社ウェルドンズは数十の編み物デザインを印刷した。その多くは意外なことにアマチュアの編み手に向けて作られたものだった。ウェルドンズの小冊子『わが国の兵士と水兵のための衣服と病院の快適さ』は、故国の女性たちに、軍用および治療用の衣服を大量に作ることを奨励していた。そのアイテムは、耳のあいた目出し帽、ストッキング、腹部ベルト、ヒールレス・ソックス、コンバーチブルのスカーフ、ニットの指サック、ベッドソックス、水兵のためのシーブーツ・ソックス、それにニットの眼帯さえあった。パンフレットはまたご婦人たちに、ニットの製品の中にメモをはさみ込んではどうかと提案している。「神のご加護を」「誰もがみんなあなたがたのことを考えています」「勇敢なみなさん、どうぞがんばってください」などの支援のメッセージとともに。

毛編み物の贈り物を受け取った兵士の中には、編んでくれた人たちの努力に対して、返事を出し感謝を伝えたいと思う者もいた。ニューファンドランド・ラブラドール州のセント・ジョンズにあるアーカイブ（記録保管所）には、一九歳のエドワード・ノフトールが一九一八年の夏に、トウィリンゲートのクラーク嬢に書いたメモが残されている。

親愛なるミス・クラーク――フランスのような場所で、本当にすばらしい靴下をいただきました。ありがとうございます。取り急ぎお礼を申し上げます。トウィリンゲートの人たちが、ニューファンドランドの兵士のために、一生懸命働いてくださっていることはよく承知しています。あなたのお友達がここに来ているかどうかは、私にはわかりません。ですが、ここにいる兵士たちは今のところ、みんな元気でいることだけは、あなたにお伝えすることができます。私の住所は83 E.G. NOFTALL, 1st Royal Nfld. Regt. B.E.F, France です――あなたの友達テッドより。(16)

兵士たちの中には、靴下を編んでくれた女性を必ず訪ねるからと、故郷へ出す手紙の中で約束する者もいた。少数だが幸運な人たちとって、それは新しい友情や恋愛のはじまりとなった。しかし、かわいそうなエドワードにはそんな幸運はやってこない。彼はクラーク嬢に感謝の手紙を書いて数カ月後、そして戦争が終わる数週間前に、故郷から約二五〇〇マイル（約四〇〇〇キロメートル）離れたベルギーの病院で虫垂炎のために亡くなった。
しかし、編み物の寄付がすべて、他の寄付のようにこころよく受け取られたわけではない。故郷の編み手のスキルは、糸の品質と同じようにかなり不ぞろいだった。『タトラー』などの雑誌には、他とはちょっと違ったニッターとその努力を、やんわりとからかうようなユーモラスなマンガが特集されていたが、その一方で、当時のニュージーランド兵の詩には次のようなものもあった。

靴下の一生は
なかなかたいしたものだ！
片方は帽子用に
もう片方はミット用に使ったよ
懸命に編んでくれた
と聞いてとてもうれしい
でも、あなたがりっぱな編み手だなんて
いったい誰が……いったんですか？(17)

一九一七年四月にアメリカが連合軍側に参戦したとき、編み物も愛国的な義務になった。アメリカ政府はただちに兵士に必要な装備の確保に着手した。そして、厚手のオーバーコートなどの生存に必要な基本的なものは何とかかき集めることができたが、アメリカの兵士たちには、帽子や手袋やジャンパーなどの暖かい衣類が悲惨なほど配給されていなかった。
アメリカ赤十字社は、毛糸と編み物のパターンを配ってすばやく行動に移り、囚人から年金受給者まで、あらゆる人々に「サミー〔第一次世界大戦当時のアメリカ兵士〕のために編み物を」と呼びかけた。ウィルソン大統領と妻のエディスでさえ、この運動に巻き込まれた。ウィルソン夫妻はホワイトハウスの前で羊に草を食べさせて、その羊毛を競売にかけ、アメリカ赤十字社のために何千ドルものお金を集めた。アメリカの編み手を動員するキャンペーンはわずか一年半で成果を上げた。アメリカ市民は兵士のために二四〇〇万点以上の衣類を編んだ。[18]
人々は自宅や職場で、公共の交通機関や遊びの場でも編み針を動かしていた。カリフォルニアでは、ビーチで女性のライフガードが編み物をしている。シアトルでは、評決をめぐってあれこれ考えながら陪審員が編んだ。ニューヨーク・フィルハーモニー交響楽団は、たえまのない編み物の音が演奏を妨害するので、演奏中はやめてほしいと聴衆にお願いせざるをえなかった。男たちもこの活動に参加した――消防士たちは監視中も編み物をしていたし、列車の車掌たちは駅と駅の間で編んだ。負傷した兵士たちもリハビリテーション病棟で編み針を動かす。アメリカの刑務所の受刑者たちでさえ、針と毛糸で自分たちの役割を果たした。[19]
オーストラリアでは、市民グループも第一次世界大戦中に編み物の活動をして、「慰安基金」や「兵士の靴下基金」などの組織と連携した。彼らはまた、編み手に正しい編み方を指導するために説明会を開いた。その結果、一三〇万足以上の靴下がオーストラリアから海外に送られた。需要はしばしば供給を上回った。編み手は兵士のニーズに追いつくために、猛烈なペースを維持しなければばならなかっただけでなく、編み針が不足して十分に行き渡らないほどの状況だった。ビクトリア州の住民はつねに機知に富んでいて、自転車のスポークを編み針に変えたし、作り変えたスポークを他の州に販売しさえしていた。

毛糸にもまたすさまじい需要が生じた。第一次世界大戦前、オーストラリアは世界の羊毛の生産をほぼ完全に独占していた。戦争の勃発とともにイギリス政府は、オーストラリアにイギリス以外への羊毛の輸出をやめるように要請し、そのために羊毛価格が急落した。一九一六年に長い交渉を経て、はじめてイギリス政府は戦争の残りの期間、オーストラリアの羊毛生産物のすべてをより公正な価格（戦前の価格より五五パーセント高い価格）で購入することに同意した。国の羊毛産業は回復したが、なお羊毛が不足しているために、オーストラリアでは代替品を見つける必要があった。まもなく、海外に派兵されているオーストラリアの兵士全員に、シープスキンのベストを送る計画が整った。年末までに、ボランティアが縫い合わせた一五万枚の羊皮のベストが、西部戦線の塹壕で戦っているオーストラリアの兵士たちの背中を温めていた。

ニットの編み手が、兵士の衣類や毛布に取り組んだ多大な努力は報われた。ボランティアの自由な労働力は、需要に追いつくのに苦労している国内の毛織物産業を補完しただけでなく、暖かいウールの健康効果が、連合国側の兵士に戦いを耐え抜く力をもたらし、最終的には、ドイツ軍と同じほど手ごわい敵の、寒さと湿気との戦いに勝利する手助けとなった。編み物のキャンペーンはまた、兵士たちの感情に強く訴えかけて、兵士たちに故郷のサポートを思い出させた。さらにこのキャンペーンは、兵士たちに必死でつながりたい、何とか彼らの力になりたいと思っていた故郷の編み手たちにも、大きな心理的影響を与えた。ニットの服は故郷、家族、それに愛情のこもった恋人の抱擁との物理的なつながりを表わすものだった。母親、娘、父親、および他の家族たちは、これが若い兵士が身につける最後の服になるかもしれない、そして「血で汚れ、故郷から遠く離れて、兵士とともに朽ち果てる」かもしれないと思いながら衣類を編んだ。[20]

ほんの数年後、第一次世界大戦で勝利のために編み物をした多くの人々が、第二次世界大戦でも、また同じことを要求されようなどといったい誰が予想できただろう。『タイム』誌が一九四〇年に報道したように、「男性が銃を手に取るやいなや、妻や恋人はただちに編み針や毛糸をつかんだ」。[21]この頃になると、機械による編み物がはるかに効率的になっていたが、彼女たちにとっては編み物をすることが、戦争に対してすぐに反応できるなじみの行動だったのである。手編みの毛織物は工場で作られるものより丈夫だったし、貴重な燃料や機械を使い果たすこともない。このような編み手たちのいい分に力を得て、市民たちは勝利のために編んだ。それも自分たちの確固とした意志を保つために、編まなければ「いけなかった」からである。一九四二年一月に『ニューヨーク・タイムズ』紙に掲載された記事の言葉によれば、次のようなことだった。

手編みの宣伝効果を現金で推し測ることはできないが、それはかなりのものだ。戦争から遠く離れた小さな町で、献身的な女性が作った海軍兵のためのセーターや、飛行士官候補生のための帽子は、編み物をしている女性の友人たちの間で、海軍や空軍に対する関心を確実に呼び起こすだろう。そして彼女自身もまた、この大きな紛争に積極的に参加していることを感じる。彼女は戦

争に勝つために取り立てて何かができるわけではないが、けっして役に立っていないわけではなかった。(22)

10 「羊がすべての経費をまかなってくれた」

羊毛教会、白い修道士、フクロウのモノマネの罪

一三三八年から一三三九年までのわずか一年の間に、ハルの羊毛商人であるウィリアム・ド・ラ・ポールは、エドワード三世に目を見張るような現金を貸した。約一一万八〇〇〇ポンド、今日のお金でほぼ一億六七〇〇万ポンドに当たる。(1) 彼にはこれだけの金を貸す余裕が十分にあったのである。ウィリアムは一三六六年に亡くなるまでに、イギリスでもっとも裕福な男となり、ド・ラ・ポール家の名前を偉大な貴族の一つとして確立した。

息子のマイケルはサフォーク伯爵になり、わずか一世紀ののちに彼の子孫のジョンが、リチャード三世によって王位継承者に指名されたとき、ド・ラ・ポール家は王位に手が届くところにまで達していた。ボスワースの戦い(一四八五)の結果が異なっていて、ヘンリー・チューダーが負けていたら、羊毛ディーラーの直系の子孫がイングランドの王になっていただろう。眼力の鋭い商人から一代で貴族へとのし上がり、みごとなまでに成功を収めたこの起業家の華々しい出世は、羊毛が国を真実「非常に」裕福にしたイギリス史のある時代を反映している。

ウィリアム・ド・ラ・ポールが生まれるまでに、イギリスのウールビジネスは何世紀にもわたっ

て徐々に大きくなっていった。ローマ人が紀元四三年にイギリスの海岸に上陸したあと、それほど時を経ることなく、よく整って組織化された羊毛産業が確立した。この国にはすでに、ソアイ種のような角を持つ先住の小さな羊がいて、青銅器時代以来、島々をうろうろしていた。だがわれわれが歴史上の記録から知っているのは、地理学者のディオニュシウス・ペリエゲテスの次のような言葉だ。三〇〇年頃にイギリスから入ってきた羊毛は「蜘蛛の巣に匹敵するほどすばらしい[2]」。

一つの見方は、ローマ人が地中海から自分たちの羊の群れをイギリスに持ち込んだということだ――それは上質の白い毛を持つ羊で、イングランドの南や南東部の豊かな草原、沼地、湿原を好んだ。このような地域はやがて、サフォーク、ノーフォーク、コッツウォルズのような偉大な羊毛生産地になるはずの場所だった。

四一〇年、ローマ人がようやくイギリスを放棄したのちに、そしてわれわれがあやまって「暗黒時代」と呼んでいる数年の間に、イギリスの羊と羊毛「産業」が、どのようなものだったかを知ることは難しい。利用できる情報源が多くないからだ。しかし、現存する少数の文書は、多くの人々がとくに羊毛のために羊を飼っていたことを示唆している。もっとも初期の記録（六九七）は、ケントのウィフトレッド王が、三〇〇頭の羊の放牧地として「ルーミニング・シータ」（現在のロムニー湿地）を、ライミングのセントメアリー教会に与えたことを示している[3]。

七九六年、フランク族の王であるシャルルマーニュは、アングロサクソン人でイングランドにいるマーシア王のオッファに手紙を送った。この手紙は、イギリス史の中で現存する最古の外交文書で、とりわけ注目すべきことに、マーシア人がフランク族と取引していた毛織のマントについて言及している。手紙で示唆されているのは毛織物の取引の古い取り決めだった。シャルルマーニュは手紙の中で、臣下の者たちが「昔、よくこちらに入ってきたのと同じスタイルのマントを買いたいとしきりいっている」(4)と書いた。また5章で見たように、羊の名がつく何百もの地名が、羊を意味するアングロサクソン語や古代スカンジナビア語の名残であるShip、Shap、Shep、Skip、Skip、Skipではじまっている事実は、イギリス諸島の内外で、活発な羊の飼育や取引が行なわれていた初期の中世世界を暗示している。

一〇八六年に作られた「ドゥームズデイ・ブック」(中世イギリスの土地台帳)の時点では、羊が最大の農産物だった。ノルマン征服の直後に行なわれた調査を見ても、イギリス全体では、すべての牛、豚、家禽を合わせた数よりも、羊の方が多いことがわかる。中でも、ノーフォーク、サフォーク、エセックス、ケンブリッジシャー、コーンウォール、デボン、サマセット、ドーセットなどの大きな地所には三〇万頭近くの羊がいた。ケンブリッジシャーのイーリー修道院の修道士たちは、一人で一万三〇〇〇頭を越える羊を飼育していた。

羊の大規模な所有者の多くは修道院や修道会だった。たとえば、一二世紀のはじめの記録には、コッツウォルズのミンチンハンプトン・コモンで、二〇〇〇頭近くの羊を放牧している修道女のグループがいたと記されている。(5) 一二世紀の終わりに、リチャード一世が十字軍からの帰途、思いがけずオーストリア公レオポルト五世に捕らえられてしまった。一五万マルクの身代金(今日の金額で約二億ポンド)の一部が五万袋の羊毛で支払われた。その大半はイギリスのシトー修道会とプレモントレ修道会によって提供されたものだ。テキスタイル史の学者たちは、この莫大な量の羊毛を生み出すためには一〇〇〇万から一三〇〇万頭の羊を必要としただろうと考えている[6]。これはイングランド、ウェールズ、スコットランド全体の男性、女性、子供にそれぞれ約四頭の羊を配分するほどの数だった[7]（リチャードの残りの身代金は他の方法でかき集められた。伯爵や男爵から商人や召使いにいたるまで、すべての人の所得に課せられた二五パーセントの一般税、それに教会からの金杯や銀杯の「寄付」などによって）。

修道院の立地条件が、ウールのための羊を育てるのには最適だった。広大な牧草地を所有したり贈与されている修道院が多く、広い牧草地は羊を放牧させるのに適していた。彼らはまた「コンウェルシ」（賃金をもらって飼育に従事する修道士）や周辺の村から一般労働者という形で利用できる、十分な労働力を手に入れることができた。修道院は遠く離れた農家や農場から来る羊毛を集める「中央集積所」の役割を果たしていた。それは地域全体の羊毛をすべて集めて等級分けをして、輸出用に束ねることができる収集場所だった。

シトー修道会はまた、羊毛の下準備では完全に市場を独占していた。細心の注意を払って洗浄、乾燥、選別、計量を行ない、注意深くパッケージすることによって付加価値を加えた。小規模な農家にとって、このプロセスはしばしば時間がかかり、コストもかかった[8]。興味深いことに、シトー修道士たちは「白い修道士」として知られている。伝統的に修道士は、黒い色の修道服を身につけるのが一般だったが、シトー修道士は高価な染料の使用を避け、代わりに染色されていないオフホワイトのウール地の服を着ることで貧困を宣言した。一部の人にとっては、シトー修道士のたたずまいの方が、ベネディクト修道会の修道士のいかにも「これ見よがしの」格好よりも、すぐれているように感じられた。また他の人にとっては、白いウールの修道服を身につけていることが、シト一修道会の道徳的な純粋さを完璧に表現しているようにも思われた。シトー修道会の修道士で作家のウォルター・ダニエルが、一二世紀後半に次のように書いている。

彼らの名前（白い修道士）は、天使がそうかもしれないように、純粋な羊の羊毛から紡がれて織られた、染色されていないウール地の修道衣を着ていることからきた。そんな名前がつけられ、白い衣服を着て、カモメの群れのように一団となって歩いていく修道士たちは、白い雪のように輝いている。(9)

羊毛取引のすばらしい皮肉の一つは、厳格で自給自足の生活を送る手段として羊の飼育をはじめた修道院が、その飼育にかなり上手になったことだ。全国の修道院の多くが「羊毛の商売」に熟達し、自分たちの製品で先物を売りはじめた。ウール業者は三、四年分のウールを事前に購入することに同意する。彼らはときどき、羊が実際に刈られる二〇年も前にウールを手に入れた。修道院は資金計画を立てることができるので、この取り決めを好んだ――羊毛の価格は年毎に激しく変動する可能性があるからだ。また、それは修道院に、ランニングコスト（維持費）、教皇税、建築工事のためにすぐに役立つ資金源を提供した。ウールの商人たちも、それは競争力のある非常に珍重された製品へのアクセスを保証した――多くの場合大幅に値引きはしたが――ために、この取り決めを大いに気に入っていた。

羊毛の前売り契約のほとんどは、イタリア商人とイギリスの修道院の間で結ばれた。修道院にお金を効果的に貸すことにより、イタリア商人は二つの財源から莫大な利益を上げた――一つは処理の済んだ布の販売から（または羊毛を他のイタリアの布製造業者に販売して）、二つ目は、羊毛に対して貸しつけられた金（ローン）に高い利息（通常は一〇から四〇パーセント）を課すことによって。[10]

一握りのイタリアの一族が、羊毛の取引と銀行業という非常に利益の上がる二重ビジネスを支配した。中でももっとも有名なのがメディチ家で、一四世紀から一七世紀までの三〇〇年間の大半を、フィレンツェで政治的、社会的、文化的生活に権勢を振るった。メディチ家は、ビジネスを主導し、抜け目のない同盟への欲望を抱いて、小規模な羊毛のディーラーからグローバルな銀行家へと、そしてわずか数世代の間に政治的な権力を継承する一族へと移行した。富は権力を買ったが、それはまた、ルネサンスの偉大な芸術家や思想家たちの支援に使われた。羊毛の取引をして、金を貸しつけるメディチ家がいなかったとしたら、われわれはこれまでもっともすぐれた芸術上、科学上、建築上の成果を手にすることができなかったかもしれない。メディチ家はとりわけブルネレスキ、ドナテッロ、フラ・アンジェリコ、ボッティチェリ、レオナルド・ダ・ヴィンチ、マキャヴェッリ、ミケランジェロ、ガリレオを後援し、ピアノの発明に金銭的な支援をしたり、芸術形式としてのオペラの発展に資金を提供したりした。メディチ家はヨーロッパのさまざまな王族と結婚するだけでなく、教皇を四人も輩出した。その一人は強硬派の教皇クレメンス七世（一五二三―三四）で、彼が自慢できるものといえば、イングランドのヘンリー八世をカトリック教会から破門したことだ。それはヘンリーが、王妃キャサリン・オブ・アラゴンとの結婚を取り消して、アン・ブーリンと結婚したためである。

話を修道院に戻すと、ウールの生産と大きな銀行ローンという、うきうきするような組み合わせは、必ずしも計画通りにはいかなかった。安易な信用取引はほとんどいつも大失敗に終わった。歴史的な文書によると、好況時でも事前の契約は、およそ一〇に一つの割合で、修道院が約束を果たすことができずに成立しなかったという。羊の病気が広範囲にわたって蔓延した期間中は、失望した買い手の数もかなり多かったにちがいない。たとえば、ヨークシャーのリーヴォー修道院の借金記録は、神の恩寵を失った修道院の壮大な転落を明らかにしている。一二八〇年代を通じて修道院は、二人の裕福なイタリア商人をたがいに争うように仕向けて、双方に莫大な金額と引き替えに、羊の毛を手渡すことを事前に約束した。修道院の維持費は高く、資金を投入すべき野心的な建築プログラムもあった。したがって、将来の羊毛を「抵当に入れること」は賢明なやり方に見えた。ところが、羊の群れは疥癬病で壊滅状態となり、リーヴォー修道院は増えつづける借金の山を抱えることになった。一二九一年には経費が急上昇し、修道院長は屈辱的だったが礼拝に集まった人々を解散させ、宿泊客と旅行者には扉を閉めた。そして、修道院の資金繰りが改善するまで、修道士たちを近隣のさまざまな地域のシトー会修道院に送りだした。(11)

一四世紀になると、イギリス産の羊毛はそのほとんどが海外へ、とくに二つの目的地、すなわち北海沿岸の低地帯諸国とフィレンツェに出荷されるようになった。上質の布地という点では、この二つの場所は卓越した拠点だった。だがしかし、ともに需要を満たすのに十分な地元の羊毛がなかっただけでなく、入手可能な自国製の羊毛は粗すぎて「比類のない布」に織り込むことができなかった。そのために両方の場所は、大量の羊毛を輸入に頼らざるをえなかった。イングランドの羊毛輸出は、当時イギリスの領土だったフランス南西部のガスコーニュ地域、そして北東部の英仏海峡港カレーによって大きく促進された。

上質のウールはその一部が、ブルゴーニュとスペインからも輸入された。北アフリカのベルベル人は、一一〇〇年代に白い縮れ毛のメリノ種をスペイン南部に持ち込んだが、それを上回って先頭に立っていたのは、現代の上質ウールの前身であるコッツウォルドやリンカーンなどの品種を持つイギリスだった。イギリスの雨の多い気候が優位性をもたらした。雨天はより長い放牧シーズンと、羊が健康に育つために必要なたくさんの緑豊かな草を確保してくれた。

イギリスが羊毛市場を支配していたことは、当時でさえよく知られていた。一三世紀のアルトワの詩人は「羊毛をイギリスに運ぶ」という表現を、「石炭をニューカッスルに運ぶ」(「ありあまった所へ持っていく」「よけいなことをする」の意味[12])と同じように使用した。イギリスからの輸出が中断されると、外国の織工はとたんに苦しんだ。「一二九七年にそのような中断が起きたときには、フランドル地域」は「ほとんど何にもなくなってしまった。[……]人々はイングランドの羊毛を手にすることができなかったからである」と、イギリスの年代記者であるヘミンバーグは断言している[13]。それからわずか四〇年後の一三三七年、エドワード三世がヨーロッパの多くの地域へ、羊毛の輸出をすべて一時的に停止したときには、低地帯諸国はふたたびイギリスに、ひざまずかざるをえなかった。

イギリスの繁栄はひとえに羊毛に依存していたため、「議会に座っているイングランドの男爵は[……]羊毛はイングランドの富の半分を表わしていた」と主張した[14]。このことをエドワード三世はわかりすぎるくらいよくわかっていた。フランスに対する軍事的野心を遂げるためには金が必要だ。そのときに彼が目を向けたのが羊毛産業だった。彼の目的は二つあった。一つは、イギリスでもっとも利益性が高い貿易に課税することで、できる限り多くの現金を調達すること。二つ目は、同盟国に対してイギリスと手を組むように「説得」するための道具として、羊毛の輸出を利用することだった。エドワード三世は、イギリスの羊毛に依存している外国の地域（フランドルなど）に、羊毛の輸出をやめると脅迫することで、外交的に「友人たち」をいじめて、イギリスに忠誠を誓わせることができた。

イギリスの羊毛商人はわずか一年で、エドワード三世に対して、現在のお金で二億五〇〇〇万ポンドを貸し出し、利益の半分を三万袋の羊毛で王に支払うことを約束した。その見返りとして、契約に同意した商人だけが羊毛を外国に輸出することができた。実際、エドワード三世は羊毛の取引にあまりに夢中になっていたため、議会では首相に、羊毛袋の上に座るようにと命じた。それもイギリス経済にとって羊毛が、どれほど重要であるかを示すためだった。

「ウールサック」とは、現在、上院（貴族院）の議長が座っている羊毛を詰めた座席につけられた名前で、真っ赤な布で覆われた巨大な正方形のクッションだ。一九三八年にウールサックの布が張り替えられたとき、かなり恥ずかしいことだが、何世紀にもわたってウールの中身が安価で粗い馬の毛で強化されていたことが発見された。いうまでもなく、それは統一の象徴として、イギリスと連邦周辺から集めたウールで急いで詰め直された。また、元のウールサックは議会のシンボルとして有名だが、実際にはそれには「もう一つ別の」シンボルがある。ウールサックのすぐうしろには、判事たちのウールサックがあった――それは国会の開会式の間、上訴院判事が（そして議会の会期中は上院の議員たちが）占有するさらに大きなクッションであり、法律顧問が中世の議会で重要な役割を果たしていた時代への先祖返りだった。

一三世紀から一五世紀の間に、ウールは中世イギリス社会の特定のメンバーを非常に豊かにした。ノリッジの司教であるジョセフ・ホールが一七世紀に宣言したように、「教会（エクレシア）、女性たち（フォエミナ）、羊毛（ラーナ）を三つの驚嘆すべきものと見なすのが習わしとなっていた」。ロンドン、サウサンプトン、ボストン、ハルなどの港湾は、増え続ける羊毛の輸出に対処するために拡張された。特別に任命された「コレクター」（収税人）と呼ばれる税務担当者が各主要港で関税を徴収し、そのお金を「カスタマー」（税関管理人）に送金した。カスタマーはその金がロンドン市にぶじに届き、大蔵省のポケットに入ることを保証し請け合った。

「サーチャー」（検査人）も港で雇用され、関税がすべて正しく支払われたかどうかを確認し、偽造貨幣を使っている者を逮捕した。ウール商人は、特別にあつらえた「税関」に出頭するように求められた。そこでは、巨大なはかりが海外向けの羊毛荷物の重さを量り、その場で関税が計算された。もっとも忙しい時期には、税関収入のほぼ九八パーセントが羊毛の輸出によるものとなった。また、関税の取り立てに関する最初の証拠書類は、マーシア王国（八世紀）のアセルバルド王の時代まで遡るが、今日もなお承認できる基準でイギリスの関税手続きを確立してくれたことを、われわれは羊たちに感謝している。

しかし、誰もが輸出税を支払う意志があるわけではない。「アウリング」（Owling）は、通常夜間に行われ、密輸業者がたがいに「ホーホー」（フクロウの鳴き声）と合図をし合うためにつけられた名前で、羊や羊毛を国外に密輸する犯罪を意味した。アウリングを犯した者たちへの罰は、エドワード三世によって法に定められたが、それはとりわけ残忍なものだった。エリザベス一世時代の法が要求しているのは次のようなことだ。捕らえられた者は誰もが「一年間投獄される。［……］そして一年後には、市の立つ町で市の立つ日に、市が開かれているとき、犯罪人の左手が切り落とされ、それが市の広場で釘づけにされた」[15]。その後に法律が改正されて、商品の没収という屈辱と密輸船船長と船員全員の三年間の服役、そして七年間の植民地への流罪が追加された。

一七世紀の間中、とくにイングランド南東部のロムニー湿地ではアウリングがはびこった。密輸業者たちは晴れた日に、ケントやイーストサセックスの海岸線からフランスを望むことができた。彼らの多くは地元の漁師でもあり、海峡の海岸沿いの洞窟や入江をよく知っていた。そのために彼らは船にひそかに荷物を積み込み、暗闇にまぎれて航行することができた。一六八九年、イギリスの毛織物産業を保護する目的で、フランスとの貿易をすべて禁止する法案が可決された。しかし、それはアウリングをする者たちの努力を倍加させるだけの役割しか果たさなかった――同じ年に四八万ポンド（約二一万八〇〇〇キログラム）の羊毛がフランスに密輸された[16]。

イングランドの南海岸で密輸をすることは、ロマンチックなロビン・フッド風の企てどころか、広域で貪欲な市場に迎合した組織的な犯罪活動になった。一六〇〇年代の最後のあえぎから一八〇〇年代に最初の一息をつくまで、密輸はつねに無慈悲なビジネスであり、しばしば「当時の残忍さの基準から判断しても、極端に暴力的で冷酷で血に飢えた」行為だった[17]。ほとんどの人がみんなこの犯罪に関与していたようだ。犯罪組織はしばしば地元の名士から資金提供を受け、不正な治安判事によって保護され、地元の村人や町民によってかくまわれた。税務官でさえ平気で賄賂を受け取った。一七一四年、税関職員のヒュー・ハースネットと船乗りのダニエル・ゲイツは、トーマス・タナーとかいう密輸業者が、羊毛を不正に輸出したとしてあえて起訴する役目を買って出た。驚いたことに、彼らは訴訟に勝利した。そしてその過程で、四〇シリングの報酬を手にした。[18]これは、熟練した職人が約二二日間働いて貰える賃金に相当する。

ハースネットとゲイツにとって、この報酬は思いがけず手にした大金だったが、羊毛取引の最盛期に、機転が利き抜け目のないウール商人が稼いだ驚くほどのお金にくらべれば、ほんのわずかな額にすぎない。もっとも早い時期に、もっとも成功した起業家の一人がローレンス・オブラドローだった。熟達した職人のローレンスに、財産と影響力、それに「王の耳」のポスト〔古代イランのアケメネス朝で、地方官（サトラップ）を監視するために、中央から派遣された監督官を「王の目」、その補佐官を「王の耳」といった〕をもたらしたのが他ならぬウールである。一二七〇年代からローレンスは熱心な羊毛商人になったが、これは亡くなった父親から受け継いだビジネスだった。彼が扱った羊毛は、地元の修道院や農夫たち、それにシュロップシャーやウェールズ国境地帯の地主階級から上がってきたものだ。シュルーズベリーやロンドンのオフィスで働いていないときには、ローレンスはさかんに海外へ出張旅行――たとえばシャンパーニュの見本市――に出かけて、せっせともうけのいい羊毛取引をしていた。

ローレンスは稼いだお金でストークセイの邸宅を購入し、彼の夢だったストークセイ城を建ててはじめた。この城は現在、イギリスでもっとも保存状態のいい中世の邸宅の一つとされている。富はまた彼に宮廷内での影響力を勝ち取らせた。エドワード一世が国全体の羊毛をすべて奪取すると脅したときに、ローレンスは代わりに羊毛輸出の関税率を引き上げることで、資金の調達をしてはどうかと説得した。ローレンスは王の主計官にもなり、羊毛とお金の両方を海外の同盟国に届けた。

しかし海外へ出かけたときに、ひどい災厄に襲われたことがあった。一二九四年一一月、ローレンスの船隊はフランドルへ向けて出発した。わずか数日後、海上で船は暴風雨に遭遇し、ローレンスの船はサフォーク海岸沖で難破した。ローレンスが死んだというニュースは瞬く間に広まった。エドワード一世の過酷な税金に大きな打撃を受けていたウール生産者たちは、よろこびをほとんど隠すことができなかった。ある年代記編者（ダンスタブル修道院の年代記編者）が書いていた通り、ローレンスは「牧羊業者たちに対して罪を犯したので、羊毛をいっぱい積んだ船に乗って波に飲み込まれた[19]」。中世の商人たちに感傷的な気持ちは微塵もなかった――ローレンスが溺死してわずか数日後、彼の羊毛の一部は海から回収され、乾かされると、かなりの値で転売された[20]。

もちろん、羊毛商人の誰もがみんな不快な最期を迎えたわけではない。中世の羊毛貿易で裕福になった農夫や仲買人や地主の多くは、その土地でもっとも立派な家やギルド集会所、公共建物などを建てた。そして、イングランドでもっとも美しく、もっとも少女趣味的（装飾的で感傷的）な町や村――サフォーク州のハドリー、ラベンハム、ロング・メルフォード、ベリー・セント・エドマンズ、クレア、グロスターシャー州のチッピング・カムデン、バーフォード、ストウ・オン・ザ・ウォルド、バイブリーなどの場所――を作りあげたありあまるほどの富は、その財源をもっぱら羊毛貿易に負っていた。

贅沢な出費はなにも、町や村といった大きなものに限られたわけではなかった。羊毛で裕福になった家族は、地元の教区教会の建設やその拡張工事に多大な貢献をしたし、小さな村の集会にはまったく不釣り合いな規模の崇拝場所も作った。彼らの動機はまちまちだった——信仰心という酔いのまわりの早いカクテル、見せびらかしたいという自己顕示欲、裕福な資金提供者をけしかけた暗いシニシズム。目に見える慈善行為あるいは「気まぐれな道楽」は、裕福な商人とその家族が天国への道を地ならしするための、もっとも安価なとはいわないまでも、もっとも手っ取り早い方法だった。

たとえば、ノースリーチにある「コッツウォルズ大聖堂」（聖ピーターおよび聖ポール教会）は、羊毛によって生活が一変した地元の羊毛商人たちの恐るべき記念碑だ。教会は一五世紀半ばに——この頃、ノースリーチはコッツウォルズでもっとも繁栄し、もっとも重要な羊毛の町だった——ウールのお金で再建し改築されただけではなく、そこには地元の後援者を刻んだ中世の記念額（真ちゅうの飾り板）があった。飾り板に描かれている商人のほとんどは、彼らの財源を示すために、羊の近くに立っていたり、羊毛の包みの上に足を置いていた。

羊毛の取引については、魅力的な手掛かりが真ちゅうの飾り板に隠されている。その一つでは、女性が羊や羊毛の包みに足を乗せていて、彼女が独立した交易商人であったことを示唆している。もう一つの飾り板には、教会への最大の寄付者であるジョン・フォーティが、裏地が毛皮のガウンをまとい、商人の印鑑ともいうべき、彼の「ウールマーク」つきのペンダントを身につけた豪華な姿で描かれている。明らかに全能の神に気に入られることを望んでいたフォーティは、死後に残した遺言書で、教会の改修を完了するために多額のお金を寄付するだけでなく、グロスター城のすべての囚人に現金を与えるように、貧しい者たちに二〇〇ポンドで服を作ってあげるように、オックスフォード大学の学生には四年の間奨学金を与えて支えるように、八〇人の貧しい女性たちには結婚時にそれぞれ一ポンドを与えるように、そして一二〇の地元の教会にはその維持費として二分の一マルク（当時の通貨で約六シリング一〇ペンス）を贈るようにといい残した。(21)

遺産の贈与で建てる建物については、さまざまな理由づけが背後にあったが、その結果に対して文句をいう人はほとんどいなかった。イングランドの羊毛教会《ウール・チャーチ》は、中世の職人の技と建築術が発揮されたもっとも有名な例だ。ノースリーチの聖ピーターと聖ポール教会（コッツウォルズ大聖堂）に加えて、もっともすばらしい例としては、サイレンセスターとバーフォードの洗礼者聖ヨハネ教会、チッピング・カムデンの聖ジェームズ教会、チッピング・ノートンのセント・メアリー教会などがある。他にもノーフォークでは、コーストンのセント・アグネス教会、ウォルポールのセント・ピーターズ教会、サールの聖ピーターと聖ポールズ教会、サフォークでは、サウスウォルドのセント・エドマンズ教会、ロング・メルフォードのホーリー・トリニティ教会、ラベンハムの聖ピーターと聖ポール教会などが挙げられる——だが、これもほんの数例を挙げたにすぎない。各州には何百という羊毛教会がある。たとえばノーフォーク州だけでも六三五の教会が建てられた。

羊毛教会の建設と内部に施された装飾は、何百人もの職人の生計を支えた。その多くは、ヨーロッパ各地から建築現場で働くために旅してきた者たちだ。石工や彫刻家、ステンドグラス職人、刺繍職人、大工、画家、金箔師、金属細工職人の一団は、羊毛貿易から得た利益のおかげで雇用され続けた。移民は最近の現象ではない。それどころか、中世のサフォークだけでも一〇〇〇人以上の外国人労働者が住んでいたという記録がある――たとえば一四八三年の記録[22]には、二人のフランドルの職人、画家のアンソニー・ランモソンと彫刻家のヘンリー・フェリップがロング・メルフォードに住み、ジョン・クロプトン卿の後援の下で働いていたと書かれている。クロプトン卿は裕福な羊毛商人で、ホーリー・トリニティ教会の解体と再建に資金を提供していた。

ほんの数年前、クロプトン卿は他の五人――オックスフォード伯爵ジョン・ド・ヴィア、その息子のオーブリー・ド・ヴィア、トマス・タデンハム卿、ウィリアム・ティレル卿、ジョン・モンゴメリー卿――といっしょに逮捕された。五人全員はエドワード四世によってロンドン塔に送られた。前国王ヘンリー六世の妻に手紙を送ったという咎《とが》だった。これは、ヨーク家のエドワードがランカスター家のヘンリーを退位させたあとだったので、明らかに反逆行為とみなされた。クロプトン卿を除く、あとの四人はすべて斬首されたが、クロプトン卿の首は免れた。他の者が処刑されたのに、クロプトン卿が処刑を免れた理由ははっきりしていない。が、羊毛のお金がものをいった可能性はある。クロプトン卿は地元の教区の大寄進者だったし、多くの裕福な男たちの遺言執行人となって金銭問題を解決した。そしてノーフォークとサフォーク両州の長官でもあった[23]。中世のイングランドでは、羊毛は来世の場所を買うことができるだけでなく、現世の安全もこれで確保することができたようだ。ニューアークの羊毛商人の家にあった碑文には「私は神に感謝します、これからもずっと。すべての経費をまかなってくれたのは羊です」と記されていた[24]。

11　羊が人々をむさぼり食う

幽霊船、ポーチの中のチーズ、「この土地から去れ」

一三四九年五月、羊毛の袋を運ぶ船がノルウェーの海岸沖で浅瀬に乗り上げた。物見高い地元の人々が難破した船に乗り込んだところ、恐ろしいことに彼らは、乗組員全員が亡くなっていることに気がついた。ロンドンから出航してノルウェーのベルゲンに向かう途中で、船員たちは、発熱と水ぶくれで苦しめられて次々に亡くなった。ノルウェーの村人たちは難破船に乗り込んだが、そのとたん、彼らの運命（死）も確定してしまった。もちろん、そのことを彼らは知るよしもなかったが。

黒死病はヨーロッパを席巻し、町や村を荒廃させて通り過ぎた。黒死病の蔓延を手助けしたのが商船で、原毛や織布、そして人を死にいたらしめるペスト菌（エルシニア・ペスティス）を運んで、ヨーロッパのこみあった港の間を行き来した。ペストがその使命を果たし終えるまでには、ヨーロッパの人口の約半数が亡くなった。そして、黒死病後の一〇〇年ほどの間に、羊はイングランドの農村経済にとってさらにいっそう重要なものとなった。

ペストの影響は壊滅的で、コミュニティ全体が徹底的に破壊された。そして、その死をもたらすペストに手つかずのままにされた場所はほとんどなかった。特定の地域、とくにイースト・アングリア〔イギリス東部の半島で、古代のイースト・アングリア王国があった地域〕など、大陸と頻繁に接触していた地域は、とりわけ破局的な人口の減少に見舞われた。たとえば、ノーフォークのグレート・ヤーマスの町では、九〇〇〇人ほどの人口のうち、一年間だけで七〇〇〇人以上が亡くなった(1)。さらに南のロムニー湿地も大きな被害を受けた。もしかすると、密輸業者がイングランド南東部のこの静かな一角にペストをもたらしたのかもしれない――原毛がフランスへ行き、密輸品とともにネズミとペストがやってきた。ロムニー湿地の集落や村の中には、単に壊滅的な被害を受けて、住む人がいなくなっただけでなく、二度と住めなくなってしまったところもあった。

ロムニー湿地、それにイギリスの多くの地域でもそうだが、黒死病による人口の減少は、土地を耕作するのに十分な人々が残されていないことを意味した。そして、生き残った少数の幸運な人々は、自分たちがさらに高い賃金を要求できることに気づいた。政府と大地主は、農村部の労働力の成長する力にますます関心を持ちはじめた。貧しい人々は明らかに、自分たちの立場を越えた発想を手に入れつつあった。

イギリスは一三五一年の労働者法で、賃金を一三四五年のレベルで固定しようとした。フランス政府もほんの数年後に、よく似た法律で同じような措置を講じた。特権を持つ者に対して農夫が権力を握ることができるという考えは、従来の伝統的な概念をくつがえして、一四世紀社会の上層階級を動揺させた。チョーサーの友人ジョン・ガワーは、社会の境界が勢いよく踏みにじられる前の、古きよき時代の思い出を語った。

昔の労働者たちは小麦パンを食べることに慣れていませんでした。彼らのパンはふすまやトウモロコシで作られていて、飲み物も水でした。その後、チーズと牛乳は彼らにとってごちそうでしたが、これ以外のごちそうはほとんどありませんでした。彼らの服は地味な灰色だった。このように人々の暮らしぶりは整然と秩序立っていました。

この期間中のもっとも奇妙な結果の一つは、「奢侈禁止令」の強化で、それは人々が購入して身につけるものを制限するために策定された規則だった。これが意図するところは明瞭で、あなたの社会的ランクは、あなたが購入したもので決まるというもの。とりわけ衣服は地位を示した。中世のエリートは「下層階級」が豪華な「上層階級」の服を着ていると、どれくらい社会が混乱してしまうのかと主張する。一三六三年にイギリスで導入された「食事と衣服に関する法令」は、社会的に定義された箱に人々を留めておきたいという、ほとんどヒステリックな願望の所産だった。一〇〇〇ポンドを越える価値を持つ土地（今日の金で一〇〇万ポンド足らず）の領主は、着たいと思うものはほとんど着ることができたが、他の階級の者は誰しも、富に基づく規制の支配下にあった。

個人の富が下がるにつれて、許可される服はみすぼらしいものになった。毛皮や貴重な生地は、ほとんどの人にとって手の届かないものとされた。イタチの毛皮、エルミン（アーミン毛皮）、宝石で飾られた衣服、金糸織りの布地、絹などは禁じられた。階級社会の最下層にいる「荷馬車の御者、農作業者、雪かき人、牛飼い、乳牛飼い、羊飼い、そして家財道具を四〇以下しか所有していない者はすべて、その法令にしたがって、一二旧ペニー以下のブランケットやラセットと、リネンのガードルを着用するものとする」[2]。ラセットは、粗くて安価な茶色がかった灰色のウールの布で、それを着るとすぐに貧しい人だと気づかれたが、中にはそれを信心深さのしるしとする者がいた。フランシスコ修道会など、施し物で生活をする修道会に属した托鉢僧は、彼らの禁欲主義のしるしとしてラセットを着ていた。それからおよそ三〇〇年後、イングランド内戦の期間中、議会軍の将校であり未来の護国卿のオリバー・クロムウェルは、ウィリアム・スプリング卿へ出した手紙の中で、次のように適確な意見を述べている。「あなたがジェントルマン（有閑階級の人）と呼び、それ以外の何者でもないような人物よりも、むしろ私は、何のために戦うのかを知っていて、その知っているものを愛している、そんな粗末なラセットをまとった指導者でありたい」[3]。

人口の著しい減少はまた、イギリスの景観を永久に変えた。農業ということでは、羊の飼育はほとんど労力を必要としない唯一のものだった。羊飼いは一人で広大な牧草地の世話をすることができる。そのためだろうか、羊の数は劇的に増加した。たとえば、ウィンチェスターの司教の地所では、一三四八年に二万二五〇〇頭いた羊が、一三五〇年代半ばまでには三万頭に増え、一三六九年には三万五〇〇〇頭近くになった[4]。

しかし最大の変化はイギリスの景観の見た目と、その経済性の両方に起きた。それは「囲い込み《エンクロージャー》」の結果として生じた変化だった。ローマの侵略以来、イギリスの田舎はいたるところで精力的に耕作されてきた。「ドゥームズデイ・ブック」のときまでに、約八〇〇万エーカーの土地が耕作された。広大な荒野がそのまま残っている北西ヨーロッパの地域とは異なり、イングランド中部と南部の大部分には人が住みついていたので、「人と接触せずに半日以上を旅するのは困難だった[3]」。農業の中でもとりわけ重要なのは農耕だが、ほんのわずかな土地といえども、国王以外にそれを所有する者はいなかった。国王は地方の領主に一定の権利を与え、領主は土地を借地人に貸した。借地人は地代と労働を領主に与える代わりに、土地を耕し、森林などの共有地域にアクセスできる法的な権利を手にしていて、そこでは一定の権利を行使することができた。このような権利を「入会権」〔一定の地域の住民が特定の森林・原野・漁場などを共同で利用する権利〕というが、それには魚釣り、燃料用泥炭の採取、建築用の壁石や石灰の採取、森林床における豚の放牧、共有の牧草地における羊など家畜類の放牧などが含まれていた。

　古代のオープンフィールド・システム（開放耕地制）は、村落全体で共同して耕作を行なうシステムだった。各領主はマナー（荘園）と呼ばれる土地を所有していて、そこはいくつものフィールド（耕地）に分けられ、それがさらに細長い土地（帯状に区分された地条）に分割された。各借地人は肥沃な地条とやせた地条が混在した土地を持つために、各借地人がほぼ同じ程度に耕作可能な土地を持つことが理想だった。耕地や地条には境界を画すもの——壁や溝や高い生垣など——がほとんどなかった。もっぱら家族や個人によって土地の世話がされていて、一つの地条には小麦を、そして別の地条には冬の飼料用に使われる干し草を栽培できたし、もう一つの地条では家畜を放牧することもできた。この耕地の共有システムは、何世紀もの間存続した。借地人は農耕で生計を立てたいと思い、豊作の年には、余剰の収穫物を商品やお金に代えることを望んだ。村人たちは共同で田畑を耕し収穫をした。そしてあらゆる問題をともに解決し、共通の関心事について話し合った。さぞかし彼らは小規模な農夫として、つらい不安定な生活を送っていただろうと想像するのはまちがっている。開放耕地制下の生活は、少なくともそれぞれが自給自足できて、誰もが平等な暮らしぶりだった。

黒死病後には人口が激減し、賃金は上昇したが、イギリスの羊毛への需要はほとんど弱まる兆しがない。大地主、そしてときには農夫たちのグループが、羊の放牧用の大きな原野を作るために土地の区画を囲みはじめた。境界線が作られ、何百年もの間行使されてきた農夫たちの権利は、土地の効率的な私営化によってなきものとなってしまった。このプロセスは当初は断片的で非公式で、ときには小作農のグループの協力を得て実施されることもあったが、土地に対する人々の見方が永久に変わったという考えは徐々に定着してきた。土地へのアクセスは、もはや権利ではなく個人や階級の特権になってしまった。

囲い込みの最初の猛攻は一四世紀から一七世紀の間に起こり、何千人もの人々が耕地を没収され、立ち退きを命じられた。一部の農夫は裁判所で救済を求めたが、多くの農夫は直接行動に出ざるをえないと感じた。何十年にもわたる高額な税金、インフレ、飢饉、疫病、戦争、それが富の不平等は神の教えに反するという信念の影響と相まって、ワット・タイラーの一三八一年の反乱、ジャック・ケイドの一四五〇年の反乱、そしてロバート・ケットの一五四九年の反乱など、不幸な結末に終った多くの民衆蜂起を引き起こした。これらの蜂起に関与した人々の名前は、今日でも急進的な英雄としてほめ称えられているが、一六〇七年に起きたミッドランド反乱の英雄ジョン・レイノルズについてはほとんど耳にしていない。

この物語は、すべてのすぐれた物語がそうであるように、パントマイムの悪役の登場からはじまる〔パントマイムでは悪役が重要な役目を果たした〕。トマス・トレシャム卿は貪欲な地主で、行政区の中で行なった乱暴な囲い込みのために広く憎まれた。人々の嘆願を無視し、彼に対する法的な判決すら無視して、トレシャムは土地を併合すると、農具と借地人たちを追い出し、それを羊に置き換えた。一六〇七年の春までに、トマス・トレシャムと息子のフランシス（「火薬陰謀事件」に連座して処刑された）は死んだが、一族の囲い込みに対する強い嗜好は衰えず、ノーサンプトンシャーの人々は十分すぎる被害を被った。彼らのヒーローは、ちょっと想像ができないような形で登場した。それは神が自分の味方をしているという、揺るぎない信念を持った無教育の鋳掛け屋ジョン・レイノルズだった。彼はベルトに革製のポーチをぶら下げていた。その謎めいた中身を彼は明かすことをしなかったが、それが彼の信奉者たちを危害から守り、勝利を確実なものにしてくれると彼はいい張った。

四月にラシュトンで騒ぎが発生し、翌月にはそれが近隣のレスターシャー州とウォリックシャー州に波及した。レスターシャーのコーツバックでは、五〇〇〇人もの人々がレイノルズに参加したと考えられている（彼は「キャプテン・ポーチ」という名で知られるようになった）。彼らは抗議のためにフェンスを破壊し、溝を埋め、生け垣を壊した。彼らの熱狂にもかかわらず、反乱は王の民兵によってすぐに鎮圧され、キャプテン・ポーチは逮捕された。彼は起訴され、とくに反逆者のための刑罰をいい渡された——首を吊られた上に、はらわたを抜き取られ四つ裂きにされた。彼の死後、革のポーチが開けられた。反乱を奮い立たせて元気づけてくれた秘密の中身は、古いカビの生えたチーズのかたまりだったことがわかった。

貧困層に与えた囲い込みの影響はしばしば壊滅的なものとなった。共有地へのアクセスも失われたが、それに対して補償をされた者はほとんどおらず、伝統的な農夫たちは、賃金労働に依存する農業プロレタリアートに取って代わられた。古い開放耕地制では、よしあしは別にして、借地人は荘園の領主の家父長的な責任の中にとどまっていた。領主の富は借地人たちの努力からもたらされたもので、領主が借家人たちをいきいきと健康的に働かせておくことは、領主にとっても堅実な経済的意味を持つだけでなく、それはまた彼に情け深い地主という社会的名声を与えるものだった。

教会もまたそれまでは、貧しい人々や虐げられた人々、未亡人、孤児、弱者や高齢者の世話をすることが、彼らの道徳的義務だと見なしていた。修道院と教会病院は、健常者であろうとなかろうと、日常的に貧しい人々に施しを与えた。貧困は道徳的な欠陥とは見なされなかった。それは単に不幸な状況の結果であり、罰によって根絶できるものではなかった。囲い込み、ペスト、修道院の終焉、土地のない人口の増加などの有毒な組み合わせにより、新しい貧困者階級、つまり、教区から教区、町から村、村から町を渡り歩いて、必死に仕事を探す「放浪者たち」が生まれた。しかし、これまでと違っていたのは、政府が彼らをどのように扱おうとするのか、その心づもりだった。

昔は物乞いは受け入れ可能なものと見なされていた。それは職を失った貧困者が生き延びる唯一のまっとうな方法だった。たしかに当時でも、聖書の教えに精通している人々は、貧困層が保護されるべきことを知っていたのだろう。「ルカによる福音書」(六・二〇)はイエスが弟子たちにいった言葉を引用している。「貧しい人々は、幸いである、神の国はあなたがたのものである」。「イザヤ書」一〇章一―二節は次のように述べている。「災いだ、偽りの判決を下す者／労苦を負わせる宣告文を記す者は／彼らは弱い者の訴えを退け／わたしの民の貧しい者から権利を奪い／やもめを餌食とし、みなしごを略奪する」。

しかし、黒死病後に労働者の賃金に上限を設けた「労働者法」は、健常者の物乞いをどうするかについても明確な指示を出した。これは、公共政策が貧困者を「価値ある者」と「価値のない者」に分けたはじめての試みであり、今日でも社会政策に浸透した考え方だ。

そのあとに続いて出された貧民救済に関する議会の法律は、社会の目から見て、働かないことを選んだ「怠け者」の乞食や放浪者を処罰するという考えに基づいて定められた。一四九五年から一五九七年の間に制定された大量の「浮浪者取締法」は、物乞いや放浪者に対してその行動を妨げる一連のきびしい処置を示している。たとえば、一五三一年の「ヴァガボンド法」では、誰が何をできるのかをはっきりとさせた。「老齢で無力な者」だけが物乞いをすることができるという。だが、そのためには許可の書状が必要であり、特定の教区または地域でしか物乞いをすることができない。許可された区域以外の場所で物乞いをしたり、公式の書状を持っていない者は、足かせをはめられ、上半身裸の姿で鞭打たれる屈辱に向き合わなければならない。そして、それはあなたが「まっとうな」乞食であっても、同じ目にあった。物乞いをしているところを捕まえられた「力が強く、労働力のある」(6) すべての男性や女性や子供は、地元の治安判事によって過酷な扱いを受けた。

このような治安判事はその誰もが、自分の裁量で怠惰な者たちをすべて次の市場町か、あるいはもっとも都合のいい場所に連れていくだろう。そして、捕まえた者を裸にして荷車の端に縛りつけ、同じ場所か他の場所で、体が血まみれになるまで鞭で打った。このような罰を受けたあとでは、逮捕された者はもはや生まれた場所や、最近まで三年間住んでいた場所に、そのまままっすぐ帰ることが禁じられ、それを守る誓いを立てさせられる。そして今の場所で正直者がするように、彼も自ら進んで労働に従事することになるだろう(7)

そのあとに続く一五四七年の浮浪者取締法は、エドワード六世によって可決された。この法令の下では、健康な乞食は「V」の文字の烙印が押されて、二年の間、合法的に奴隷の身分にされた。彼らの主人は奴隷たちに、パンと水を与えなければならなかったが、その代わり、自分の好きなときに彼らを殴り、鞭で打ち、鎖で繋ぐことができた。子どもの浮浪者は両親の同意を得ずに売買され、成人になるまで拘禁された。一五四七年法に含まれた奴隷制度の要素が一般市民に不人気となり、一五五〇年にはこの法令が廃止される。だが、そののちに通過した一五七二年の法令では、国の許可を受けた拷問に置き換えられた。「すべての浮浪者は激しく鞭打たれ、赤熱した鉄の棒を右の耳に押しつけられて、耳の軟骨が直径一インチほど溶けた」。これはただの口先だけの脅しではなかった。乞食はほんとうに罰せられたのである。たとえば一六三〇年に詩人のジョン・テイラーは、ロンドンの路上だけで六〇本のむち打ち柱〔むち打ち刑の罪人を縛りつける柱〕――地元では「矯正の柱」として知られていた――を数えた(8)。

初期の貧民救済制度の残忍さや、農夫たちが羊の土地から追い立てられたことは、同時代の作家や評論家に気づかれずにすむわけにはいかなかった。トマス・モアの『ユートピア』は、五〇〇年以上前の一五一六年に出版され、当時としては驚くほど批判的な書物だった。モアは囲い込みと富裕層の貪欲が生み出した大量の貧困を、キリスト教の原則に対する直接の侮辱だと考えていた。「あなたの羊たちはいつも柔和でおとなしく、小食だったのに、それが今や［……］何でもむさぼり食う大食漢に、そしてひどく荒っぽくなった。そのために彼らは人間を食べ尽くして飲み込んでしまう。羊たちは野原や家屋や都市全体を消費し、破壊して、むさぼり食ってしまう」(9)。モアの主張は過激だった。それはとりわけ、社会の非常に高いクラスの人々に直接、砲火を向けているためだった。地位が高い人々は、他の者たちの労働に依存して生きるパラサイト（寄生虫）のようだと不満を漏らしている。彼は「一人の飽くことを知らない大食いと、彼の故郷の呪われた疫病が、畑と畑を結びつけ、何千エーカーの土地を一つのフェンスで囲むかもしれない」が、それは正しいこととはいいがたいという。

イギリス国内で、土地奪取の影響を免れた地域はほとんどなかった。シェイクスピアでさえ、囲い込み事件に巻き込まれていることに気づいた。吟遊詩人で彼のいとこでもあるトーマス・グリーンは、ストラットフォードのささやかな地主であり、土地から上がる一〇分の一税の収入を得ていた。地元の裕福な二人の男性、ジョン・コームとアーサー・マインウェアリングは、シェイクスピアとグリーンの一画を含む土地を囲い込もうとした。シェイクスピアとグリーンには十分な埋め合わせが行なわれると、この計画の立案者たちが主張したが、ストラットフォード・コーポレーションとグリーンの双方は反対した。囲い込みが地元の失業率の上昇を加速させ、穀物価格を押し上げることを懸念したからだった。
コミュニティにとっては絶望的だったが、囲い込みは当初順調に進められていた。が、計画は最終的には行き詰まり、程度の差はあれおおむね放棄されてしまった。そしてシェイクスピアは、『リア王』などの劇で、立ち退かされた人々、土地を持たない人々を擁護していたにもかかわらず、いよいよとなると自分の利益を守ることを選んだ。シェイクスピアはグリーンの知らないうちに、マインウェアリングとの間で私的な協定を結んでいた。それは結果がどうであれ、彼が経済的に大損しないことを保証する協定だった。[10]
エンクロージャーの長期的な影響について、たがいに意見を同じくする人々はほとんどいない。一部の人々にとってそれは国家のトラウマを意味していて、社会の広大な地域が永久に没収された重要な瞬間を表わしていた。あるいは、歴史家のE・P・トンプソンが主張したように、それは「階級強盗の十分に明白な事例」を表わしているのかもしれない。一五世紀と一六世紀の細部まで行き届いた荘園記録は、地主が飼っていた羊の数の増加を、綿密な明快さで記しているが、このような変化にともなうはずの人間の苦しみについて、その質的な詳細を述べている報告はほとんどない。ある歴史家が指摘しているように「村がすでに小さくて辺ぴな場所にあり、地元の家主が十分に頑固で強引だったとしたら、囲い込みによってコミュニティは消滅してしまう可能性がある」[11]。
他の社会評論家にとって囲い込みは、農業の発達の必要なステップを意味していて、それは深刻な貧困と自給農業の不確実性を終わらせたものだった。疑いもなく、囲い込みは土地の生産性を高め、イギリスの人口を増加させ、産業革命の基盤を確立したが、莫大な人的損失をともなった。どちらの見方をしても、一九世紀までには、囲い込まれていない土地はほとんど残っておらず、残ったのは大部分が荒れた山の牧草地、森林、村の共有草地くらいだった。今日でも、羊のための囲い込みは遺産として生き続けている。イギリスの半分が、わずか二万五〇〇〇人の地主によって所有されていて、その数は全人口の一パーセント未満だ。

一八世紀後半から一九世紀初頭に行なわれたハイランド・クリアランス〔ハイランド放逐。スコットランドのハイランド地方から人々を立ち退かせ、牧羊地とした囲い込み運動〕は、囲い込みの歴史の中でももっとも暗いエピソードの一つだった。一八世紀半ばになると、羊の放牧のためにイギリスの土地を囲い込もうとする動きは衰えはじめていた。土地の多くはすでにフェンスで囲まれており、その結果、住む場所を失った人々の多くは、工場の仕事を求めて町や都市へと向かった。町や都市の人口が急激に増加して、食料生産のためにもより多くの土地が必要となった。一方、ウールをめぐっては、依然として大規模な取引が行なわれていたが、インドからの安価な輸入品とアメリカの奴隷を使った大農園（プランテーション）による綿産業の発展が、ウールの市場支配に挑戦をしはじめていた。

貪欲な目がスコットランドのハイランド地方に向けられた。一七〇七年の統一法により、イングランドとスコットランドは合併してグレート・ブリテン連合王国となった。スコットランドの広大な山岳地帯の牧草地は、何世紀にもわたってハイランド地方の氏族（クラン）によって占められていた。だがこれは、人々を羊に置き換えることに熱心な地主や実業家にとって、ほんの些細な障害でしかなかった。そこにはまた政治的な動機もあった。イギリスの支配層は、統一に抵抗して、ジャコバイトの反乱（イギリスの新しいハノーバー君主制に代えて、スチュアート王朝を復活させようとした一七一五年と一七四五―一六年の蜂起）を支援したスコットランドの氏族をしきりに「放逐」したがっていた。

「クリアランス」（放逐）として知られるようになった一世紀にわたるプロセスの中で、何万人ものハイランド地方の人々（男や女や子供たち）が、羊に道を譲るために、しばしば暴力的に、今まで住みついていた土地から放り出された。当初、多くの家族は海辺の不毛な土地に移動させられたが、そこでは、漁業を営み、石鹸やガラス製造業のために採石場から石を切り出したり、海藻を収穫することで生計を立てることが期待された。たとえば、一七九三年には、ケースネスの三つの内陸谷に住む人々が、人里離れて荒れ果てた土地のバッドベイに送られている。そして、彼らは州の南東部海岸にある険しい崖の上に腰を落ち着けた。女性は布を作ることを、そして男性はニシンの漁をすることが期待された。各家族はこの小さな筋書きを守っていくようにと約束させられたが、実際には、状況はとても思惑通りにはいかない。人々は自分たちの筋書きを放棄して、まわりに転がっている石や岩で家を建てざるをえなくなった。これは、猛烈な天候のためであり、当時の報告によると家畜や子供たちは海に吹き飛ばされるのを防ぐために、柱にロープでつないでおかなくてはいけなかったという。

高地人《ハイランダー》の中には、自ら進んで土地を離れた者はほとんどいなかった。多くの人は文字通り家から焼け出された。中には炎の中で死んだ者さえいた。『ハイランド・クリアランス』（一九六三）の中で、ジョン・プレブルは、地元の人々が負わされたトラウマについて、人々の口から直接聞いた話を集めている。

ベッツィ・マッケイは一六歳で、スケールのそばの川のほとりに住んでいた。「私たちの家族は土地を離れることにとても消極的でした」と彼女は回想しはじめた。「しばらく家にとどまっていましたが、焼却部隊が巡回してきて、私たちの家の両端に火をつけました。家の中に残っていたものはすべて灰になってしまった。命を守るためには誰もが逃げなければなりません。中には背負って持っていたもの以外、すべての衣服を失った者もいました。人々は、自分たちの土地に執着して、囲い込みの作業を邪魔しない限り、好きな場所に行くことができるといわれました(12)」。

別の話では、当時一九歳だったグレース・マクドナルドが丘の上に避難して、彼女の町が焼けるのを見た。

グレース［……］はそこで昼も夜も待機していた。そして炎を誇示しているパトリック・セラーの男たちを見ていた。おびえた猫が燃えている家から飛び出してくると、男たちはそれを取り押さえて家の中に投げ戻した。そして猫が死ぬまで何度も家に投げ入れた。「若者にも老人に対しても、慈悲や憐れみの心はいっさい示さなかった」とグレース・マクドナルドはいう。「誰もがみんな立ち去らなければなりませんでした。決められた時間内に、私物を持ち去ることができなかった人々は、目の前でそれが燃やされるのを見ていました(13)」。

一部の地主は、高地人たちに「移民の支援」を提案し、家族がアメリカに、そしてのちにはオーストラリアに送られるときの船賃を払った。一八二六年に、インナー・ヘブリディーズ諸島のラム島では三〇〇人の住民が放逐されて、カナダのノバスコシア州に送り出された。ラム島の所有者は、輸送する乗客に一人あたり五ポンドを支払っていたが、彼はお買い得品を手に入れていることをはっきりと知っていた。ラム島のコミュニティ全体が支払う年間の家賃は三〇〇ポンドだったが、八〇〇〇頭の羊を連れて島に残った牧羊農夫は一人につき、所有者から年間九〇〇ポンドの金を請求された。[14] ラム島は、紀元前七五〇〇年から数千年もの間、人が住みついていた。それがたった一年で、島全体がほとんど空になってしまった。祖先の土地を離れる際に「ラム島の羊飼いのジョン・マクマイスターは思い出していた。ノバスコシアへ向かう船に人々が追われるようにして乗せられたときに（それもやはり冬のはじめだった）、『男性の荒々しい叫び声と女性と子供たちの胸が張り裂けるようなうめき声が、山に囲まれた海岸のあたり一帯に満ちていました』」。船には皮肉にも「調和の鳩」や「ハイランド地方の若者」という名がつけられていた。[15]

少なくとも一度などは、借地人たちは手錠をかけられ、待機船に強制的に引き立てられた。一八五一年、アウター・ヘブリディーズのバラ島の住民たち一五〇〇人は、だまされて全員が地代について話し合う会合に出席した。ところが会合とは名ばかりで、その場で捕らえられると、待機していたカナダ行きの船にむりやり乗せられてしまった。船上で歩くことを強制されたとき、それに抵抗した者は手錠をかけられた。列から逃れて走り去ろうとした者は、犬に追いかけられて捕まってしまった。

バラ島の住民たちの中でわずかに数人（一二歳と一四歳の二人の少女もいた）だが、丘へ登って追跡の手を逃れた。少女たちの両親は他の島民とともに彼女たちを残して出航していた。船が大西洋岸にようやく到着したが、人生はなお好転したわけではなかった。オンタリオ州の新聞『ダンダス・ウォーダー』は同じ年に次のような報道をしている。「われわれはここしばらくの間、街で多くの不幸なハイランド地方の移民たちを見かけて、ひどく心を痛めている。彼らは明らかに生活の手段を欠いていて、その多くは貧乏とそれに付随する原因によって病んでいた[16]」。

しばらくの間だったが、ハイランド地方の新しい牧羊農夫たちは成功を収めた。一八七〇年代初頭までは、イギリスの農業部門のほぼすべての領域が活況を呈していた。あるいは、ある評論家がいっているように、「すべてがイギリスの農夫の思うように進んでいるかに見えた[17]」。羊の飼育はとくに好調だった。羊毛の価格は一八五〇年代から一八六〇年代にかけてほぼ倍増した。そしてそれはおもにアメリカの南北戦争による社会や経済の混乱がもたらした「綿花飢饉」〔アメリカ南部からイギリスへの綿花の輸出が、北部の妨害により激減し、イギリスを大きな混乱に陥れた〕のおかげだった。あるハイランド地方の土地売買人によると、それは「地主と牧羊農夫たちがともに［……］太って繁栄を謳歌した」全盛期だった[18]。

しかし、長くは続かなかった。一九世紀の終わりには、ハイランド地方の羊産業は強欲、不運、そして外国との競争という有害な組み合わせによって破壊されていた。長期的な持続可能性よりも短期的な利益を優先することで、多くの羊を抱える私有地は過剰在庫になった。土地はとてもこれに対処できない。丘の牧草地の肥沃度は急落し、一部の農家は飼っている羊の数を減らしたが、他の農家はひたすら前に進むばかりで、以前と変わらない頭数を維持した。十分な牧草が不足していたために、羊の繁殖には失敗し、質も低下して病気にかかりやすくなった。

天候もこの傾向に歯止めをかけてはくれなかった。一八七〇年代から一八八〇年代の間に、凶暴な冬が立て続けにハイランド地方を襲った。中でも最悪の時期（一八七九—八〇）にスコットランドの一部では、三カ月間にわたって大雪が降り続き、牧羊農夫たちは手作業で羊に餌を与えたりしたが、多くの羊を流されて失った。しかし、実際の打撃はアメリカ、オーストラリア、ニュージーランドからきた。これらの高地人たちが新たに定住した土地は、大規模な羊毛生産を受け入れて、これが長距離輸送の急速な改善と相まって、イギリスの羊毛より安価な値をつけるのに役立った。一八五〇年代から一八八〇年代の間に、イギリスによるウールの輸入は五倍に増加していた。一八九〇年代半ばまでに、イギリスで使用されているすべての羊毛の七〇パーセントが海外のものだった。[19]

一八八〇年代に、アレクサンダー・マッケンジーという名の民俗学者が本を出版し、「予言者ブラハン」の予言を集めたといった。予言者ブラハンが、実際に存在していたかどうかについては疑問が提起されていて、彼はマッケンジーが作り出した人物だと主張する者もいる。問題の真実がどうであれ、彼の予測は不可思議な読み物になっていた。

羊の数があまりに増えるので、羊の鳴き声がここだけではなく、ロカルシュのコンチュラからキンテイルのブンダロッホにいたるまで、他の場所からも聞こえてくる［……］日がやってくるだろう。羊の価格が絶頂期を迎えるだろう。しかし、それ以降はもとへと立ち戻り、やがては悪化していくだろう。そしてついには羊がすっかり姿を消すだろう。［……］昔ながらの土地所有者は、見慣れない業者風の土地所有者にとって代わられ、ハイランド地方全体が一つの巨大な鹿の猟場〔丘陵地帯に猟の獲物のアカシカを放し飼いにしている〕になるだろう。国全体も完全に荒れ果ててしまい、人口が過疎になるため、雄鶏の鳴き声がドゥルーム・ウーアシュダールの北では聞かれなくなるだろう。

一方、アメリカでは、もう一つの伝統的な牧羊農夫たちのグループがやはり追放されていた。チュロ種の羊は一五〇〇年代初頭に、スペインのコンキスタドール（征服者）とともに南西アメリカにやってきた。一〇〇年も経たないうちに、この品種は先住民族のナバホ族に受け入れられた。ナバホ族はチュロの頑健さと、ニューメキシコ、アリゾナ、コロラド、ユタなどの乾燥した生まれ故郷への順応性のために愛した。

自分自身をディネ（人々）と呼ぶナバホ族は、飼育にあまり手がかからないことと赤身の羊肉から、チュロ種を高く評価していた。しかしまた、手紡ぎや手織りにこの上なく適した、長い光沢のある繊維のウールも大切にした。また、チュロ種の羊毛はラノリンの含有量が少ないため、一滴の水が貴重な環境でも簡単に原毛の洗浄ができた。先住民族はすぐに熟練のウール工芸家になり、チュロ種の繊維を誰もが欲しがる敷物、乗馬用の鞍下、コートなどの衣服に変えた。やがてチュロ種の羊は、ナバホの人々の食糧、成功、そして霊性などと密接に関連し合うものとなった。彼らは羊を神々からの贈り物だと信じた。

しかし、一八六三年にナバホ族は国家の敵だと宣言される。開拓者のキット・カーソンに率いられた合衆国軍は、ナバホ族を鎮圧するために派遣され、彼らの作物、果樹園、家畜の群れを破壊せよという厳格な指示が下された。無数の羊を虐殺したのち、合衆国軍はナバホの祖国から三〇〇マイル（約四八〇キロメートル）離れた収容キャンプまで、九〇〇〇人のナバホ族を強制的に歩かせた。これが有名な「ロング・ウォーク・オブ・ナバホ」で、多くの男や女や子供が亡くなった。

合衆国軍の捕獲を逃れたナバホ族の一部は、残った羊の群れとともに隠れて、次の数十年の間、羊の群れを注意深く世話した。その結果、他の品種とともにチュロ種の羊をふたたび元の数に戻すことができた。一九二〇年代の終わりには、ナバホ族（祖先の土地に戻ることが許可された）はほぼ五〇万頭の羊を飼育していた。

しかし、いい時期は長くは続かない。一九三〇年代の大恐慌の間に、アメリカ政府の介入がふたたびはじまった。議会は、ナバホ族が彼らの土地にあまりにも多くの羊を飼いすぎていると信じて、強制的な「在庫削減」を実施した。次の一〇年間でナバホ族の羊の群れは、ほぼ半数が虐殺され、先住民族の経済は完全に破綻した。チュロ種も絶滅の危機に瀕した。羊の群れの大虐殺はナバホ族の心に大きな痛手を負わせた。ナバホ族は、連邦捜査官たちが囲いの中の羊を撃ち殺したり、崖の縁へとチュロ種を追い詰めたりした話を語り続けてきた。七〇年前の羊の骨が今も、居留地の各所に山となって積み重ねられている。

ただし、物語はまだ完全に不幸な結末を迎えてはいない。一九七〇年代初頭、ユタ州の教授がナバホ羊のプロジェクトをはじめた。彼の計画は、生き残った一握りの羊から数を増やすことだった。今日、数千のチュロ種がいるが、羊とそれを飼育するナバホ族は新たな課題に向き合わされていた。気候変動と、アメリカ南西部の多くの地域が直面する干ばつの絶え間ない脅威だ。そのおかげで、彼らの本来の生活様式が危機に瀕している。

12 糸を紡ぐ

漁師のジャンパー〔セーター〕、タイツ姿の男性、有名な処刑

エリザベス一世の長い治世中に、チャネル諸島のガーンジー島は手編みのウールストッキングを輸出したが、その数は驚異的なものだった。島民（多くの場合、家で働く女性と子供たち）は、イギリス王室を含む熱心なヨーロッパ市場向けに、細かいニットの靴下を大量に生産するよう仲介業者から依頼された。

男も女もニットのタイツを履きたいとさかんに騒ぎ立てた。すべての中でもっとも人気があったのは、「キャニオン」（あるいは「バ・ア・カノン」*）だった。膝丈の半ズボンといっしょに着用し、レースとリボンが施された男性用タイツだ。エリザベス女王は、シルクで装飾されたガーンジー・ウールのストッキングに二〇シリングを支払った（熟練した職人の二〇日間の賃金に相当する）。スコットランドの女王メアリーは死刑執行の日に、白いガーンジーのニットストッキングを履きたいと主

＊一六〇〇年代に、マシューとマイケル・デ・ソマレ間でやりとりされた手紙によると、ガーンジー島では、キャニオンは「バス・ド・カノン」と呼ばれていたという。出典：www. Museums.gov.gg

張した。それ以外のストッキングで死んでいる姿を見られたくなかったのだろう。

チャネル諸島はニット製品の輸出にとくに適していた。一四〇〇年代に、ガーンジー島の商人たちは、フランスの侵略に抵抗する手助けを地元の民兵に頼むためにお金を出し合った。* その見返りに商人たちは、島民が有利な価格でイギリスウールを輸入できる許可を与えてほしいと王に依頼した。その後数世紀にわたって、チャネル諸島はヨーロッパと遠隔の植民地（ニューファンドランドなどの新しく設立された植民地）との間に広がった、広範な貿易ネットワークの真ん中にいた。私掠船として巡航するガレオン船の乗組員と、増え続ける海軍の船員や漁師には暖かいウールの服が必要だった。

一九世紀半ばには、青いガーンジー・ジャンパー〔プルオーバーのセーター〕が、イギリス全土の漁業で男性に欠かせない衣料品になった。コーンウォールやヨークシャーなど多くの場所で、ガーンジーの名前は「ガンジー」に変わったが、デザインは地域が違っていても似ていた。縫い目のない大きな筒のように「ぐるりと丸く」編まれているため、部分的にほどいて編み直したり、ジャンパーが修理不可能な場合には毛糸をリサイクルできた。前面と背面は同じなので、当て布がこすれて薄くなったときには後ろ前に着用できる（また、漁師がジャンパーで手を拭いて、ぐるりと簡単に向きを変えることもできるともいわれている）。腕の下のマチは、漁師が捕獲した魚を引っ張って陸揚げするときに、セーターがつっぱるのを防いだ。それに胴と袖の両方は、ロープや網に引っかかるのを防ぐために少し短めに編まれていた。

編み手は伝統的に洗っていないウールを使用した。羊毛にラノリンを残したことは、結果的に、海の男たちのために、それが防水性を保つのに役立った。ガーンジー・ジャンパーは伝統的に青色をしているが、それは自然染料の特異性からくる。人気のある中世の染料「大青《たいせい》」は、最初に羊毛を洗浄する必要がない唯一の染料だからだ。これは本来の耐水性を失うことなく、糸を青色にできることを意味していた。

ガーンジーまたはガンジーの特徴の一つはその模様（パターン）にあった。セーター全体に編み込まれていることもあるが、胸と腕の部分に入っていることもよくある。デザインはロープ、錨索、ヘリンボーン（杉綾模様）、網、タラップ、鎖など、おなじみの魚獲りのイメージに基づいていて、多くの場合、教区や地域に特有のものだった。たとえば、イングランド北東部にあるロビン・フッヅ・ベイ、フランボロー、フィリー、ステイシーズ、スカーボロー、ウィットビーなどの伝統的な漁村は、同じ小さな海岸線を共有しているかもしれないが、それぞれのコミュニティのガンジーには、独自のはっきりとした模様が編み込まれていた。

工芸《クラフト》と極度の局所性はしばしば密接に関係していて、家族は集団に特有の模様とその微調整を世代から世代へと伝えていった。そこには実用的な理由がなく、ただあるのは特徴的な模様や、まぎ

＊王室ガーンジー民兵は、イギリスでもっとも古い連隊の一つと考えられている。ガーンジー島は、その歴史を通して、つねに侵略の脅威にさらされてきた。一二〇三年、ジョン王は島の支配層に「島を敵から守るための十分な人員とお金」を提供するようにと命じた。その後数世紀にわたって、ガーンジー島はおもにフランス人による度重なる襲撃の対象となったが、島はイギリスの君主に忠実であり続けた。その感謝を表わすために、君主はしばしば税と貿易にともなう関税を免除した。

れもないパターンを作り出すよろこびだけという場合もある。漁業コミュニティにとって、ウールのセーターの特徴は、不幸な漁師が海の犠牲になったときに、死体を識別するのに役立ったかもしれない。だが、それは民間伝承の愛好家がくりかえし語り伝えるのが大好きな逸話だった。たしかに浜辺に流れついた恐ろしい死体の話ほど、人々の関心を引くものはないが、テキスタイル史の学者たちは慎重だ。漁師のジャンパーの模様も場所と場所の間を行き来していた。それは「ヘリング・ガールズ」（ニシンの女の子たち）と呼ばれた女性のグループが、もたらした結果であることがよくあった。国中でニシンの群れが季節ごとに移動すると、それを追って彼女たちも移動した。暇なときには彼女たちは編み物をして、各地の女性たちとジャンパーの模様を共有した。

　民間伝承は何度もくりかえして語られていると、事実のように思えてくることがよくある、それはもう一つの有名な漁師ジャンパー「アラン」の場合と同じだ。アイルランドの詩人、シェイマス・ヒーニーはかつて、アイルランドのゴールウェイ湾の河口を横切るアラン諸島を「ヨーロッパの三つの飛び石／薄暗い水平線上に船体のようにいかりを下ろしている」と表現していた[1]。遠く離れて岩の多い、驚くほど美しいこの島々は、アラン・セーターにその名を与えている。それはライムストーン・ホワイトの、ケーブル編みで編まれた厚手のニットセーターで、アイルランドの信頼性とその一体感の象徴として広く知られるようになった。ツーリスト・ショップでは、セーターには数百年前の古代の家族や氏族（クラン）に固有の特別なパターン（模様）やステッチ（編み方）が含まれていると教えてくれる。人々、とくにアイルランドに祖先を持つ人々は、ケルトの遺産の一部を購入し、身につけるために遠くまで旅をする。しかし、それでもほとんどの場合、このクラン・

パターンの思いつきは純粋なフィクションなのである。
アランのニットウェアの信憑性については、多くの学問的な論争があった。そこで現われてくるのは、編み物パターンの歴史に負けないくらいたくさんの漁師にまつわる物語だった。それはすべて、ガーンジーやガンジーのセーターとそれほど変わらない話からはじまる。

基本的な物語はこうである。漁師は女性の親族が編んだジャンパーを着て、危険な大西洋に出かける。生計を立てようとして、彼は海で命を落とす。岸に打ち上げられた彼の体は痛めつけられていて、いったい誰なのかわからない。しかしジャンパーを見ると、その死体がどの家族に属していたかがわかり、家族は自分たちの者だと主張して、その死体を埋葬することができる。(2)

アイルランドの人々は、みんなこの話がまったくの絵空事にすぎないことをよく知っている。それでもなお、神話はしつこく生き残り、観光や羊毛貿易、とくに大西洋を横断する貿易によって尾ひれがつけられ、念入りに作られていく。アラン・ジャンパーの背後にある神話は、おそらくかなり最近のもので、アイルランドの劇作家J・M・シング（一八七一―一九〇九）の言葉に由来していると思う。彼はアラン諸島の漁業社会のことを、広い範囲にわたって書いていた。作品の一つ悲劇『海へ騎《また》り行く人』では、女性が溺れた自分の兄弟を、ウールソックスの紛れもないステッチから特定する瞬間を描いている。一九六三年の本『アラン――伝説の島々』では、作者であり起業家でもあるパドレイグ・オシハーンが神話をさらにこまかく補填していた。彼は自信たっぷりに「アラン・ガンジーはつねに、海で失われた島民の特定を可能にさせる信頼に足る情報源だった」と書いている。しかし、これが事実だという証拠はほとんどない。興味深いことに、この本の著者はゴールウェイ・ベイ・プロダクツという会社を所有していて、アラン・ニットウェアの製造と輸出に精を出していた。オシハーンのマーケティングに対する抜け目のない才能と、たとえ作り出されたものとはいえ、製品の伝統的な価値のおかげで、アラン・ジャンパーとカーディガンの売り上げは急増した。アイルランド人の移民社会が多い国では、このような「古代」のセーターを入手することが十分にできない。とくにアメリカ、カナダ、オーストラリアではそうだった。アラン・ジャンパーのロマンティックなバックストーリー（裏話）を作成することは――それは地元の歴史と伝統を再パッケージ化することだが――祖先の過去にふたたびつながりたいと切望する、ディアスポラの（四散した）聴衆に強く語りかける。アイルランドの歴史家が指摘するように。

私たちの祖先が特別な「氏族（クラン）のステッチ（編み方）」で編み上げたという考えを、裏づける証拠がないだけではなく、アラン・セーターの伝統は実際には比較的新しいものです。もし一世代間で受け継がれてきたとすれば、そこには二世代か三世代しかなかったかもしれません。一〇〇年前に三つのアラン島の一つに足を踏み入れたとき、旅行者がいつも気がつくのは、アラン・セーターを着ている地元の人たちに遭遇する可能性が非常に低いということです。[3]

アラン・ジャンパーの製造が目を見張るような成功を収めたのは、一九世紀後半に立ち上げられた構想に負うところが多い。「過密地区委員会」がそれで、アイルランドの西部および北西部の貧困を緩和することを目的としたイギリス政府の政策だった。これは、アイルランドの書記長が「優しさで地方自治を殺すものだ」と不器用に表現したものである。ただし、アイルランドのナショナリストたちは、これとはやや違った見方をした。地元の女性たちは針を手に取り、さかんに編み物をするようにと奨励された。漁撈と羊の飼育はすでにアランでは確立されていたが、厳しい時代だったので、地元の素材で漁師のガンジーを編み込むことは、横方向へ一歩踏み出す巧妙な動きのように思えた。

アラン・ジャンパーは、アイルランドの親族関係と伝統の象徴として明らかに人々の心に共感を生んだ。一九五〇年代から一九六〇年代にかけて、トミー・メイケムやクランシー・ブラザーズなどの非常に愛された歌手たちが着たために、ジャンパーはアイルランドのフォークミュージック・シーンで人気のユニフォームになった。その人気はハリウッドにさえ広がった。グレース・ケリー、マリリン・モンロー、スティーブ・マックイーンたちがクリーム色のプルオーバーを身につけると、それはアラン・ジャンパーをアイルランドの田舎暮らしのアイコンから、故郷や心や伝統について物語るニットウェアへと変身させた。

おそらくあまり知られていないのは、アラン・ジャンパーが、シングルマザー、虐待を受けた少女や孤児を含む「堕落した女性たち」のための施設である「マグダレン・ランドリー」のスキャンダルとリンクしていたことだ。二〇世紀初頭のアラン・ジャンパーの成功により、一部の作業がランドリーに外部委託され、貧しくて搾取されるだけのランドリー従業員によって行なわれた。アイルランドの親族関係や家庭生活に深く根ざして、健全なすべてのものを表現していたアラン・ジャンパーが、ときに家族から引き離されたり、自分の子供を強制的に連れ去られた女性たちによって作られていたことは、歴史の残酷な皮肉だった。信じられないことだが、一七〇〇年代の半ば以降にローマカトリックの命令によって運営されていたランドリーは、二〇世紀後半になってようやく、メディアによるその性的、心理的、肉体的虐待の暴露の中で閉鎖された。

羊毛の物語を通して過去を再構成することは、アラン・ジャンパーに限ったことではない。興味深いことに、アイスランド・セーターでもほぼ同じシナリオが存在する。それは、伝統的で本物の古代の産物としてしばしば提示され、地元の女性が何百年も前のパターンにしたがって、土地の羊から愛情を込めて手作りした衣服とされていた。だが実際のところ、セーターの人気は、アイスランドがアイデンティティ（一体感）と国民の自信を再確認する必要があった現代史の時代と密接に関連しているようだ。

アイスランドでは少なくとも、四〇〇年の間編み物が行なわれてきた。だが、象徴的なウールのセーター（ロパペイサ）は二〇世紀半ばに登場したようで、それは工場で作られた服や輸入品が、古い手編みの製品に取って代わるようになった時期と一致している。ウィリアム・モリスとイギリスの「アーツ・アンド・クラフツ運動」が一九世紀の終わりに、手作り職人の精神を取り戻そうとしたのと同じように、アイスランド人は地元の羊毛を使って、伝統的な編み物技術をふたたび呼び起こす方法を模索しはじめた。それはまた、アイスランドにとって重要な政治的時期と一致していた。アイスランドがようやく、デンマークに対する関係をすべて断ち切って、一九四四年に独立を宣言したときだった。
国家の建設と伝統的な価値の再構築に熱心なアイスランド人は、文化遺産のシンボルを必要としていた。「ロパペイサ」（ロパは「ウール」を、ペイサは「セーター」を意味する）は、アイスランドがなりたいもののすべてを具現化していた。それは穏やかで、勤勉な自給自足だった。[4] ロパペイサの編み物パターンは、世代から世代へと受け継がれたものではなく、初期のアイスランドのテキスタイル・パターン、新しく考案されたデザイン、それに他の北欧諸国やその他の地域からコピーされたスタイルの、みごとなまでのない交ぜの模様である。二〇〇八年の銀行崩壊のあとで、ふたたびアイスランドはそのルーツに戻らなければならなくなり、そのときにロパペイサは需要の第二波を楽しんだ。このことに注目するのは興味深いことだ。テキスタイルの歴史家キャスリーン・ドンランは、アイスランドのナショナル・アイデンティティを探求して、「編み物はアイスランド人に（文字通り、そして比喩的に）困難な時期を自分の手中に収めて、価値あるものを生み出す機会を提供した」と指摘している。[5]
「伝統の発明」は、一九八三年に同名の本の中で、イギリスの歴史家エリック・ホブズボームとテレンス・レンジャーが最初に提唱した考え方だった。その中で彼らは、文化が好んで称賛する立派な伝統の多くは、驚いたことに、しばしば近年のものであることが多いと主張している。さらにこれらの伝統は、国民のアイデンティティや帰属意識を強化するために、発明（考案）されていることがよくあった。危機や移住、または大きな変化が生じたときに、このような「伝統」にしがみつき、それを強化したいという願望はますます強くなる。

おそらくこのプロセスを、古代スコットランド氏族〔クラン〕が着用していたタータン〔格子柄の毛織物〕の発明以上に、うまく表現しているものはないだろう。タータンは間違いなく、スコットランドとその遺産の、もっとも刺激的で強力なシンボルの一つになっていた。しかし、この毛織物の歴史は、真の古代と並外れて厚顔な作り話のもつれ絡み合ったものだった。事実、半分の真実とフィクションが織り合わされているが、糸を解きほぐすには、まずタータンのはじまりに戻る必要がある。

スコットランドで発見されたもっとも初期のタータンは驚くほど古く、実際には約一七〇〇年前まで遡る。スコットランド国立博物館にあるファルカーク・タータンがそれで、一見すると目立たないように見える。壺の上にかぶせて、その場しのぎのふたに使用されていた。わずか二・七インチ〔約七センチ〕の小さな端切れ生地にすぎない。壺にはおよそ二〇〇〇枚のローマのコインが入っていたが、それはローマ人のものではなかった。考古学者たちの意見では、おそらくこのコインは、ローマ軍がしっぽを巻いて南に撤退したときに、彼らが地元のケルト人の指導者に賄賂として与えたものだろうという。ケルト人の部族が攻撃をしかけてこないという約束のもとに。

タータンの服地は、スコットランドだけでなく、ヨーロッパやスカンジナビアでもケルト人によって何千年もの間着用されてきた。実際、発見されたもっとも古いタータンの例は、中国西部でヨーロッパ人のミイラ化された遺体に付着した形で発見されている。このヨーロッパ人は明らかに家からはるか遠く離れた場所で、紀元前一〇〇〇年頃に亡くなっていた。ギリシアの歴史家ディオドロス・シクルスは、紀元前五〇年頃、ケルト人の服装のセンスについて書き留めている。

彼らが着ている服は人目を引く。シャツは染められていて、さまざまな色で刺繍されていた。彼らの言葉で「ブラカエ」と呼ぶズボン。それに彼らは縞模様のコートを着ていて、それは肩のあたりでバックルによって留められていた。冬着には重く、夏着には軽い。チェック柄が編み込まれていて、変化に富んだ多様な色合いが配置されている。(6)

ローマ人はまた、タータン風の布地を身につけた地元の部族についても語っているが、そこでも特定のパターン（セット）が特定のグループにつながっているという言及はなかった。この時期から一八世紀にエキゾチックな染料が導入されるまでの間に、彼らが使用したデザインと色は、地衣類、ヘザー（ギョリュウモドキ）、樹皮など、地元で入手可能なものに基づいていた。特定のパターンが地域内の特定の織工に関連づけられている可能性はあるが、同じ衣装の中でさえ、ハイランド（高地）人が、さまざまなタータンパターンをうまく組み合わせて使っていることは珍しくなかった。たとえば、ファルカーク・タータンで使われているのは茶色と白の二色のみで、どちらも在来種の羊の自然な色合いだ。したがってタータンパターンは、特定の地域または地域内の家族に供給する特定の織工に結びつけられる可能性はあるが、氏族（クラン）とタータンパターンの間に明確な関連はなかった。

「タータン」という言葉が使われたもっとも古い文献は、ジェームズ五世が妻のために「ハイランド・タータンを三エル（エルはイギリスで用いられた長さの単位。四五インチ（約一一四センチ）に相当する」」購入した一五三八年まで遡る。その頃までにタータンは、スコットランドの北部に定住し、すぐれた戦闘能力で恐れられ畏敬されたハイランド人（ゲール語を話すケルト人の子孫）とゆるく結びついていた。一六三〇年代初期の木版画では、ハイランドの傭兵が明らかにタータンを着ている姿が描かれている。しかし、それは単なるキルトではなく、インドのサリーのように体を包む、幅広の長いウール布の「フェーリア・モール」あるいは「グレート・キルト」と呼ばれるものだった。

一六八八年から一六八九年の名誉革命に続いて、ハイランドの氏族の多くは、ジャコバイトの思惑を支持した。それは、革命によって亡命を余儀なくされたカトリック教徒のジェームズ二世（スコットランドのジェームズ七世）とそのスチュアート家の子孫を、スコットランドとイングランドの王に復位させようとすることだった。ジェームズ二世の孫チャールズ・エドワード・スチュアート（「いとしのチャールズ王子」と呼ばれて愛された）は、ハイランドの一部の氏族から支持を集めたが、一七四六年四月一六日のカロデンの戦いで、ジャイコバイト軍はジョージ二世に忠実なイギリス軍とスコットランド軍に押しつぶされた。

ジャコバイト軍は一時間ももたずに敗退した。ハイランドの反乱の象徴だったタータンの着用は、イギリス政府によってただちに禁止される。しかし、着用を禁止されたのは一般的なハイランドの男性だけだった。ジャコバイトと戦ったハイランド連隊、それにハイランド社会の上層部を含む、イギリスの大義を支持した者たちは、タータンを着用する権利を保持していた。法律は差別的であるだけでなく、ときには無差別的でもあった。

戦闘員の中にはローランド（低地の）・ジャコバイトも数多くいたし、部隊の中にはイギリス人のジャコバイトもいた。しかし、この計算づくの屈辱のために選ばれたのは、スコットランドのハイランド人だけだった。氏族の大多数は実際には紛争を避けたか、あるいはジョージ王に忠誠を誓ったままだった。それなのに、マッカイ、グランツ、キャンベル、マンローの各氏族［……］、そして他のすべての氏族（その父親、息子、兄弟、夫はジョージ王のために戦って亡くなった）は、同じように屈辱をなめさせられた。(7)

タータンの禁止は一七八二年に最終的に解除された。その後の数十年でスコットランドのナショナリズムが復活し、ハイランドの精神と文化を回復する取り組みが再開される（同時に、ハイランドの氏族の多くが、クリアランスによって追い出されていたという事実はあったものの）。一八二二年、ジョージ四世がエディンバラを訪れた。王がスコットランドを訪れたのは、ここ一〇〇年余りの歴史ではじめてのことだった。イギリスとスコットランドの関係は、ジャコバイトの反乱以来、依然として修復されないままだったが、いくばくかの和解が、ウォルター・スコット（スコットランドのロマン派詩人で『ロブ・ロイ』や『ラマームーアの花嫁』などを書いた歴史小説家）という思いもかけない形でやってきた。スコットはこの場面を演出して、そっけないフォーマルな王室の訪問を、よろこびあふれる「タータン祭り」に変えた。これはスコットランドのアイデンティティとハイランドの文化、そして国の結束を祝う祭りとなった。そのときのドレスコード（服装規制）ははっきりとしていた。

紳士連中は、自分が有する権利にふさわしい制服で登場するかもしれない。そして、ハイランド人として登場する人々にとって身につける衣装は、つねに自国の昔ながらのもので十分だった。［……］グレンガリー、ブレドオルベン、ハントリー、および他の氏族の族長たちは、上機嫌で（というのも紳士連のお供を引き連れているからだ）王に接見するつもりだった。そして、これは間違いなく、今の場面にバラエティと優雅さと、そしてその場にふさわしい豪華さをつけ加えることになるだろう。(8)

国王ジョージ四世は、めかし込むチャンスを逃さない男だったために、自分も小さなタータンをすばやく着た。キルトが短すぎたため、恥ずかしいのでサーモンピンクのタイツが必要だった。スコットのPR活動はうまくいった。かつては反乱を起こしたハイランド人の毛織物であったタータンが手なずけられて、今は「新生」スコットランドの民族衣装に変わった。

しかし、特定のクラン・タータンがあるという考えはまだ定着していなかった。ハイランド連隊には独自のデザインがあり、スコットランドの一握りの家族が特定のパターンとのつながりを形成したり、独自にデザインをしたりはしたが、明確な手引書はなかった。ジョージ四世がスコットランドを訪れた同じ年に、二人の兄弟が上流社会に姿を現わした。ジョン・ソビエスキー・スチュアートとチャールズ・エドワード・スチュアートは、偽って「いとしのチャールズ王子」の孫だと称した。そして一五世紀の写本『スコットランドの衣類』（ウェスティアリウム・スコティクム）を発見したというのである。そこには「公式のクラン・タータン」のデザインとパターンがすべて含まれている。この写本は時が経つうちに、いつしか失われていたのだが、ありがたいことにスチュアート兄弟によって「再発見」されたという。一八二九年に彼らはそれを本の形で出版しようとした。が、ウォルター・スコットが原本の一五世紀の写本を見せてほしいと頼んだところ、兄弟は突然逃げ腰になった。スコットは一八三二年に亡くなり、その一〇年後、兄弟たちはついに「ウェスティアリウム・スコティクム」を革張りの立派な本にして出版した。本はまたたく間にヒットした。社会は先祖の伝統的なタータンの発見を熱望していたので、二人の若者をよろこんで迎え入れた。ある上流婦人が回想している。

彼女の息子たちはハンサムだった。とくにジョン・ソビエスキーは。だが、彼の美しい顔には、スチュアート家の面影はまったくなかった。二人はいつもハイランドのドレス、キルト、ベルティッド・プラッド（グレート・キルト）を着て、憂鬱そうに見え、ときどきミステリアスな話し方をした。彼らが生み出した効果は驚くべきものだった。彼らは心ゆくまで「敬意を表された」[9]。

兄弟とその本は、やがて偽物であることが明らかになった。ウォルター・スコットはすでに一八二九年の時点で、その信憑性を疑っていた。同僚に書いた手紙で彼は、本の正当性を信じていなかったという意見を表明しただけでなく、クラン・タータンという概念そのものに同意していなかった。「氏族をタータンで区別するという考えは、現代の流行にすぎない」[10]。ジョン・ソビエスキー・スチュアートとチャールズ・エドワード・スチュアートは、スチュアート家の王室の子孫などではなく、ウェールズ出身の想像力豊かな二人の若者、ジョンとチャールズのアレン兄弟にすぎなかったという事実が露見した。しかし、問題はそこにはないようだ。一族に特有のタータンという概念が、上流階級の人々の心を強く捉えていたからである。

ビクトリア女王とアルバート王子は、新たに修復されたバルモラル城のいたるところをタータンで飾った。カーテンからカーペット、ドレスから子供服にいたるまで。ファッショナブルな王室のカップルは、スコットランドとその象徴的な生地に夢中になり、独自のデザインのバルモラル・タータンまで作成した。アレン兄弟に関していうと、二人は一八六八年にロンドンに戻った。彼らは貧困に打ちひしがれ、面目をまったくつぶされたが、それでも自分たちのいい分を持ちつづけた。自らの正当性を確立しようとして、英国博物館の閲覧室で何時間も過ごした。兄弟が閲覧室で長い時間を過ごすために、専用のテーブルが予約されていたという。彼らはそこで何時間も費やして、「金のミニチュアコロネット（小さな冠）」がついたペンで落書きをしていた。(11)

13 毛織物工場とブーム

白人奴隷、羊毛で内張りした棺、羊毛選別者病

一九〇六年に『コスモポリタン』誌の九月号のページをぼんやりとめくっていた人なら、ある一つの話に出くわしたかもしれない。それは、年老いたインディアンの族長が最近ニューヨークを訪問したときのことを書いている。彼はツアーで、この都市のみごとな光景をすべて見せられた。超高層ビル、ブルックリン橋、望むものを何でも手に入れることのできる巨大なショッピング・エンポリアム。旅の終わりに彼は熱心に尋ねられた。「あなたが見てきた中でもっとも意外だったものは何ですか?」。首長はしばらく考えてからゆっくりと答えた。「小さな子供たちが働いていることです(1)」。

児童労働は、少なくとも一五〇〇年にわたって大西洋の両側で、産業革命、とくに繊維産業を動かしてきた燃料の役割を果たしてきた。しかし、どのようにしてそこにたどり着いたのか、それを理解するには、まず一四〇〇年代後半に立ち戻る必要がある。

一三世紀後半から一四世紀の間に、イギリスの原毛輸出は目もくらむほどの絶頂期に達していた。しかし、一四〇〇年代の終わりになると、フランスとの戦争資金を捻出するために課せられた、羊

毛産業への継続的な課税は、意図することなく、イギリスへ独自の手織り機で織った毛織物市場の開発を強いた。イギリスのウールを海外へ送って布地に織り上げさせ、それを自国が非常に高い値で買い戻すよりも、むしろ自分で作って、それを自国と海外の両方で販売した方がいいことに、ウール商人と起業家たちは気づいた。

この急成長中の毛織物産業は、非常に腕のいいフランドルの織工たちが流入することでさらにあと押しされた。最初は一四世紀に王室の招待で――エドワード三世はイギリスの職人たちに、フランドルの織工が実際にどのようにして織り上げるのか、それを見せたかった――、そして二度目は一六世紀に、フランドルのプロテスタント教徒たちが宗教的迫害から逃れてやってきた。全国のさまざまな地域に住みついた人々――その多くはノーフォークとサフォークに上陸して滞在した――は、さらに危険を冒して、最後はコッツウォルズ、ウェストカントリー、ヨークシャーなどへと向かった。

一四五四年に議会は「全国のあらゆる地域で布を作ることは、この国の貧しい人々が生計を立てるための最大の仕事だ」と宣言した。[2] そのほぼ三〇〇年後には、ダニエル・デフォーが大げさにまくし立てている。「彼らの国が暑かろうと寒かろうと、土地がカラカラに乾いていようと、極寒の土地であろうと、そんなことはおかまいなしだ。赤道の近くでも、南極や北極の近くでも、イギリスの羊毛製造業者たちは、彼らのすべてに衣服を着せる」。[3]

君主たちはイギリスの毛織物市場をあと押しして、臣民たちに自国製の毛織物を着用させるために数多くの法律を通過させた。一五七一年の帽子条例では次のように書かれている。日曜日と祝日にはたいていの人が「イギリスでは、つば広で飾りのついたウールの帽子を着用しなければならない。［……］毎日着用しない者には三シリング四ペニーの罰金が科せられる[4]」。また一六九七年には、治安判事、裁判官、大学生および法学教授は、誰もがウールのガウンを着なければいけないと法令で定められた。それよりほんの数年前、一六六六年から一六八〇年の間に作られた、さまざまな「ウール埋葬法」（「ウールで包む遺体埋葬に関する法」など）は、亡くなった人が貧困状態に陥っていたり、疫病（腺ペスト）で死んだりした場合を除いて、すべての人はイギリス製ウールの埋葬布に包んで埋葬されなければならないと述べている。「羊毛で作られたもの以外の布でくるんで死体を埋めてはいけない。また羊毛以外の素材で内張りされた棺に納めてもいけない。これに違反すると五ポンドの罰金が科せられる[5]」。

この間、イギリスの毛織物に対する需要はますます増えつづけ、これを満たしたのが、独立した労働者とその家族による「プティング・アウト（外注）・システム」（問屋制家内工業）と呼ばれた生産システムだった。織物商人は、家庭をベースにしたアウトワーカー（下請け仕事をする人）の幅広いネットワークにウールを供給する。ウールを受け取った者はその後、糸を完成したテキスタイルに変える。つまり、アウトワーカーの中には糸を紡ぐ人、糸を織る人、糸を染める人、そして生地を仕上げる人などがいる。その後、織物商人は巡回して半完成品や完成品を集め、次の担当者に渡すか、あるいは、国中にたくさんある織物取引所（クロス・ホール）で、この完成品を販売する。

システムはもっぱら家庭的なものだったかもしれない。だが、取引の規模は巨大で、それは多くの織物取引所の壮大な建築に反映されている。中でも突出していたのがウェストヨークシャーのハリファックス・ピース・ホールだった。一七七五年から一七七九年の間に建てられたこの取引所は、何「ピース」[*]もの毛織物を取引するという明確な目的のために建てられた。これは建築上の驚異だった。六〇〇〇平方メートルの広大な野外広場を見下ろし、イタリア風のギャラリーを前面に持つ、劇的な三層のウェディングケーキのようだ。取引人たちは四角形の中庭の周りにある個室で取引を行ない、下の群衆の騒動をさほど気にせずに見て過ごすことができた。

一七〇〇年代、ハリファックスの町は織り手でいっぱいだった。一七二〇年代、町を通り抜けたときの印象をデフォーが走り書きしている。「家々は活気にあふれた人々でいっぱいだった。大きな桶で染めている人、毛織物をはおっている人、機を織っている人、誰もが一生懸命働いていて、仕事をしていない者などまったくいない。女性と子供たちはつねにウールを梳いていたり、糸を紡ぐのに忙しい。そのために最年少の者から年を取った者まで、誰もが仕事をしてパンを手に入れることができた」[6]。しかし、生地商人たちは、商品を売買するのにまともな場所がなく、そのことにやり場のない気持ちを抱いていた。そしてしばしば、町の道路に沿って置かれた架台の上で何反もの毛織物を売っていた。

新しい織物取引所を建てるためのお金は、その多くが商人たちのポケットから出ていた。彼らは表通りのほこりや不快なものから離れて、買い手と売り手が決められた時間に集まり、取引ができる場所を持ちたいと思っていた。オープニング・セレモニーの日は、誰にとっても忘れられない日だったという。大勢の群衆が、地元の生地商人たちの壮大な行列を見るために集まってきた。行列は騒々しいマーチングバンドに先導されながら、取引所へ足を踏み入れる。そのあとで、目が覚めるような花火が打ち上げられた。ヨークシャーの潤沢なお金がいくらでも集まるからだろうか、花火は「ハトによって点火されたらせん状の輪や、球状の輪、それに天頂の輪に彩られた美しいエジプトのピラミッド」を映し出していた(7)。

ハリファックスにはもう一つ有名になったものがある。それはハリファックス断頭台と呼ばれるもので、イギリスで唯一のギロチンだった。一六世紀に設置されたと考えられていたが、市が開かれる日にコソ泥を働いた者、とくに毛織物を盗んだ泥棒を処刑するために使用された。織物取引所の時代以前でも、ハリファックスは「カージー」(カージー織りの生地)として知られた毛織物を生産することで有名になった。これは軍服に使用される丈夫で安価な織物だ。カージーを製造する過程で、布は木枠の上で乾燥させるために戸外で放置される。誰も見ている者のいない布は往々にして盗まれがちだった。そのために処罰は厳しいものとなった。ハリファックスを訪れたデフォーがふたたびつけ加えている。

ここでは古代に、布の盗難を防ぐために有名な断頭台が使われたのだが、それについて少し説明をするまで、私はハリファックスを離れるわけにはいかない。現代の説明によると、この断頭台はあらゆる重罪犯を罰するためのものだったという。しかし、私は十分に確信している。それは純粋に、あるいは少なくともおもに、テンター〔染色した布地を縮まないように張って乾燥させておく

＊「ピース」とは布の長さの単位。一ピースは三〇ヤード(約二七・四メートル)。

枠」から布を盗んで逮捕された泥棒のために作られたものだった。(8)

「ゼロ・トレランス」〔ゼロ容認。小さな悪事であっても、法律違反を容赦なく厳しく罰すること〕に対するハリファックスの評判はよく知られていた。ジョン・テイラーの詩「物乞いの連禱」(一六二二)では、「地獄やハル、そしてハリファックスから、神がわれらを救い出す」(ハルはその厳しい法執行機関でも有名だった)という言葉が有名だ。詩は続く。

ハリファックスでは法律が厳しくて
一三ペンス以上の盗みを働いた者を
すばらしく迅速に、首なしの姿で
天国か地獄へ送り込む機械があるほどだ

ハリファックス断頭台を最後に使用した処刑は一六五〇年四月一七日に行われた。アンソニー・ミッチェルとジョン・ウィルキンソンの二人は、テンター・フレームから一六ヤード(約一四・六メートル)のあずき色のカージーを、二頭の馬といっしょに盗んだ罪で有罪を宣告された——盗品は合わせて五・八ポンド(今日の金額で約一〇〇〇ポンド)。昔から布地を盗んだ者たちは、次の土曜日の処刑日までストック〔刑罰道具の足かせ。罪人は両足を足かせに通して、決められた時間さらし者になった〕をはめられて、肩には布を掛けられ屈辱を加えられた。幸いにも、あるいは残念ながら、これは見方にもよるが、ミッチェルとウィルキンソンは土曜日に有罪となり、即日処刑された(9)。

職工たちの小屋に戻ると、プティング・アウト・システム（問屋制家内工業）に関わる人々の多くは、パートタイムの自給自足の農夫たちであり、畑では家族のために食べ物を育てていた。このシステムは商人たちには好都合だった。労働力のほとんどが農村で調達できたし、安価な上に、都市のギルド（同業者たちは賃金、徒弟期間、品質管理などで自分たちを保護しようとする）による管理の範囲外にあったからだ。しかし、農村の家族にとってもこのシステムは都合がよかった。農業以外で収入を補うことができたし（とくに冬の間は）、子供といっしょに家で仕事をすることもできたから。またそれは農夫たちの就業日のパターンに、ある程度の柔軟性を与えることになった。

生地商人は建物の賃貸料、トレーニング、照明、暖房の費用を負担する必要がない。だが、職工たちによって自宅で行われるすべての賃金労働については最終的な責任を負う。織工の中には自分の織機を所有し、自分を独立した職人と見なしている者もいたが、他の織工は機械を借りなければならなかった。そのために、商人が完成した布地の支払いを渋ったり、織り手の家族がその週に稼いだ賃金以上の金額を、織機の賃借料として商人が請求した場合には、多くの争いが生じた。

いかなる形態のギルドや労働組合にも代表を送り込んでいたわけではなかったので、下請け仕事をする者たちはとくに脆弱な立場にならざるをえなかった。利用できる選択肢が他にほとんどなかったウール労働者たちだが、一八世紀半ばになると彼らは、イギリス経済で最大の製造部門を構成するようになった。約六〇〇万の労働人口のうち、その四分の一が毛織物の生産に従事していた。ウェストカントリー、イーストアングリア、ウェストヨークシャーの三つの主要な生産地域がすでに頭角を現わしはじめていたが、ある歴史家によると、「イングランドとウェールズの州で、小作農、農夫、農業労働者などの短時間労働によって、ウールの布地が生産されなかったところはおそらくなかっただろう」(10)。

当時、イギリスで作られていた毛織物には、おおまかに二つの種類があった――ブロードクロス(幅広ウール生地)とウーステッド(梳毛《そもう》織物)。ブロードクロスは(犬用ブラシに少し似ているパドルで)カーディングされた(梳かれた)短いウール繊維から作られ、紡がれたのち、幅広の織機で織られた。布はそれから縮充加工が施される――汚れを落として叩きを伴うプロセスだ。その結果、かさばって柔らかなフェルト地の毛織物ができあがる。このブロードクロスは、冬のオーバーコート、毛布、ユニフォームなど、暖かく居心地のよい感触が必要なものに使用された。

ウーステッドはそれとは別の方法で作られる。長いウール繊維を使用し、それをとかし(繊維がたがいに平行になるようにさせるため)、油を塗り、高レベルの撚りを加えて紡いだのち、より軽く、より細く、光沢のある生地に仕上げる。ウーステッドは男性のスーツ、ズボン、家具用布地に最適だ。これら二つの種類だけでも、数十のバリエーションとすばらしい名前を持つ地域の特産品がある――一例を挙げると、ベーズ〔フェルトに似た緑色の生地〕、サージ〔コート、上着、ズボンなどに使われる、丈夫な梳毛糸の綾織り生地〕、チェビオット〔チェビオット羊毛を使った毛織物〕、メルトン〔目のつまった厚手の生地。コートやハンティング・ジャケットなどに使われる〕、フェアノート〔オーバーコート用の丈夫なウールクロス〕、ピーターシャム〔男性用コートに用いられる厚いウール地〕。

一七〇〇年代の終わりまでに、毛織物産業は劇的に変化しはじめていた。ダービーにあるトーマス・ロンブのシルク工場（一七二一年に建設された）は、機械化された織物工場の、世界初の真剣な試みと見なされている。そしてそれは、織物業界の様相を一変させることになる「革新の一世紀」の前触れとなった。ジョン・ケイのフライング・シャトル（飛び杼《ひ》）（一七三三）、ジェームズ・ハーグリーブスのジェニー紡績機（一七六四）、リチャード・アークライトの水力紡績機（一七六九）、サミュエル・クロンプトンのミュール紡績機（一七七九）などの主要な革新は、ウールとコットンの両方に対応して紡績し、織り上げる方法に革命をもたらした。機械の多くは、個々の織り手の家族が購入するには大きすぎるかあまりに高価すぎた。さらに大きな機械の中には、動力として水力を必要とするものもあった。解決策は、複数の機械を収容するのに十分なスペースのある専用の織物工場を作り、それを流れの速い川の隣に配置することだった。川のエネルギーが大きな水車に動力を与え、輸送に便利なリンクを提供してくれる。しかし、工場の場所は遠く離れていることが多く、地元で利用できる労働力は少なかった。

解決策は衝撃的なものだった。政府のあと押しを受けて、押しつけがましい起業家たちは、社会でもっとも弱い立場にある人々（孤児や貧困層の子供たち）を募集し、彼らを自由に「イングランドの白い奴隷」と呼ばれるものに変えた。前例はたくさんあった。一六一九年から一六二二年の間に、ロンドンのストリートチルドレンが三〇〇人、アメリカ・バージニア州のタバコ農園で働くために送り込まれた（労働条件が厳しかったために、一六二四年の時点で生きていたのは一二人だけだった）[11]。また一六三〇年にロンドン市は、新しい植民地の紡績工場で働くために「一一〇〇人の孤独な少年少女」を送るように頼まれた。

一六五〇年代から一六八〇年代の間に、何千人もの貧困児、孤児、または投獄された子供たちが、アメリカの新興経済社会で働くために、人身売買業者によってひそかに連れ去られていたと考えられている。多くの場合、貧しい子供や一〇代の若者は、自分の貧しい家族にサインをされた上で放棄されたり、だまされて自らサインをして、年季奉公の奴隷にされたりした。遠く離れた海岸に到着すると、売買の対象にされ、ギャンブルで負けた代償として手放されたりもする。ロンドンとジャマイカの間を定期的に往来していた船の船長は、「クラーケンウェル矯正院を訪れ、騒動を起こして監禁されていた少女たちに、酒をしつこく飲ませると、西インド諸島に行こうと彼女たちを『招く』のだった[12]」。

一七九六年に、当時のイギリス首相ウィリアム・ピット・ジィ・ヤンガー（小ピット）は、実業家たちに向かって感動的な演説を行ない、児童労働の利益を宣伝した。「子どもたちの勤勉によってどれほどのことができるかを、すでに経験は示している。さらに、子供たちが実行できるような製造部門で、彼らを早い時期に採用することの利点もまたそれは示していた[13]」。親のいない、捨てられた子供たちは一掃されて「教区の見習い」にされた。六歳までの子供たちは、ロンドンを含む町や都市の、子供であふれた救貧院や孤児院から連れて行かれ、イギリスの田舎の辺ぴな所に送り出されて、新しい織物工場で働いている。一八二三年生まれの作家が、自分の貧しかった子供時代を思い出していた。

前世紀の非常に早い時期に、工場で働く子供たちが緊急に必要となったんです。工場はヨークシャーのウェスト・ライディングで建設中で、目的にぴたりと適う小川のほとりに設置場所を見つけていました。「援助」を求める工場の需要に、地元の供給ではとても応えられなくなったんです。それで、工場の所有者たちは、子供が集団で見つかるはずの児童養護施設を探しに南へ行ったり、使いの者を送ったりしました。そして子供たちを連れて北へ戻ってくると、見習いとして働くように手配をしたんです(14)。

子供たちの多くは、自分たちが何をしようとしているのかわからなかった。あるいは、新鮮な空気と豊富な食べ物があり、教育を受けることのできる人生が待っている、という約束にだまされた。ベスナル・グリーンの救貧院にいた孤児のジョン・バーリーは、次のようなことを憶えている。

母が亡くなったのと同じ年、私は六歳から七歳でしたが、教区の年季奉公人を探しているという男がやってきました。私たちは全員、約四〇人ほどいましたが、役員室に来るようにといわれました。たぶんそこには、二〇人ほどの紳士がテーブルに座っていたと思う。テーブルにはペンと紙がありました。私たちは一人ずつ呼び出されました。私たちはみんな、彼らの前に並んで立っていたんです。私の名前が呼ばれ、部屋の真ん中に進み出ました。男はいいました。「やあ、ジョン、君はすばらしい子だな。田舎へ行きたいとは思わないかな?」。私たちはしばしば子供同士で、なぜ田舎に連れて行ってもらいたいのかについて、話し合ってはいました。年を取った親方のニコルズさんは、手慣れた様子で、丘の中腹で私たちがどんなスポーツをしたらいいのか、私たちが遊びと楽しみに、どれほどの時間を使えばいいのかについて話してくれました。彼はまた、私たちはローストビーフをたっぷり食べて、たくさんのお金を稼ぐべきだといいました。そして、私の友人たちを見るために、また紳士連のところへ戻っていきました(15)。

わずかばかりのまかないの見返りとして、子供たちは二一歳（場合によっては二四歳）になるまで、週六日、日に一四時間から一七時間、労働することが期待されていた。ジョン・バーリーは朝の五時から夜の一〇時まで働き、三度の乏しい食事のうち、二度は機械の前で立ちながら食べた。夜は他の少年たちといっしょに部屋に閉じ込められ、一つのベッドに三人が寝た。いうまでもないことだが、「ローストビーフとたっぷりのお金」の夢は、どうしようもないほど押しつぶされてしまった。「親方のニーダムには、フランク、チャールズ、サミュエル、ロバート、ジョンの五人の息子がいました。息子たちと監督のスワンという男は、いつもハシバミの棒を手に持って、工場の中を行ったり来たりしていました。フランクは前に自分でも恐くなったほど、私をひどく殴ったことがありました。彼は私をてっきり殺してしまったと思ったようです(16)」。

社会史家で児童労働の専門家であるジェイン・ハンフリーズ教授が指摘するように、これは「実在のオリバー・ツイストたちであり、教区のなすがままにされている。子供たちの雇用は国が後援する奴隷制度に他ならない。〔……〕仕事が社会福祉と入れ替わってしまっている(17)」。子供を雇うことは経済的に理にかなっていた。工場の所有者と監督は、より高い賃金を要求し、厳格に管理された働き方を嫌う大人を雇用したくなかった。子供たちは思い通りに操ることができるし、強要することも可能だ。それだけでなく、多くの機械は小さな手、華奢な体つき、素早い反射神経を持つ子供たちが操作しやすいように意図的に設計されていた。

子供たちはしばしば、「継ぎ手」（切れた糸を直す）となったり、機械の下にもぐって入り掃除をする、ボビン・スレッダー（下糸通し人）またはスカベンジャー（掃除人）となった。監督からの定期的な暴行、成長を妨げる仕事、および小さな肺を詰まらせる有害な繊維のクズに加えて、事故、とくに疲れがきたときに起こる事故はありふれたものだった。一八三二年に児童労働者のジョン・アレットが、下院委員会でインタビューを受けた。そのときにアレットは思い出しながら次のように話した。「僕はこの事故を間近で見ました。その子は機械に羊毛を準備するために働いていました。しかし、彼はほとんど目を覚ましていなかったので、ストラップ（革ひも）に捕まえられてしまった。ストラップは彼を機械に運び込みました。そして、僕たちはある場所で手足を一つ、別の場所でまた一つ手足を見つけました。彼はずたずたに引き裂かれてしまったんです。体がまるごと機械に巻き込まれ、ばらばらにされてしまいました(18)」。

同時にインタビューを受けた別の少年のジョセフ・ヘバーガムは、七歳のときに一四時間三〇分の労働をはじめたところ、仕事によって、足が永久に変形してしまったと説明した。「朝起きると歩くことがほとんどできませんでした。それで、兄と妹が親切に私を抱えるようにして連れ出してくれました。いっしょに水車小屋へ行きましたが、足は地面を引きずっていて、痛みのためにとても歩けませんでした(19)」。

次々と出てくる悲痛な証言は、飢えた市場のために、羊毛と綿を量産する工場から聞こえてくる小さな声を代弁していた。また、「教区の年季奉公人たち」が織物の機械化がはじまった最初の数十年間、その労働力のギャップを埋めてきた一方で、社会の貧しい家庭の子供たちはすぐに、耳をつんざくような工場に送られることになった。もちろん、子供たちはこれまでも、つねにさまざまな立場で雇用されてきた。何世紀もの間、息子と娘は家事や農業の雑用を手伝い、可能ならば家の外で賃仕事を見つけることが期待された。ある歴史家は「イギリスでは児童労働は非常に長い根を持っていた」という[20]。羊毛と綿の産業のおかげで、子供たちが働かされている現場の規模は以前とは大きく異なっている。産業化以前の経済は、とくに農村地域では、子供たちから定期的かつ一貫してお金を稼ぐ機会を、家族に与える準備ができていなかった。しかし、それはすべて、大量生産される織物の時代の到来とともに変化した。「初期の工業化したイギリスは、強い背中と器用な指先への飽くなき食欲を持った、好景気に沸く経済の中にいた[21]」。

多くの人が児童労働を、労働者階級が経験するごく自然なことだと考えていたが、誰もがそれを大目に見たわけではなかった。ジョージ朝とビクトリア朝の文学の、もっとも精巧で影響力のある作品のいくつかは、児童労働のトピックに焦点を当てていた。織物工場や鉱山、その他の工場の状況について、議会からきた問い合わせに押されて、エリザベス・バレット・ブラウニング、チャールズ・キングズリー、エリザベス・ギャスケル、そしておそらくもっとも有名なチャールズ・ディケンズなどの作家は、社会でもっとも脆弱な立場に置かれた者たちの窮状を取り上げた。一八五〇年に出版されたディケンズの八番目の小説である『デイヴィッド・コパフィールド』は、部分的には、一二歳のときにブーツを黒くする靴墨工場で働いたディケンズ自身の経験に基づいている。これらの作品をはじめ他の作品は、中産階級の読者に児童労働の恐怖をまざまざと思い描かせ、改革を求めて戦っていた少数の運動家を引きつけた。

変化はゆっくりだった。しかしその一部は、議会や社会の多くのメンバーが織物製造に多大な関心を抱いていたために挫折した。子供たちが働かなければ彼らの運命はさらに悪化するだろう、と懸念を表明する者もいた。アイルランドの作家、反児童労働法の反対者であるウィリアム・クック・テイラーは次のように主張した。

人々は工場に入る。［……］彼らは単調な仕事に従事している小さな継ぎ手と洗浄人たちの姿を見る。［……］そして彼らは考える。子供たちが丘の斜面で、自由に手足を伸ばして跳ね回ることがどれほど楽しいかを。新鮮なそよ風を吸い込むこと、キンポウゲとヒナギクが光る緑の草原の光景、小鳥のさえずり、ミツバチのハミング！　しかし、人々は若々しい職工たちの状況を、自分たちが経験してきた中で目にした光景と比較する必要がある。われわれもそれは同じで、これまでにしばしば、子供たちが泥だらけの掘っ立て小屋で、あるいは道端の溝の中で、飢餓のために死んでいるのを見てきた。(22)

他の人々は単に、そこに問題があることを信じることができなかった。工場システムの情熱的な支持者であったスコットランドの医師のアンドリュー・ユアは、一九世紀前半にこの驚くべき説明を書いている。

私は数か月の間に、マンチェスターと周辺地域の多くの工場を訪れた。紡績室に入ってみた［……］。子供に科せられた身体的懲罰の実例は一度も見たことがなく、実際、子供たちが不機嫌にしているのを見たこともない。彼らはいつも明るく陽気で、きびきびとしているようで、軽い筋肉の遊びによろこびを感じ、年相応の自然な動きを楽しんでいた。紡績の現場は、私の心の中に抱いていた悲しい感情を刺激するどころか、つねに気分を引き立ててくれた。ミュール・キャリッジが固定されたローラ・ビームからはずれはじめると、子供たちが切れた糸の端をつなぎ合わせる。その敏捷さを観察するのは楽しかった。また、ほんの数秒、小さな指を動かして作業をしたあとで、ストレッチと巻き上げがもう一度完了するまで少し手があくと、子供たちは思い思いの態度で楽しんでいる。それを見るのもまた楽しかった。妖精のように元気な子供たちの仕事は、何かスポーツに似ているようにも思った。習慣が彼らに心地のよい器用さを与えてくれているからだ。(23)

ユア博士は子供たちの姿に「元気な妖精」を見たが、幸いなことに他の人々はそれを見なかった。児童労働に対する反対運動の結果、児童の労働時間の制限を目的とした法律の最初のものが制定された。一八三三年の工場法は、九歳未満の子供が織物工場で働くことを禁止し、実際には施行が困難だったが、九歳から一三歳の子供たちの労働時間を制限した。工場法の制定からほぼ三〇年経っていても、五歳から一五歳までのイングランドの子供たちの半数は、なお「労働中」のカテゴリーに分類されていた。

海の向こうのアメリカの工場でも、変化は遅々たるものだった。児童労働の反対派は、一九世紀後半から二〇世紀初頭にかけて、さまざまな法案を可決しようとしたが、しばしば反対に出くわした。企業や教会や政府機関はそのほとんどが、熱心に法案の可決に反対していて、代わりに、個々の州や工場の所有者に、自発的な合意をさせることを望んでいた。児童労働を支持する運動にも、工場での生活は子供たちにとって安全であるだけでなく、前向きで積極的でさえあると主張する擁護者がたくさんいた。「このような不幸な人々の大半にとって工場生活は、丸太小屋、塩漬け豚肉、桃のブランデー、貧乏な白人、ジョージアクラッカー・タイプの生活よりも、明らかに改善されている。工場がやって来たときに、子供たちの多くはこんな生活から抜け出ることができた」[24]。一九三八年に公正労働基準法が可決してはじめて、アメリカの法律は一六歳未満の子供が製造業や鉱業で働くことを違法だと認めた。

とくに一九世紀に羊毛産業の変化が、どんなペースで起きていたのかを想像することはほとんど不可能だ。一九世紀初頭にはイギリス国内に約二五万台の手織り機があった。それが一八五〇年には四万台に落ち、一八六〇年にはわずか三〇〇〇台しか残っていなかった[25]。有名な民謡「ウィーバーとファクトリー・メイド」（A・L・ロイドらが収集）は、家庭での手織りから工場仕事への移行を捉えている。

私があなたに話そうとした女の子たちはどこにいますか？

女の子たちは、蒸気で織るために出かけてしまいました
彼女たちを見つけたければ、夜明けに起きなければなりません
そして、朝一番で工場まで、とぼとぼと歩いていかなければなりません

毛織物産業と綿織物産業がある生き方を爆破し、それを別の生き方に置き換えたといっても過言ではない。その影響はいくら誇張しても、誇張しすぎることはないだろう。織物工場が水力から蒸気力に移行したとき、それは石炭鉱業を主要産業に変えた。ウェストヨークシャーのように石炭が豊富なところはどこでも、工場がすぐ近くに出現して、数千人単位の労働者であふれ返った。織物工場でカタカタと音を立てていた機械が、鉄産業をあと押しした。原料を織物工場に持ち込み、完成した布を運び去る迅速で効率的な方法への需要は、最初に運河システムを刺激し、次に鉄道の成長を促した。一九世紀初頭、イギリスの人口は九〇〇万人強だった。それがわずか五〇年後にはほぼ一六〇〇万に達した。

この人口と産業の増加を、ブラッドフォードほど具体化している場所は他にないだろう。一七〇〇年代の終わりには、ブラッドフォードはペナイン山脈の麓にたたずむ田舎の小さな市場町だった。人口は約一万三〇〇〇人で、毛織物工場が一つあり、ウーステッド（梳毛織物）を製造していた。一八五〇年までに、人口は一〇万以上に膨れ上がり、工場も一二九に増えた。二五年後には、人口がふたたびほぼ倍増し、世紀の終わりまでには三五〇の毛織工場が都市の風景を支配し、イギリスの毛織物生産全体の三分の二を占めた。ブラッドフォードは世界の織物の首都になった。

それは工場をベースにした毛織物生産にとびきり適した場所だった。ブラッドフォードではすべてがうまくいった。機械を作り、動かすための豊富な地元の石炭と鉄鉱石の供給。工場や住宅を建設するための砂岩の採石場。近くの谷からパイプで送られてくる軟水（ウールの洗浄用）。工場を港や国際市場や（一八四〇年代半ばには）鉄道とつなぐ運河。労働者は国中から、そしてさらにその先、とくにアイルランドとドイツからやってきた。彼らは誰もが毛織物取引の仕事を希望していた。一八五〇年代の半ば頃には、労働者の半数が市の外で生まれた者たちだったと推測されている。

毛織物産業によって生み出された富は、ブラッドフォードを繁栄した宝石のような都市に変えた。成功は成功を呼んだ。そこには明らかに苦労せずに稼げる金があった。『ブラッドフォード・オブザーバー』紙は一八三六年に、「製造業者たちは、織機が調達できさえすれば、一刻も早くブラッドフォードへ移動する気でいる」と書いた。しかし、この都市には何という際立った差異があるのだろう――新しく建てられたすばらしい市の建物は、「ウーステッド・ポリス」（梳毛織物都市）と呼ばれる都市の自信を表わしていたし、裕福な家族は、大きな別荘とエレガントなマンションの快適さを享受していた。だがその一方で街路から離れて外へ出てみると、工場労働者のほとんどは、背中合わせのスラム化した住宅で、すし詰め状態の生活に耐えていた。『ブラッドフォード・オブザーバー』紙の執筆者であるジェームズ・バーンリーは、次のようにコメントしている。「日々、ウェストゲートを行き来する、身なりがよくて、栄養の行き届いた人々のうちの、はたしてどれくらいの人が、シルズブリッジ・レーンがその玄関口になっている惨めさと悲惨さと病いを、実際に経験したことがあるのだろうか。あるいはそれを真剣に考えたことがあるのだろうか[26]」。

一八四三年、ある保健委員がブラッドフォードを「王国でもっとも汚く、もっとも不潔で、規制が最悪の町」と宣言した。また、ドイツの過激派パンフレット作成者で、カール・マルクスの親友のゲオルク・ヴェールトは一八四六年、よく知られていることだが、次のように書いている。「ブラッドフォードの［……］この穴ぐらにくらべれば、イギリスのどんな工場町も楽園のようだ。しかし、あなたは悪魔の化身がわが身に宿ったと思うだろう。が、貧しい罪人が煉獄でいかに苦しめられているかを感じたいと思う人がいたら、彼にはブラッドフォードへ旅をさせなさい」。

当時の基準に照らしてみても、織物工たちの置かれた状況は悪かった――織物工の平均寿命はわずか一八歳だった。織物工とその家族は、自分たちの健康に襲いくる多くの病気と戦わなければならなかった。混雑、下水道および汚染された飲料水などによって引き起こされる札つきの病気に加えて、羊毛に携わる仕事が、他の病気に対して織物工たちをいっそう脆弱にしていた。工場に来たときからウールを選別し、それを袋詰めにしていた人々（羊毛選別人たち）は、「羊毛選別者病（炭疽病の旧名）」または「ブラッドフォード病」として知られるようになった病気で亡くなっているようだ。咳や胸の圧迫感からはじまって、数日後には、葬儀屋の訪問で終わりを告げる。「倉庫の階段にたたずむ暗い人影(27)」とされていたものが、実は輸入された羊毛の袋とともに持ち込まれた炭疽病だったことがわかるまでには、一九世紀の終わりまで待たなくてはならなかった。それを明らかにしたのはドイツの細菌学者にフリードリヒ・オイリヒ博士だ。皮肉なことだが彼の父も、ドイツからブラッドフォードに家族を連れてきた織物商人だった。

炭疽菌と羊はまた、医学の歴史において特別な位置を占めている。病気としての炭疽病は重要な起源を持っていた——多くの学者たちは、エジプトの一〇の疫病のうちの一つが、「出エジプト記」でいわれているように、おそらく炭疽病だったろうと考えている。イスラエル人の創造神話によると、神は「恐ろしい疫病を野にいるあなたの家畜、馬、ロバ、ラクダ、牛、羊に」（九・三）もたらしたという。一九世紀までに、とくに羊と牛の間で炭疽病が蔓延した。フランスだけでも、羊全体の一〇パーセントが毎年この病気で死んだ。炭疽病がとくに羊に影響を与えている事実を知っていたフランスの生化学者ルイ・パスツールは、これまでもっとも大胆な実験を行なうことにした。

ほとんどの科学者たちは、炭疽病が自然発生によるものか、あるいは、羊が暑い気候や有毒植物などの外部要因にさらされたことにより、引き起こされたものと思い込んでいた。しかしパスツールは、病気は微生物のせいだと確信した。一八八一年五月、興奮した群衆の前で、彼は五〇頭の羊を集めた。そのうちの二五頭に彼が取り組んでいた炭疽病のワクチンを注射した。そして残りの二五頭（コントロール・グループ［対照群］）には何もしなかった。ワクチン接種から一カ月後、両グループは意図的に炭疽菌に感染させられた。再感染から二日後、群衆は結果を見るためにふたたび集まった。予防（ワクチン）接種を受けた羊はすべて元気だった。接種を受けなかった羊たち（対照群）のうち、三頭の病身の羊を除くと、あとの二二頭はすでに死んでいた。病んだ三頭もその日のうちに死んだ。

実演は大成功だった。一八八二年から一八九三年の間に、四〇〇万頭に近いフランスの牛と羊が炭疽病ワクチンの接種を受けた。病気で死ぬ家畜の数は激減し、パスツールのワクチンの使用はすぐに近隣諸国にまで広がった。羊や簡単な実験とパスツールの粘り強い研究（それも、ドイツの微生物学者ロベルト・コッホによる以前の研究に基づいたものだが）のおかげで、今日われわれが真実と考えている科学的概念――細菌理論やワクチン接種の有効性など――が主流となった。が、それは次の章で見るように、羊と科学が作った歴史の中のわずか一つの出来事にすぎなかった。

14 アップ・アップ・アップ・アンド・アウェイ

非常に珍しいガイドブック――『ハリスのコヴェント・ガーデン・レディース・リスト』と呼ばれていた――の初版が一七五七年に出た。この小さなアドレス帳には、ロンドンの中心部で働く売春婦の情報がこと細かく記されている。名前、住所、値段、「寝室の十八番」はもとより、それぞれの女性の好きなもの、趣味、経歴、容姿などが詳細に記録されていた。一八世紀の裕福な男性にとって、家庭から遠く離れていても、あるいは単に不法なセックスのスリルを求めていても、そんなことには関係なく、売春婦と遊ぶことは安上がりな気晴らしだった。そして、ハリスのリストから女性を選ぶことについてはほとんど不安はなかったが、ジョージ王朝の紳士の心の最前線に居座っていたのは、性感染症の妖怪だった。

羊の腸は数千年の間、コンドームとして使用されてきた。羊の腸を使った避妊法を最初に採用した者の中には、ローマの兵士たちがいた。彼らは乾燥して、伸ばされた腸の断片でペニスを覆い、少しばかりのひもで留めた。しかし、一七〇〇年代には、不快な内臓で男性の避妊を行なう技術は、ほとんど想像できなかったほど、高度なレベルにまで達していた。ヨーロッパの大都市を拠点にして働いている小規模な製造業者たちは、地元の肉屋や食肉処理場から羊の腸をすぐに手に入れることができた。はじめに腸を灰汁《あく》に浸して洗い、次にナイフで削って滑らかにする。そのあとで硫黄の蒸気にさらし、腸の組織を柔らかくしたのち、灰汁、石鹸、水で再洗浄した。

もっとも雑なコンドームは、正方形の腸から小さな巾着袋を作り、それを男性のペニスにゆるくはめ、小さめのリボンで結んだ大ざっぱものだった。イギリスの製造業者たちはすぐに、さらに作りのいいモデルを試作した。試作品には想像力をくすぐるように「ボードルーシュ」(ゴム風船)や「スペルフィンヌ」(極薄)などの魅惑的なフランス語の名前がつけられた。また、それに少し大陸風の「ジュ・ヌ・セ・クワ」(説明しがたいもの)などのコメントもつけ加えた。新しいコンドームは、さまざまなサイズのガラスでできたペニス形の型に重ねて作られ、ぴったりとフィットするものに仕上げられた。お金に十分余裕のある人は、超安全な「ダブル」(さらに保護するために、一つのコンドームをもう一つのコンドームの内側に取りつけた)や、いい香りのするコンドームを求めることもできた。これはエッセンシャル・オイルとスパイスで「彼女のよろこびのために」香りをつけたものだ。[1] 香りのするコンドームは、洗っていない体や暖まった羊の腸から立ち昇る嫌な臭いを、間違いなくシャットアウトしてくれる。

一九九〇年代の終わりに、考古学者たちはかなり珍しい特権を与えられた。それはウェストミッドランド州のダドリー城にある、一七世紀のトイレの遺跡をふるいにかけてよいという特権だった。トイレはイングランド内戦(清教徒革命)中に駐屯し、そのあとで城を包囲された、王党派の兵士たち三〇〇人によって使用されていた。考古学者たちは、一〇〇立方フィートにのぼる人間の排泄物やその他の廃棄物を処理する過程で、世界でもっとも古いコンドームを発見した。これは一六四〇年代に遡る再利用の可能な羊の腸だった。

一六六六年、最初に「コンドーム」（condome）という単語を使用したのは「イギリス出生率委員会」である——最初は「コンドン」（condon）と綴られていた。委員会は、国の出生率の大幅な低下の理由としてそれを歓迎した。しかし、ほとんどの男性は、家族計画にコンドームを使用したわけではない。むしろ、それを利用したのは、一四〇〇年代後半からヨーロッパを駆け巡っていた梅毒の恐怖から身を守るためだった。ちなみに「梅毒」という言葉には、羊とのつながりがある。一五三〇年、イタリアの医師で詩人のジロラモ・フラカストロは、「シュフィルス」（Syphilus）という羊飼いの少年を主人公にしたパストラル詩を書いた。羊飼いの少年はギリシアの神アポロンを侮辱したために、その罰としてひどい病気に襲われた。それが梅毒で、少年の名前から病名を「syphilis」と名づけられた。

梅毒の拡散にとくに力を貸していたのが兵士と船員で、多くの場合、地方の売春婦といっしょに寝ることで広がった。梅毒が外国人との接触から広がったように見えたために、それぞれの国家間でたがいに非難をし合った。梅毒のことをイギリスでは「フランス病」、イタリアでは「トルコ病」、フランスでは「イタリア病」と呼んだ。外貌を損なうその恐ろしい症状に人々は怯えた。それは歴史家のジャレド・ダイヤモンドによって刻明に描かれている通りだ。「膿疱はしばしば身体を頭から膝まで覆い、肉を人々の顔面から脱落させて、数カ月も経たぬうちに死に至らしめた(2)」。

羊腸コンドームは、当時、致命的で不治といわれた病気に対して、その唯一の信頼できる保護手段だった。売春宿はそれを顧客に販売し、世界でもっとも偉大な色男のカサノバでさえ改宗者になった。当初、誰にも止められないこの女たらしは、コンドーム（彼は「死んだ動物の皮膚[3]」と呼んでいた）に対する嫌悪感を表明していたが、病気から保護するのにどれくらい効果的かを理解すると、すぐに意見を変えた。彼は、コンドームを口でふくらませて漏れがないかをテストすることに熟達した。そしてしまいには、パートナーに「不安に対する予防」と彼が呼ぶもの（コンドーム）の概念を、理解してもらおうと努めていることを報告している。二〇〇年後の一九八八年に、イギリスの健康教育局は、ＨＩＶ対策用のコンドームを宣伝する、今では象徴的となったポスターを発表した。ポスターには、「カサノバが使用したものを含む」一連の歴史的なコンドームがたくさん描かれていた。「世界最高の色男も羊の腸で間に合わせたのですから、きっとあなただってコンドームを使うことができますよ」。

コンドーム（羊の腸）をふくらませることから思いを巡らすと、一八二四年にマイケル・ファラデーが最初のゴム風船を発明する以前は、おもちゃの風船やサッカーボールは、たしかに他ならぬ羊の内臓から作られていた。膀胱はふくらませて乾燥させると、すぐれた軽量のボールとなったし、腸はソーセージ型の風船になった。これは、今日のモデラーや「ツイスター」が使用しているものに似ていないこともない。子どもたちのパーティーはさぞかし楽しかったに違いない。しかし、一七八三年九月一九日に羊の歴史を作ったのは、はるかに大きな風船だった。

前年の六月、ジョセフ＝ミシェルとジャック＝エティエンヌのモンゴルフィエ兄弟が、はじめて熱気球の飛行実演に成功した。布と紙で作られた気球は、わらを燃やした火で下から温められる。

気球は無人だったが、一〇分間というかなり長い飛行を終えて、地上に帰ってきた。兄弟の成功を聞いたルイ一六世は、兄弟に発明品をパリに持ち込み、ヴェルサイユ宮殿の前でテストするように命じた。

王はまた、風船に人間を乗せたらどうなるかを見たいと考え、兄弟に、王の刑務所から引き出した二人の犯罪者を使ってテストすることを提案した。兄弟は有罪判決を受けたモルモットの申し出をていねいに断わり、代わりに、とりあえず羊（「モントシエル」と名づけられた。これは「空に昇る」を意味する）とアヒル、雄鶏をいっしょに乗せるように提案した。思いつきのテストパイロットたちだったが、それどころか、兄弟たちはこの動物の組み合わせが興味深い実験になると考えていた。羊の生理機能は人体に近いと考えられていたし、高所の飛行に慣れていたアヒルは管理人として選ばれていた。雄鶏は興味深い科学上の難問を提起している――高高度の飛行に慣れていない鳥に、いったいどんなことが起きるのだろう？

農場の乗務員たちが離陸し、約一六〇〇フィート（約四八八メートル）ほど空中に上がっていくのを一三万人の口をぽかんと開けた群衆、それに王とマリー・アントワネットが見守った。心臓が止まりそうな八分間、二マイル（約三・二キロメートル）の飛行ののち、後方で気球は驚くほど緩やかに着陸した。三人の乗客は全員が生きていた。羊、アヒル、雄鶏は「空の英雄」という栄誉で報いられ、いい伝えによると、ルイ一六世の王立牧場で残りの日々を送ったという。それからわずか二カ月後、ジャン＝フランソワ・ピラトール・ド・ロジエとフランソワ・ローラン・ル・ヴュー・ダルランドの二人が、熱気球に乗ってはじめて有人飛行を行なった。勇気あるモントシエル（羊）と家禽の友達のおかげで、人々はついに地球の表面を離れて、天に舞い上がることができた。有人飛行の待機時間がついに終わった。

しかし、羊にとって厳しい試練はまだ終らなかった。気球飛行の技術が完成した今、次の課題は地球に戻る方法だった。初期のパラシュート実験では、動物にパラシュートの試作品をつけて、熱気球から落としていた。一八一七年には、ニューオーリンズからやってきたルノー氏が、「パラシュートによって」熱気球から羊を落とそうとした。(4) 羊がぶじに降りてきたかどうか、記録がないのでわからない。だが、その日に行なわれたパラシュートテストから判断すると、おそらくうまくいかなかったにちがいない。それよりほんの数年前のことだが、イギリスの陸軍将校のソーントン大佐は、パラシュートをつけた彼の犬をロンドンの熱気球から落とした。当時の資料によると、不幸な犬は「すさまじい速度で地球に降下して」、ばさっと音を立てて地面にぶつかったという。(5) 驚くべきことに、体じゅうに怪我を負ったが、犬はぶじに生きていた。

モンゴルフィエ兄弟は、羊が人間とよく似た生理機能を持っていると考えていたが、それはそれほど間違った考えではなかった。羊は明るく、社会的な生き物であり、大きな体、長寿命、そしておとなしい性質などから、古来、科学者にとって魅力的な実験場となっていた。たとえば一六六七年に、フランスの医師ジャン＝バティスト・デニは、子羊の血液を使って人に輸血を行なった。これはじめてきちんと記録に残された輸血だった。患者は一五歳の少年で、以前かかっていた医者による、ヒルを使った熱心すぎる治療のおかげで血液喪失になっていた。デニは何とか一二オンス（約三四一ミリリットル）の子羊の血を少年の体に送り込んだ。そして奇妙なことに少年は生きていた。

意気盛んなデニは余勢を駆って、手術を受けた労働者たちにこの実験をくりかえした。今のわれわれには、人間と動物間の輸血が致命的なことは明らかだった――デニが手がけた二人の患者は、輸血の量が少量だったために助かったのだと思う。だが、三人目の患者のアントワーヌ・モーロワという狂人については、デニも今までのように幸運というわけにはいかなかった。三人目の患者は輸血中に亡くなった。デニはモーロワの妻によって殺人の容疑で告発された。最終的には無罪となったものの、彼は残りの人生を、医者の仕事から遠ざかって過ごさざるをえなかった。輸血が病院で行なわれる安全で一般的な治療法となるには、一九〇二年、カール・ランドシュタイナーによる四つの異なる血液型（ＡＢＯ式血液型）と、その非互換性の画期的な発見まで待たなくてはならなかった。

羊は、子宮移植から新しい心臓弁の成形にいたるまで、いくつかの歴史的な科学的および医学的急進展の中心にあったが、もっとも有名なのは、もちろん、羊のドリーだ。ドリーは成体の体細胞からクローン化された最初の哺乳類だった。一九九六年、スコットランドのロスリン研究所の科学者たちは、六歳になるフィンランドのドーセット種羊の乳腺から得た細胞を使用して、ドリーを作成した。この実験により、特殊な細胞を使用して、元の羊の正確なコピーを作成できることが証明された。しかし実のところ、ドリーは最初のクローン動物ではなかった――その名誉は、一年前にロスリンで胚細胞からクローン化された二頭の羊、ミーガンとモラグに与えられる。ドリーは六歳半まで生き続け、六頭の（クローンではない）健康な子羊を出産した。彼女の死後、遺体はエジンバラのスコットランド国立博物館に寄贈され、そこで彼女は集客の目玉になった。

あまり知られていないが、同じように人の心をつかむような科学上の飛躍的進歩のストーリーがあるのだが、その中心にもやはり羊がいた。一九五八年、強い東欧訛りの男性がシドニー大学の動物科学部にふらりと入ってきた。彼は自分がスティーブン・サラモン博士であると名乗り、家畜を人工的に繁殖させる方法を知っていると説明した――西側諸国によってまだ解明されていない科学的技術だという。彼は尋ねた。この科学部で仕事をもらえないだろうか？

サラモンは若い頃、ハンガリー軍に属していて、第二次世界大戦ではドイツ人とともに戦った。だが、終戦時にはソビエト軍に捕まり、シベリアの捕虜収容所に送られた。シベリアで彼は地獄の三年間を過ごしたが、かろうじて死を免れて生還した。あるとき、サラモンは警備員たちによって凍った穴に投げ込まれた。しかし彼は、同じ運命に苦しむ人々の死体や衣服でわが身を覆って、何とか生き延びた。戦後、サラモンは動物科学者の資格を得たが、彼は、凍てついたあの矯正労働収容所（グーラグ）からできるだけ離れたところに住みたいと思って、オーストラリアにやってきた。一九六〇年代初頭から、サラモンは羊の群れで行なう人工授精の実験と、精液の凍結およびその貯蔵法の開発を主導した。彼の画期的な仕事は、現代の羊飼育の様相を一変させただけでなく、最終的には人間の体外受精の研究に影響を与えた。

二〇一七年、サラモン博士は九八歳の高齢で亡くなったが、彼の死後、以前の同僚たちは、一九六八年に彼が凍らせていた雄羊の精液の一部を解凍することに決めた。精子は今では五〇歳になっていたし、あまりにも長い間冷凍庫に入っていたために、とても役に立ちそうにない。メリノ種の雌羊に精液が挿入されると、驚いたことに雌羊が妊娠した。それだけでなく、冷凍精子の品質は最初に作られた日と同じように状態がよかった。この半世紀前の精子は、これまでに使用された中で、もっとも古い精液の世界記録を樹立したが、さらに重要なことには、科学者に遺伝物質の長期保存の可能性を示した。長期にわたる治療を受けている患者の卵子や精子の凍結から、絶滅危惧種の動物の保護まで、サラモン博士の影響は広範囲に渡った。彼の研究は、遺伝子科学でいったい可能なものは何なのか、というわれわれの予想を変化させた。オーストラリアのジャーナリストが皮肉っぽく指摘したように、それは「冷凍庫から出てきた男に非常にふさわしい」遺産だった。[6]

しかし、羊について知れば知るほど、動物実験をめぐって生じる問題はますます複雑になる。何千年もの間、羊は愚かで思いもよらない生き物としてステレオタイプ化されてきたが、われわれはそれを早飲み込みするわけにはいかない。二〇〇一年に行なわれた研究では、羊は少なくとも五〇種類の顔を認識して記憶できることが示されている。さらに、二年経っても同じ顔を認識できるという。人間には視覚認識のために特殊化した神経機構（メカニズム）があり、これによって多くの異なる顔を識別して思い出すことができる。これは、社会的交流や社会的関係に必要なもっとも重要な特性の一つであると考えられている。出会ったすべての人が見知らぬ人だった世界を想像してほしい。羊には側頭葉と前頭葉に同様の神経系があり、長期間離れていても人間と他の羊の両方を顔で認識できることがわかった。さらに信じがたいことだが、同じ実験で、羊がさまざまな表情を識別でき、人間と同様に悲しい顔よりも笑顔を好むことが示されている。[7]

オーストラリアで行われた別の研究では、羊が複雑な迷路をどのようにして通り抜けようとするか、その方法に注目した。実験は、羊が何一つ問題を起こすことなく、自分の道をしっかりと進むだけでなく、それに続くすべての場面で、彼らの判断がどんどん速くなっていったことを示した。初日に二分かかったところが、三日目には三〇秒しかかからなかった。さらに驚くべきことに、六週間後、ふたたびテストしたときには、羊たちは自分の道を覚えていて、以前のベストタイムと同じ時間で通り抜けた(8)。

事実はときにフィクションよりも奇妙なことがある。二〇〇四年、ペナイン丘陵の村民たちは困惑していた。マースデンの村の端で放牧されていた羊は、どうやってキャトル・グリッド（家畜脱出防止格子）〔柵を越えた家畜がその先へ行けないように、地面や道路に敷かれた鉄格子〕を乗り越えて、地元住民の芝生を破壊したのだろう？　グリッドは何年も前に、羊を湿原にとどめておくために設置されていたが、最近では羊たちがそれを乗り越えて、村の花壇や前庭に夢中になっているようだ。グリッドは広すぎて跳躍できなかったし、つま先歩きで渡るにはちょっと難しい。では、羊たちはどのようにして横断していたのだろう？　村人たちは、羊があおむけになって、ＳＡＳ（英国陸軍特殊空挺部隊）のコマンド（奇襲部隊員）のように、転がりながらグリッドを横切っているのを発見して驚いた。しかし、羊を扱っている科学者たちは驚かなかった。ケンブリッジ大学の神経科学者ジェニー・モートンは、羊が特定の学習課題を出されたとき、サルや人間と同じレベルで行動することに気がついた。最近のインタビューで、モートン教授は羊の才能について次のように説明している。「彼らには大きな頭脳がある。私は専門家ではない人に、サルの脳と羊の脳の違いを挙げてみてほしいといいたい。それに羊たちは、非常に訓練がしやすい。年取った羊を野原から連れ出して教えたとしても、サルだと学ぶのに九カ月かかるかもしれない仕事を、羊なら二週間でできるように教えることができる」[9]。

しかし、最近の発見でもっとも興味深いものの一つは、羊が同性愛者かもしれないことだ。家畜化された羊の群れでは、雄の約八パーセントが、繁殖力のある雌が目の前にいても、他の雄といっしょに過ごすことを好むようだ[10]。自然界には他にも多くの同性愛の例がある。メスのマカクザルからオスのミバエまで、多くの種が偶然からだったり、よろこびのためだったり、社会的結びつきのためだったり理由はさまざまだが、同性行動を行なっている。しかし特徴的なのは、自然界の動物たちが、つねに同性愛行動と異性愛行動を切り替えるようにしていることだ。彼らは一貫した性的指向を示していない。異性のパートナーがすぐに手の届くところにいても、人生で死ぬまでずっと同性の好みを示す生き物は二種だけだ。一つは人間で、もう一つは意外にも飼いならされた羊である。

長い間、同性愛者の行動は「不自然」だと見なされていた。一見すると、遺伝子を次世代に引き継ぐことができない同性カップルがいることは、人類の生存にとって有益ではないように見える。それでも、羊のセクシュアリティの科学が私たちに示しているのは、同性愛者の行動がダーウィンの考え方に挑戦するのではなく、むしろそれを強化しているかもしれないということだ。

一つの意見は、異なった方法で自分自身を表現する特定の遺伝子があるかもしれないという考えである。雄羊の中で同性愛行動として自らを表わす同じ遺伝子は、雌羊の生殖能力を高める遺伝子と同じかもしれない。ゲイの羊の姉妹は、平均より多くの子孫を産み、その特定の遺伝子が次の世代に続くのを助ける。いい換えれば、一部の羊を同性愛者になりやすくする遺伝子は、他の羊の繁殖成功を促す。牧羊農夫たちは何世紀にもわたって、もっとも繁殖力のある雌羊からこの遺伝子を選んで育種することによって、その効力を高めてきた。

*

それでは、羊にとって未来はどんなものなのだろう？　われわれは岐路に立たされている。西洋では多くの人々が健康と生態系の理由から羊の肉を避けているが、開発途上国の需要は今後数十年でますます上昇すると予想されている。一方では、羊の飼育についてはわれわれもロマンチックな考えを思い描いていた――一人ぼっちの羊飼いが高地の農場で羊たちの世話をしながら、昔ながらの生活を大事に守り続けている。だが、もう一方でわれわれは、広大で集約的なアグリビジネス（農業関連産業）を行なっており、肉や羊毛を産業規模で大量生産し、安価な肉や手頃な価格の布地に対する消費者の需要を満たしてきた。そして動物福祉、赤身肉の健康への影響、気候変動、生物多様性の喪失などの問題を投げかけてみると、矛盾やジレンマに満ちた羊の飼育状況が見えてくるだろう。

羊の将来はなお不透明だ。地球は、動物の福祉にほとんど注意を払わない過剰在庫と、積極的な集約的農業がもたらす未来を許容することができない。土壌の劣化、水質汚染、炭素排出、森林破壊、その他の環境問題がすでにわれわれのもとにはある。世界の家畜産業は土地を荒廃させ、温室効果の原因となり、水路を汚染し、生物多様性に悪影響を及ぼした。そして、羊飼育の全生産サイクル（羊毛でも羊肉でも）を見ると、プロセスのすべての段階で問題が生じていることがわかる。肥料や動物の飼料によって発生する排出物、はてしない肥料の山をどうするか、牧草地のために木を切り倒す、羊の消化から出るメタンガス、羊や動物の飼料を車両で輸送するための炭素コスト――一見すると、羊の飼育はとても地球に優しいオプションとはいいがたい。

それでも、お風呂の水といっしょに、赤ちゃんまで捨ててはいけない。野菜や作物を集中的に生産する現在の方法は、ほとんど改善されていない。植物をベースにした食品や植物性脂肪の需要が高まるにつれて、それが世界中の多くの地域で、同じように破壊的な環境影響を生じさせている――パーム油の採取による熱帯雨林の森林破壊、土壌劣化、殺虫剤や殺菌剤の大量使用などだ。これに加えて、遺伝子組み換えの大豆栽培をめぐっては重大な懸念がある。イギリスでは、生垣を大きくして、単一栽培の畑を作ることが長い間の環境不安の原因だった。そのイギリスで今、集約的な耕作農業によって、花粉を運ぶ動物の数が大幅に減り、野生植物種の劇的な減少が起こっている。

羊の飼育にとって今は非常に興味深い時期だ。とりわけ、さまざまな視点から道を選ぶ必要があるからだ。また、解決策は高度に局地化され、特別な意味合いを持つものになるだろう。「サステナブル・フード・トラスト」(持続可能なフード・トラスト)や国連の「気候変動政府間パネル」(IPCC)などの組織は、羊が適切に管理されてさえいれば、解決に欠かせないものになると信じている。たとえば、羊や牛が草を食む多くの牧草や、窒素固定力のあるマメ科の植物を含む混合農業システムに戻すと、土壌の劣化が逆転する可能性がある。牧草地は、とくにそれが根の長いさまざまな品種の草が蒔かれている場合には、炭素を捕獲して閉じ込める。場合によっては、放牧は実際に生物の多種多様性を改善することができる。イギリスでは、ヒースランド、沿岸湿地、森林放牧地、草地など、われわれのさまざまな風景の多くが、そこに生息する多様な植物や野生生物を維持するために、少しばかりの放牧に依存している。高地のような場所では、多くの場合、動物の放牧が経済的に実行可能で生産的な土地の唯一の使用法だ——そこでは作物がまったく育たないから。

そこにはまた文化的な遺産もある。何千年もの間、人々は羊を中心に生活し、世話をし、環境を築いてきた。たとえばイギリスで、われわれが高く評価している農村の伝統とスキルの多くは、羊の飼育と羊毛の生産に由来している。モルタルを用いない石壁から農芸展覧会、シープドッグ・トライアルから紡績や毛織物まで、われわれが大切にし、今でも楽しんでいる遺産と景観は、何世紀にもわたる羊の飼育に起源を持つ。古代の工芸品や年代物の建物と同様に、伝統的な農業によって過去とのつながりを保ち、自分が誰であるか（自らのアイデンティティ）を確認することができる。われわれは農業があまりに技術的に効率化され、機械化されたものにならないように注意をしなければならない。さもないと、他の生き物や植物を相手にしているという事実とのつながりを、ややもすると失いかねないからだ。カントリーショーに行ったり、地方の雑誌を読んだり、テレビで自然番組を観たりして、人々が田舎にふたたび関心を持つのを見るのは心強いことだ。しかし、何とかしてわれわれは、農村の暮らしに抱いているこの深い愛情と、われわれが消費者として選択することや、国レベルでサポートする農業政策とを結びつけなければならない。われわれの風景、野生生物、町や村、われわれの歴史、われわれの言語、そしてアイデンティティの感覚はすべて、雌羊、子羊、雄羊と地球を共有してきた何千年もの年月から生まれた。

羊は、われわれが彼らを変えたのと同じくらい、われわれを変えたのである。

原注

1　羊をじっとさせておく方法

（1） Abell, J. T. *el al.*, 'Urine salts elucidate Early Neolithic animal management at Aşıklı Höyük, Turkey,' in *Science Advances*, Vol. 5, No. 4 (2019).

（2） University of Cambridge, 'Was the fox prehistoric man's best friend?' (31 Jan. 2011). See www.cam.ac.uk/research/news/was- the-fox-prehistoric-mans-best-friend

（3） Tomalin, Claire, *The Life and Death of Mary Wollstonecraft*, Penguin (2012).

（4） Sample, Ian, 'Why is a woman breastfeeding a tiger?', *The Guardian* (7 Apr. 2005).

（5） Diamond, Jared, *Guns, Germs, and Steel: The Fates of Human Societies*, W.W. Norton & Company (1997).（邦訳『銃・病原菌・鉄』［草思社］文庫上下巻、倉骨彰訳、草思社、二〇一二）

（6） Cornell University, 'Silver fox study reveals genetic clues to social behavior', ScienceDaily (27 Sept. 2018). See www.sciencedaily.com/ releases/2018/09/180927105659.htm

（7） 'Hints of 7,200-Year-Old Cheese Create a Scientific Stink', *National Geographic* (6 Sept. 2018). See www.nationalgeographic.co.uk/ history-and-civilisation/2018/09/hints-7200-year-old-cheese- create-scientific-stink

（8） Becker, Cornelia, *et al.*, 'The Textile Revolution. Research into the Origin and Spread of Wool Production between the Near East and Central Europe', in *Journal for Ancient Studies*, Special Volume (2016), edited by Gerd Graßhoff and Michael Meyer.

（9） Gleba, Margarita, 'Sheep to Textiles: Approaches to Investigating Ancient Wool Trade' (2014). See www.repository.cam.ac.uk/ handle/1810/254046

（10）Ryder, M. L., *Sheep and Man*, Gerald Duckworth and Co. Ltd (1983), p. 96.

2　羊毛の鱗の秘密

（1）'Ice Mummies: Siberian Ice Maiden' PBS Airdate: 24 Nov. 1998 A BBC/Horizon NOVA/WGBH Co-production © 1997 BBC © 1998 WGBH Educational Foundation.

（2）Laufer, Berthold, 'The Early History of Felt', in *American Anthro- pologist*, Vol. 32, No. 1 (Jan.–Mar. 1930).

（3）Robertson, William, *A Dictionary of Latin Phrases: Comprehending a Methodical Digest of the Various Phrases*, printed by A. J. Valpy for Baldwin, Cradock and Joy (1824).

（4）Blakolmer, Fritz, *'A "Special Procession" in Minoan Seal Images: Observations on Ritual Dress in Minoan Crete'* in: P. Pavúk et al. (eds), EUDAIMON. Studies in Honour of Prof. Jan Bouzek, Con- ference, Prague (Prag–Brno 2018), 29–50.

（5）Herodotus, *The Persian Wars* (Book IV), from *The Greek Historians*, edited by Francis R. B. Godolphin (Copyright 1942, renewed 1970 by Random House, Inc.).（邦訳『歴史』上中下巻［岩波文庫］、松平千秋訳、岩波書店、一九七二）

（6）Laufer, Berthold, 'The Early History of Felt', in *American Anthro- pologist*, Vol. 32, No. 1 (Jan.–Mar. 1930).

（7）Zerjal, Tatiana *et al.*, 'The Genetic Legacy of the Mongols', in *The American Journal of Genetics*, Vol. 72, No. 3 (2003).

3　なぜルーイングされる羊がいるのか？

（1）Barber, E. J. W., *Prehistoric Textiles: The Development of Cloth in the Neolithic and Bronze Ages, with Special Reference to the Aegean*, Princeton University Press (1992).

（2）Barket, Theresa M., and Bell, Colleen, 'Tabular Scrapers: Function Revisited' in *Near Eastern Archaeology*, Vol. 74, No. 1 (2011).

（3）Ryder, M. L., 'The Interaction Between Biological and Techno- logical Change During the Development of Different

Fleece Types in Sheep', in *Anthropozoologica*, Vol. 16 (1992).
（4）Milleker, Elizabeth J., *The Year One: Art of the Ancient World East and West*, The Metropolitan Museum of Art (2000).
（5）Okrostsvaridze. A. et al. 'A modern field investigation of the mythi- cal "gold sands" of the ancient Colchis Kingdom and "Golden Fleece" phenomena', in *Quaternary International*, Vol. 409, Part A (2016).
（6）Varro, M. T., from 'The Husbandry of Livestock', in *De Re Rustica* II, *Delphi Complete Works of Varro* (Illustrated), Delphi Classics (2017).
（7）Kissell, Mary Lois, 'Ancient Greek Yarn-Making' in *The Metro- politan Museum of Art Bulletin*, Vol. 13 (1918).
（8）Quick, Graeme R., *Remarkable Australian Farm Machines: Ingenuity on the Land*, Rosenberg (2007), p. 145.
（9）Ibid., p. 145.

4　とても硬い羊の肉

（1）Strabo, *The Geography of Strabo*, Book IV, Chapter 4, published in Vol. II of the Loeb Classical Library edition (1923).（邦訳『ギリシア・ローマ世界地誌』全二巻、飯尾都人訳、龍渓舎、一九九四）
（2）Kropff, Antony, *New English translation of the Price Edict of Dio- cletianus* (2016). See www.academia.edu/23644199/New_English_ translation_of_the_Price_Edict_of_Diocletianus
（3）Green, Miranda, *Animals in Celtic Life and Myth*, Routledge (1998), p. 31.
（4）Strabo, *The Geography of Strabo*, Book IV, Chapter 4, published in Vol. II of the Loeb Classical Library edition (1923).
（5）Cornell University, 'Lactose Intolerance Linked To Ancestral Environment.' ScienceDaily (2 Jun. 2005). See www.sciencedaily. com/releases/2005/06/050602012109.htm
（6）Columella, *De Re Rustica* VII. 2.1, and Varro, *Res Rusticae* 2.11.1–3.
（7）Balthazar, C. F. *et al.*, 'Sheep's milk: Physicochemical Char- acteristics and Relevance for Functional Food Development', in *Comprehensive Reviews in Food Science and Food Safety*, Vol. 16, No. 2 (2017).

（８）Pliny the Elder, *The Natural History*, Chap. 97, 'Various Kinds of Cheese', translated by John Bostock, M.D., F.R.S., H.T. Riley, Esq., B.A. London. Taylor and Francis, Red Lion Court, Fleet Street (1855).

（９）Homer, *The Odyssey*, translated by Samuel Butler, Longmans (1898).（邦訳『オデュッセイア』［岩波文庫］上下巻、松平千秋訳、岩波書店、一九九四）

（10）Green, Miranda, *Animals in Celtic Life and Myth*, Routledge (1998), p. 124.

（11）Merrifield, Ralph, *The Archaeology of Ritual and Magic*, Batsford (1987), p. 51.

（12）Keys, David, 'The boneyard of the bizarre that rewrites our Celtic past to include hybrid-animal monster myths', *Independent* (11 Jul. 2015). See www.independent.co.uk/news/science/archaeology/ news/the-boneyard-of-the-bizarre-that-rewrites-our-celtic- past-to-include-hybrid-animal-monster-myths-10381965. html

（13）Gosset, A. L. J., *Shepherds of Britain: Scenes from Shepherd Life Past and Present*, Read Country Books Ltd (2017).

（14）Tacitus, Cornelius, 'Germania' XII in *Agricola and Germania*, edited by James Rives and translated by Harold Mattingly, Penguin Classics (2010).（邦訳『ゲルマーニア』［岩波文庫］、泉井久之助訳、岩波書店、一九七九）。『アグリコラ、ゲエルマニア』［ちくま学芸文庫］、国原吉之助訳、筑摩書房、一九九六）

（15）Vanden Berghe, I. *et al.*, 'Towards the identification of dyestuffs in Early Iron Age Scandinavian peat bog textiles', in *Journal of Archaeological Science*, Vol. 36 (2009).

5　押韻詩とおかしな治療法

（１）Opie, Iona and Opie, Peter, *The Oxford Dictionary of Nursery Rhymes*, Oxford University Press (1997).

（２）Burg, David F., *A World History of Tax Rebellions*, Routledge (2003), p. 95.

（３）Cold Spring Harbor Laboratory, 'Scientists Identify Genetic Basis for the Black Sheep of the Family', ScienceDaily (11 Jul. 2008). See www.sciencedaily.com/releases/2008/07/080710174236.htm

（４）Opie, Iona and Tatem, Moira, *Oxford Dictionary of Superstitions*, Oxford University Press (2009), p. 347.

（5）Ibid., p. 348.

（6）Ibid., p. 29.

（7）Steele, John M., ‘Astronomy and culture in Late Babylonian Uruk’, in *Proceedings of the International Astronomical Union*, Vol. 7, No. S278 (‘Oxford IX’ International Symposium on Archaeo- astronomy) (2011).

（8）Camden, W., *Remains Concerning Britain*, reprinted by John Russell Smith (1870), p. 317.

（9）Hoskins, W. G., *Provincial England: Essays in Social and Economic History*, Macmillan (1963), p. 4.

（10）Ordnance Survey, ‘Guide to Scots Origins of Place Names in Britain’, http://media.scotslanguage.com/library/document/scots_ guide.pdf

（11）Redmond, Gabriel O’C. ‘Origin of the Saying “By Hook or by Crook” ’, *The Journal of the Royal Historical and Archaeological Association of Ireland*, Fourth Series (1887).

（12）Ray, J., *A Collection Of English Proverbs Digested Into A Convenient Method For The Speedy Finding Any One Upon Occasion; With Short Annotations*. Cambridge, Printed By John Hayes, Printer To The University, For W. Morden (1678).

（13）Plutarch, *Septem Sapientium Convivium* Vol. II, Loeb Classical Library edition (1928).

6　ミスター&ミセス・ボー・ピープ

（1）Ganesh, Gayatri and Ghotge, Nitya, ‘Hidden and unaccounted for: understanding maternal health needs and practices of semi- nomadic shepherd women in Maharashtra, India’, in *MIDIRS Midwifery Digest*, Vol. 27, No. 4 (2017).

（2）Walton, C. L., ‘Transhumance and its Survival in Great Britain’, in *The Geographical Teacher*, Vol. 10, No. 3 (Autumn 1919).

（3）Bowie, G. G. S., ‘New Sheep for Old – Changes in Sheep Farming in Hampshire, 1792–1879’, in *The Agricultural History Review*, Vol. 35, No. 1 (1987).

（4）Gaskell, Elizabeth, *North and South*, (1855), reprinted by Words- worth Classics (1993), p. 54.（邦訳『北と南』、朝

日千尺訳、「ギャスケル全集4」、大阪教育図書、二〇〇四）
（5） Youatt, W., *Sheep; their breeds, management and diseases. To which is added, the mountain shepherd's manual*, Baldwin and Craddock (1837), p. 430.
（6） Quoted in Buchanan Given, James, *Society and Homicide in Thirteenth-Century England*, Stanford University Press (1977).
（7） Quoted in Power, Eileen, *The Wool Trade in English Medieval History*, Oxford University Press (1941), p. 27.
（8） Jeffrey, David Lyle, *A Dictionary of Biblical Tradition in English Literature*, Wm. B. Eerdmans Publishing, (1992), p. 710.
（9） *Encyclopaedia Judaica*, The Gale Group (2008).
（10） Varro, M. T., *De Re Rustica* II, *Delphi Complete Works of Varro* (Illustrated), Delphi Classics (2017).
（11） Longstaffe, Moya, *Joan of Arc and 'The Great Pity of the Land of France'*, Amberley Publishing (2019).
（12） T., 'Critical Comments on the Bo-Peepeid: An Epic-Pastoral Poem in Three Parts', in *Monthly Literary Recreations*, Vol. 1, No. 2 (Aug. 1806).
（13） Salzman, Louis Francis, *English Industries of the Middle Ages*, Library of Alexandria (2017), p. 188.
（14） Opie, Iona and Opie, Peter, *The Oxford Dictionary of Nursery Rhymes*, Oxford University Press (1997), p. 108.

7　犬とドローヴァー

（1） Horard-Herbin, Marie-Pierre, Tresset, Anne, and Vigne, Jean- Denis, 'Domestication and uses of the dog in western Europe from the Paleolithic to the Iron Age', in *Animal Frontiers*, Vol. 4, No. 3 (July 2014).
（2） McKeon, Richard (ed.), with an introduction by C. D. C. Reeve, *The Basic Works of Aristotle*, Random House (2009).
（3） Caius, John, *Of Englishe dogges* (1576).
（4） Stilo, Aelius, *Dogs in Ancient Greece and Rome*, https://penelope. uchicago.edu/~grout/encyclopaedia_romana/miscellanea/ canes/canes.html
（5） Ryder, M. L., *Sheep and Man*, Gerald Duckworth and Co. Ltd (1983).

（6）Parker, Heidi G., Dreger, Dayna L., Rimbault, Maud, Davis, Brian W., Mullen, Alexandra B., Carpintero-Ramirez, Gretchen, and Ostrander, Elaine A., 'Genomic Analyses Reveal the Influence of Geographic Origin, Migration, and Hybridization on Modern Dog Breed Development,' in *Cell Reports*, Vol. 19, No. 4 (2017).

（7）Carroll, C. W., and Wilson, L. H., *Medieval Shepherd: Jean de Brie's Le Bon Berger 1379*, Arizona Center for Medieval & Renaissance Studies at Arizona State University (2012).

（8）Ellis, William, *A Compleat System of Experienced Improvements, Made on Sheep, Grass-lambs, and House-lambs: Or, the Country- gentleman's, the Grazier's, the Sheep-dealer's, and the Shepherd's Sure Guide* (1749).

（9）Harrison, William, 'Description Of Elizabethan England', from *Holinshed's Chronicles* (1577).

（10）Godwin, Fay, and Toulson, Shirley, *The Drovers' Roads of Wales*, Wildwood House Ltd (1977).

（11）Russell Mitford, Mary, *Our Village*, reprinted by CreateSpace Independent Publishing Platform (2017), p. 95.

（12）Skeel, Caroline, 'The Cattle Trade between Wales and England from the Fifteenth to the Nineteenth Centuries', in *Transactions of the Royal Historical Society*, Vol. 9 (1926).

（13）Godwin, Fay, and Toulson, Shirley, *The Drovers' Roads of Wales*, Wildwood House Ltd (1977).

（14）'Farm Ranch and Garden Department' in *The Seattle Daily Times* (21 May 1921), quoted in https://wordhistories.net/2019/08/30/ judas-sheep-judas-goat/

（15）Stenton, F. M., 'The Road System of Medieval England', in *The Economic History Review*, Vol. 7, No. 1 (Nov. 1936).

（16）Pearlman, Jonathan, 'Australia's last cowboys: "We're not fight- ing to keep an old profession alive – we're fighting for our liveli- hood" ', *The Telegraph* (26 Mar. 2017

（17）City of London, 'History of Smithfield Market' (2012), www.city oflondon.gov.uk/business/wholesale-food-markets/smithfield/ Pages/History-of-Smithfield-Market.aspx

（18）Wynter, Dr Andrew, 'The London Commissariat', in *Quarterly Review*, No. cxc, Vol. xcv (1854).

8　原毛の精練と糸紡ぎ

（1）Osbaldeston, Tess Anne (transl.), *The Herbal of Dioscorides the Greek*, Ibidis Press (2000).

（2）Sweet, Victoria, 'Hildegard of Bingen and the Greening of Medi- eval Medicine', in *Bulletin of the History of Medicine*, Vol. 73, No. 3 (Fall 1999).

（3）Kissell, Mary Lois, 'Ancient Greek Yarn-Making', in *The Metro- politan Museum of Art Bulletin*, Vol. 13 (1918).

（4）Ovid, 'The Transformation of Arachne into a Spider', *Metamorphoses*, Book VI, illustrated edition by Johann Wilhelm Bauer, translated into English under the direction of Sir Samuel Garth (1713).（邦訳『変身物語』［岩波文庫］上下巻、中村善哉訳、岩波書店、一九八一。『変身物語１』［京都大学古典叢書］、高橋宏幸訳、京都大学学術出版会、二〇一九）

（5）Pantelia, Maria C., 'Spinning and Weaving: Ideas of Domestic Order in Homer', in *The American Journal of Philology*, Vol. 114, No. 4 (1993).

（6）Curteis, Iris, *The 'Idle Girls' in Habitrot and Three Spinners.* See www.storyvisionsource.com/the-idle-girls-in-habitrot-and-three- spinners/

（7）Kirk, Robert, *The Secret Commonwealth* (1691).

（8）Price, Neil S., *The Viking Way: Religion and War in Late Iron Age Scandinavia*, Department of Archaeology and Ancient History, Uppsala University (2002).

（9）Smith, Hayeur *et al.*, 'Dorset, Norse, or Thule? Technological transfers, marine mammal contamination, and AMS dating of spun yarn and textiles from the Eastern Canadian Arctic', in *Journal of Archaeological Science*, Vol. 96 (August 2018).

（10）Priest-Dorman, Carolyn, *Medieval North European Spindles and Whorls*, Vassar University (2000); www.cs.vassar.edu/~capriest/ spindles.html

（11）Eamer, Claire, 'No Wool, No Vikings: The fleece that launched 1,000 ships', *Hakai Magazine*: www.hakaimagazine.com/features/ no-wool-no-vikings/

（12）Ibid.
（13）Postan, M. M. (ed) and Miller, E. (ed) *The Cambridge Economic History of Europe: Trade and Industry in the Middle Ages, Volume 2*, Cambridge University Press (1989), p. 625.

9　勝利のためのニット

（1）Norbury, James, 'The Knitter's Craft', in *Journal of the Royal Society of Arts*, Vol. 99, No. 4839 (26 Jan. 1951).
（2）Victoria and Albert Museum, 'Regional Knitting in the British Isles & Ireland', www.vam.ac.uk/content/articles/r/regional-knitting-in- the-british-isles-and-ireland/
（3）*Jackson's Oxford Journal*, Saturday, January 10th, 1852, p. 2.
（4）Victoria and Albert Museum, 'The history of hand-knitting', www.vam.ac.uk/articles/the-history-of-hand-knitting
（5）Letter written to the Editor by T.H., *The British Friend*, Volume 5, 1847, p. 162.
（6）Altick, Richard D., *The English Common Reader: A Social History of the Mass Reading Public, 1800–1900*, University of Chicago Press (1957).
（7）Mitchell, Hannah, *The Hard Way Up*, Endeavour Media (2015).
（8）Ouellette, Susan M., 'All hands are enjoined to spin: textile pro- duction in seventeenth-century Massachusetts' (1996). Doctoral Dissertations 1996–February 2014. https://scholarworks.umass. edu/dissertations_1/1224
（9）Smith, Adam, *An Inquiry Into the Nature and Causes of the Wealth of Nations, Volume 2*, Oliphant, Waugh & Innes (1814), p. 513.（邦訳『国富論』全4巻［岩波文庫］、水田洋監訳・杉山忠平訳、岩波書店、二〇〇〇―〇一）
（10）'Wool and Manufactures of Wool: Special Report Relating to the Imports and Exports of Wool and Its Manufactures in the United States and the Principal Foreign Countries; United States' Department of the Treasury. Bureau of Statistics U.S. Government Printing Office (1887).
（11）Stevenson, Chris, 'How Sheep Helped Start a Revolution' (11 Apr. 2016). See https://chrisstevensonauthor.

com/2016/04/11/how-sheep-helped-start-a-revolution/
(12) Ouellette, S. M., *Textile production in seventeenth-century Massachusetts*, University of Massachusetts (1996).
(13) ifarm, 'A Stitch in Time: The Women Who Knit Together the American Revolution', https://ifarmboxford.com/stitch-time-women-knit-american-revolution/
(14) Rutter, Esther, *This Golden Fleece: A Journey Through Britain's Knitted History*, Granta (2019).
(15) As quoted in Field, Michael, 'Pippa's astonishing story recognised', *Stuff* (25 Nov. 2014). See www.stuff.co.nz/national/63516307/ pippas-astonishing-story-recognised
(16) Archival Moments, 'More than a pair of socks', http://archival moments.ca/2014/07/04/more-than-a-pair-of-socks/
(17) Letter received by Audrey J. Reid, as published in the Digital Kingston online article 'Knitting for Soldiers', www.digitalkingston.ca/wwi-in-kingston-frontenac/knitting-for-soldiers
(18) Macdonald, Anne L., *No Idle Hands: The Social History of Ameri- can Knitting*, Ballantine Books (1988). 287
(19) Burgess, Anika, *The Wool Brigades of World War I: When Knitting was a Patriotic Duty*, Atlas Obscura (2017): www.atlasobscura.com/ articles/when-knitting-was-a-patriotic-duty-wwi-homefront- wool-brigades
(20) Strawn, Susan M., *Knitting America: A Glorious Heritage from Warm Socks to High Art*, Voyageur Press (2011) p. 141.
(21) 'Knit Your Bit: The National WWII Museum provides warm gifts to Veterans', National Museum World War II Museum New Orleans, www.nationalww2museum.org/media/press-releases/ knit-your-bit-national-wwii-museum-provides-warm-gifts- veterans
(22) 'Home Knitting Defended', *The New York Times* (22 Jan. 1942).

10 「羊がすべての経費をまかなってくれた」

(1) Fryde, E. B., 'The Last Trials of Sir William de la Pole', in *The Eco- nomic History Review New Series*, Vol. 15, No. 1 (1962).

（2）Ryder, M. L., 'The History of Sheep Breeds in Britain', in *The Agri- cultural History Review*, Vol. 12, No. 1 (1964).

（3）Grant of King Wihtred of Kent (d. 725) to St Mary's Church, Lyminge, British Library, www.bl.uk/manuscripts/FullDisplay. aspx?ref=Cotton_MS_Augustus_II_88

（4）St Clair, Kassia *The Golden Thread: How Fabric Changed History*, Hachette (2018).

（5）Power, Eileen, *The Wool Trade in English Medieval History*, Oxford University Press (1941).

（6）Rose, Susan, *The Wealth of England: The Medieval Wool Trade and Its Political Importance 1100–1600*, Oxbow Books (2017).

（7）Based on population estimates by Urlanis, B. Ts., *Rost naseleniia v Europe: opyt ischisleniia* [*Population growth in Europe*], Moskva: OGIZ-Gospolitizdat (1941).

（8）Bell, Adrian R. *et al.*, 'Advance Contracts for the Sale of Wool in Medieval England: An Undeveloped and Inefficient Market?', ISMA Centre Discussion Papers in Finance DP2005-01 (February 2005). See https://pdfs.semanticscholar.org/d1fc/274185483a02 edd7aac55ff72dd703129def.pdf

（9）Walter Daniel, *Vita Ailredi Abbatis Rievall.* Ed. and transl. Maurice Powicke, Oxford: Clarendon Press (1950).

（10）Bell, Adrian R. *et al.*, 'Interest Rates and Efficiency in Medieval Wool Forward Contracts', *University of Reading Journal of Bank- ing and Finance*, 31.2 (2007).

（11）Jamroziak, E. M., 'Rievaulx abbey as a wool producer in the late thirteenth century: Cistercians, sheep and big debts', in *Northern History*, Vol. 40, No. 2 (2003).

（12）Power, Eileen, *The Wool Trade in English Medieval History*, Oxford University Press (1941), p. 15.

（13）Ibid. p. 16.

（14）Postan, M. M., *Medieval Trade and Finance*, Cambridge University Press (1973), p. 342.

（15）Owens, Margaret E., *Stages of Dismemberment: The Fragmented Body in Late Medieval and Early Modern Drama*, University of Delaware Press (2005), p. 178.

(16) Clark, G. N., 'Trading with the Enemy and the Corunna Packets, 1689–97', in *The English Historical Review*, Vol. XXXVI, No. CXLIV (October 1921).
(17) Smith, Graham, *Something to Declare: 1000 Years of Customs and Excise*, Chambers Harrap Publishers (1980).
(18) Warrant Books: May 1715, 11–20 from Calendar of Treasury Books, Volume 29, 1714–1715. Originally published by Her Majesty's Stationery Office, London (1957), www.british-history. ac.uk/cal-treasury-books/vol29/pp517–52
(19) Rose, Susan, *The Wealth of England: The Medieval Wool Trade and Its Political Importance 1100–1600*, Chapter 4, Oxbow Books (2017).
(20) Ibid.
(21) Davidson Cragoe, C, Jurica, A. R. J., and Williamson, E. A., *History of the County of Gloucester: Volume 9, Bradley Hundred. The Northleach Area of the Cotswolds*, Victoria County History, London, (2001).
(22) England's Immigrants 1330–1550: Resident Aliens in the Late Middle Ages: www.englandsimmigrants.com, University of York, The National Archives and the Humanities Research Institute, University of Sheffield.
(23) Delany, Sheila, *Impolitic Bodies: Poetry, Saints, and Society in Fifteenth-century England*, Oxford University Press (1998).
(24) Brown, Cornelius, *History of Newark-on-Trent; being the life story of an ancient town Volume I*, S. Whiles (1904), p. 186.

11　羊が人々をむさぼり食う

(1) Manship, Henry, *The History of Great Yarmouth*, Volume 1, Palmer, C.J. (ed.), Great Yarmouth: Louis Alfred Meall (1854).
(2) Reilly, S. A., *Our Legal Heritage*, Echo Library (2007), p. 145.
(3) Letter to William Spring, September 1643, as quoted in Ratcliffe, S. (Ed.), *Oxford Essential Quotations* (5th ed.), Oxford University Press (2017).
(4) Stone, David, 'The Productivity and Management of Sheep in Late Medieval England', in *The Agricultural History*

Review, Vol. 51, No. 1 (2003).

（5） The National Archives, 'Landscape', www.nationalarchives.gov. uk/domesday/world-of-domesday/landscape.ht

（6） Nicholls, Sir George, *A History of the English Poor Law, Volume 1*, Routledge (2016), p. 116.

（7） Judges, A. V. (ed.), *The Elizabethan Underworld – A Collection of Tudor and Early Stuart Tracts and Ballads* (1930), p. xxxiv.

（8） Green, Dr Matthew, 'A Grim And Gruesome History of Public Shaming in London: Part 2', Londonist, https://londonist.com/ 2015/12/a-history-of-public-shaming-in-london-part-2

（9） More, Thomas, *Utopia*, Dover Publications Inc. (1998).（邦訳『ユートピア』［岩波文庫］、平井正穂訳、岩波書店、一九五七。『ユートピア』［中公文庫］、沢田昭夫訳、中央公論新社、一九九三）

（10） Shakespeare Documented, 'Thomas Greene's notes on the pro- gress of the proposed enclosures at Welcombe include five references to William Shakespeare's involvement', https:// shakespearedocumented.folger.edu/exhibition/document/thomas-greene-s-notes-progress-proposed-enclosures-welcombe- include-five

（11） Given-Wilson, Christopher, *An Illustrated History of Late Medieval England*, Manchester University Press (1996), p. 46.

（12） Prebble, John, *The Highland Clearances*, Penguin (1982), p. 79.

（13） Ibid., p. 82.

（14） Ascherson, Neal, *Stone Voices: The Search For Scotland*, Granta (2014).

（15） Purves, Libby, *One Summer's Grace*, Chapter 20, Hachette UK (2010).

（16） Quoted in Stewart, Jr., James A., 'The Jaws of Sheep: The 1851 Hebridean Clearances of Gordon of Cluny', in *Proceedings of the Harvard Celtic Colloquium*, Vol. 18/19 (1998/1999).

（17） Hunter, James, 'Sheep and deer: Highland sheep farming, 1850–1900', in *Northern Scotland* Volume 1 (First Series), Issue 1, 1972–73, Edinburgh University Press, pp. 199–222.

（18） G. Malcolm, 'Deer Forests: Past, Present, and Future', *Nineteenth Century Magazine*, 21 (1887), 691.

(19) Hunter, James, 'Sheep and deer: Highland sheep farming, 1850– 1900', in *Northern Scotland* Volume 1 (First Series), Issue 1, 1972– 73, Edinburgh University Press, pp. 199–222.

12　糸を紡ぐ

(1) Heaney, Seamus, 'The Evening Land', as published in *The Aran Islands: At the Edge of the World*, by the Curriculum Development Unit, The O'Brien Press Ltd (2017).

(2) Carden, Siún, 'Cable Crossings: The Aran Jumper as Myth and Merchandise', in *Costume*, Vol. 48, No. 2, (2014).

(3) Santry, Claire, *Aran Sweaters: Truth or Fiction*?: www.irish- genealogy-toolkit.com/aran-sweaters.html

(4) Helgadottir, Gudrun, 'Nation in a sheep's coat: The Icelandic sweater', in *FormAkademisk – forskningstidsskrift for design og designdidaktikk*, Vol. 4, No. 2 (2011).

(5) Donlan, Kathleen, 'The Lopapeysa: A Vehicle to Explore the Per- formance of Icelandic National Identity' (2016). Honors Thesis Collection. 335. https://repository.wellesley.edu/thesiscollection/ 335

(6) Diodorus Siculus, *Library of History*, Book V, published in Vol. III of the Loeb Classical Library edition (1939).

(7) 'Tartan and the Dress Act of 1746', Scottish Tartans Authority: www.tartansauthority.com/resources/archives/the-archives/ scobie/tartan-and-the-dress-act-of-1746/

(8) Scott, Walter, 'Hints Adressed to the Inhabitants of Edinburgh, and others, in Prospect of His Majesty's visit. By an Old Citizen', Printed pamphlet, Edinburgh: William Blackwood, Waugh and Innes, and John Robertson (1822).

(9) Grant, Elizabeth, *Memoirs of a Highland Lady, the autobiography of Elizabeth Grant of Rothiemurchus afterwards Mrs Smith of Balti- boys 1797–1830*, edited by Lady Strachey, John Murray (1911), p. 369.

(10) Scott, letter of 19 Nov. 1829 to Sir Thomas Dick Lauder, quoted in William Stewart, D., *Old and Rare Scottish Tartans*, George P. Johnston (1893).

(11) Quoted in Hobsbawm, Eric, and Ranger, Terence, *The Invention of Tradition*, Cambridge University Press (1992), p. 40.

13　毛織物工場とブーム

（1）Schuman, Michael, ‘History of child labor in the United States – part 1: little children working’, in *Monthly Labor Review*, U.S. Bureau of Labor Statistics (January 2017).

（2）Gregory, Derek, *Regional Transformation and Industrial Revolu- tion*, Palgrave (1982).

（3）Defoe, Daniel, *A Plan of the English Commerce [...] The third edition* (1749).

（4）Quoted in Black, Sandy, *Knitting: Fashion, Industry, Craft* (2012), p. 19.

（5）Quoted in Peyton, Jane, *Brilliant Britain: A Celebration of its Uni- que Traditions and Customs*, Summersdale Publishers (2012), p. 78.

（6）Defoe, Daniel, *A Tour Thro' the Whole Island of Great Britain, Volume 3* (1727).

（7）Stuart, John, ‘The Halifax Piece Hall’, in *The Yorkshire Journal*, Vol. 1 (2018).

（8）Defoe, Daniel, *op. cit.* (1727).

（9）Plumridge, Andrew, *The Halifax Gibbet*, Guillotine Headquarters https://guillotine.dk/pages/gibbet.html (2019).

（10）Ashton, T. S., *The Industrial Revolution 1760–1830*, Oxford Univer- sity Press (1968).

（11）Jordan, Don, *White Cargo: The Forgotten History of White Slaves in America*, New York University Press (2008).

（12）Williams, Eric, *Capitalism and Slavery*, University of North Carolina Press (1994), p. 11.

（13）Hammond, J. L., & Barbara Hammond, B., *The Rise of Modern Industry*, Routledge, (2013), p. 197.

（14）Humphries, Jane, ‘Childhood and child labour in the British industrial revolution’, in *The Economic History Review*, Vol. 66, No. 2 (2012).

（15）Birley, J., interviewed by James Rayner Stephens in *The Ashton Chronicle*, 19 May 1849: http://adamsedu.weebly.com/uploads/ 2/8/4/1/28419347/document_c.pdf

（16）Ibid.

（17）*The Children Who Built Victorian Britain*, BBC Four (Wed. 10 August 2011).

(18) Interview by Michael Sadler, House of Commons Committee on 21 May, 1832, quoted in Wing, Charles, *Evils of the Factory System: Demonstrated by Parliamentary Evidence*, Malbech:Psychology Press, (1967), p. 8.
(19) Ibid.
(20) Griffin, Emma, *Liberty's Dawn: A People's History of the Industrial Revolution, Chapter 3*, Yale University Press (2013).
(21) Ibid.
(22) Cooke Taylor, W., *Factories and the Factory System*, J. How (1844), pp. 23–4.
(23) Ure, Andrew, *The Philosophy of Manufactures*, C. Knight (1835), p. 301.
(24) Sallee, Shelley, *The Whiteness of Child Labor Reform*, University of Georgia Press (2004), p. 97.
(25) McNabb, David E., *A Comparative History of Commerce and Industry*, Volume I, Palgrave (2015).
(26) Briggs, Asa, *Victorian Cities*, University of California Press (1993), p. 144.
(27) Keighley, Mark, *Wool City*, G. Whitaker & Company (2007).

14　アップ・アップ・アンド・アウェイ

(1) Collier, Aine, *The Humble Little Condom: A History*, Prometheus Books (2007).
(2) Diamond, Jared, *Guns, Germs, and Steel: The Fates of Human Societies*, W. W. Norton & Company (1997).
(3) Khan, Fahd *et al.*, 'The Story of the Condom', in *Indian Journal of Urology*, Vol. 29, No. 1 (2013).
(4) Lynn, Michael R., *The Sublime Invention: Ballooning in Europe, 1783–1820*, Routledge (2015).
(5) Ibid.
(6) Lee, Tim, 'How a Cold War scientist escaped a gulag to pioneer reproductive technology using sheep semen', *ABC News* (15 Mar. 2019). See www.abc.net.au/news/2019-03-16/cold-war-scientist- 50-year-old-sheep-semen/10893706
(7) Kendrick, K. M., *et al.*, 'Sheep don't forget a face', in *Nature*, Vol. 414 (2001).
(8) Lee, Caroline, *et al.*, 'Development of a maze test and its appli- cation to assess spatial learning and memory in Merino

sheep', in *Applied Animal Behaviour Science*, Vol. 96, No. 1 (2006).
(9) Pellegrino, Nicky, 'Raising the baa', *New Zealand Listener* (22 Oct. 2015). See www.noted.co.nz/health/health-health/raising-the-baa
(10) Roselli, C. E., *et al.*, 'The Volume of a Sexually Dimorphic Nucleus in the Ovine Medial Preoptic Area/Anterior Hypothalamus Varies with Sexual Partner Preference', in *Endocrinology*, Vol. 145, No. 2 (2004).

訳者あとがき

人間が羊を飼育しはじめたのは遥か昔の新石器時代で、今から一万年近くも前のことだった。それからというもの、つねに羊は人間に寄り添い、人間の社会と文化のあらゆる側面に深く関わってきた。

羊がどれくらい大切なものだったのかは、たとえば、鉄器時代（紀元前一七〇〇年から一一〇〇年頃）のケルト人が行なっていた生け贄の儀式を見るとよくわかる。彼らは大いなるもの（神々）に供犠として羊を捧げた。何のためにしたのかというと、それは疫病や飢饉からの回復を願い、豊作や大猟を期待して一族の繁栄を祈願するためだった。

ところが神々はことのほか気まぐれでわがままなために、ちょっとやそっとの供物を差し出したくらいでは相手にしてくれない。そっぽを向いてしまう。自分のポケットやコミュニティにとって、何にも代えがたい大切なものを捧げることで、はじめて神々は願いを聞き入れてくれる。その大切なものがケルト人にとっては羊だったのである。神々の好物は春先に生まれた子羊のやわらかな肉で、大人の羊の肉は硬いから嫌いだという。

羊は人間にとって、手放すのは惜しいが、それでも神々には捧げざるをえない、それくらい大事なものだった。これをひとたび手放せば、動物を失うだけではない。羊肉、羊毛、羊皮、羊乳、チーズ、肥料、それに将来手に入るはずの子羊たちまでも失ってしまう。

それほど大切な、人間にとって必要不可欠な羊をめぐって、この物語は展開する。著者のサリー・クルサードは、古代から現代までの魅力的な逸話を次々と織り込みながら、人類と羊の美しいタペストリーを織り上げていく。

古代のギリシア人やローマ人が好んで着用したウールのチュニック、羊毛で作られたバイキングの船の帆、フェルトでできた遊牧民のユルト（ゲル）。一三世紀には、チンギス・ハンがこのユルトからモンゴル帝国を指揮した。

一三世紀から一五世紀の間に、中世イギリス社会はウールによってこれまでにないほど豊かになった。そして輸出で財をなしたウール商人たちが、イングランドの各地におびただしい数の「羊毛教会」を建てた。

ルネサンス期になると、羊毛の取引と銀行業でフィレンツェのメディチ家が莫大な富を築き上げる。一四世紀には黒死病がヨーロッパを席巻したが、この黒死病の蔓延を手助けしたのが、羊毛や毛織物といっしょにペスト菌を運んだ商船だった。

黒死病後にイングランドの人口は激減し、大地主たちは、羊の放牧用の原野を作るために土地の囲い込みをはじめる。そしてそれが次に起こる産業革命の到来を準備した。一八世紀後半から一九世紀初頭のハイランド・クリアランス〔ハイランド放逐〕は、囲い込みのもっとも暗いエピソードである。

一五世紀後半には梅毒がヨーロッパ全域を駆け巡った。この恐怖から逃れるために人々は、羊の腸から作ったコンドームを使用した。また、羊の毛に含まれているラノリンも数千年にわたって、化粧品や治療薬として使われた。ラノリンがなければ、リップクリーム、シャンプー、コンディショナー、ローションなどの化粧品やパーソナルケア製品も生まれなかっただろう。

一六世紀にめざましい発展を遂げたイギリスの毛織物産業は、一八世紀に入ると、問屋制家内工業から劇的な変化を見せはじめる。機械化された織物工場が「革新の一世紀」の前触れとなった。が、それにともない児童労働や炭疽病などのさまざまな問題が生じてくる。

一九世紀の半ば、アラン島やアイスランド、イギリス全土の漁場で、漁師たちにとって欠くことのできない衣料品となったのが、青いプルオーバーのセーターである。これは古代の「ノールビンドニング」という技法で編み上げられたもので、やがてこのセーターは、グレース・ケリーやマリリン・モンロー、スティーブ・マックイーンなどのハリウッドスターたちが身につけたことによって、一躍人気のニットウェアとなった。

第一次と第二次の世界大戦では、編み物がスパイの手段として使われ、ステッチ（編み方）のパターンが、コード化したメッセージをひそかに伝えた。しかしおそらく、ウールと戦争のつながりを示すもっとも有名な例は、「勝利のためのニット」キャンペーンだろう。これは第一次世界大戦中に起きた運動で、戦場で戦う兵士へ衣類を送ることから、編み物熱がイギリス国内でまたたくまに蔓延した。

黒い上毛（ヘアー）に覆われ、角の生えていた古代羊は、狩猟採集民に飼育されはじめると、改良に改良が重ねられ、突然変異の結果もあって、白いふわふわとした下毛（ウール）を持つ従順な羊へと変わっていった。だが、変化を遂げたのは羊だけではない。つねに羊に寄り添っていた人間もまた、羊に合わせて大きな変化を遂げた。サリー・クルサードは、こうしてたがいに影響しあった羊と人間の歴史を美しい文章で綴っている。

本書は *A Short History of the World According to Sheep* (2020) の全訳である。著者のサリー・クルサードは現在、イングランド北部ヨークシャー州の小さな農地で、羊の群れを飼育しながら夫や三人の娘と暮らしている。

この本の翻訳を勧めてくださったのは青土社編集部の菱沼達也さんだ。菱沼さんには改めてお礼を申し上げたい。楽しい仕事をありがとうございました。

二〇二〇年一一月　　森夏樹

索引

か行

さ行

た行

な行

ま行

や行

ら行

わ行・アルファベット

羊の人類史

2020 年 11 月 25 日　第 1 刷印刷
2020 年 12 月 10 日　第 1 刷発行

著者——サリー・クルサード
訳者——森夏樹

発行人——清水一人
発行所——青土社
〒 101-0051　東京都千代田区神田神保町 1-29　市瀬ビル
［電話］03-3291-9831（編集）　03-3294-7829（営業）
［振替］00190-7-192955

印刷・製本——シナノ印刷

装幀——竹中尚史

Printed in Japan
ISBN978-4-7917-7331-2　C0022